EDITION
LEBENSWEG

Buch

Seit Jahrhunderten pilgern Menschen auf dem berühmten Jakobsweg im Norden Spaniens nach Santiago de Compostela. Shirley MacLaine interessierte am Jakobsweg vor allem die Energie der Ley-Linien, aber auch die Herausforderung, 800 Kilometer zu Fuß zu gehen. So nahm sie sich einen Monat Zeit für die Wanderung auf dem »Weg unter der Milchstraße«. Sie spürte, dass sie damit eine Reise in die Geheimnisse ihrer eigenen Geschichte antreten würde.

Doch Shirley MacLaine war nicht im Geringsten auf die Wirkung vorbereitet, die der Jakobsweg auf sie haben würde. In erstaunlichen Visionen offenbaren sich ihr die Geheimnisse alter Kulturen, die Ursprünge der Menschheit, die Bedeutung von Geschlecht, Sexualität und einer allumfassenden Liebe.

Auf ihre unvergleichliche Weise berichtet Shirley MacLaine von ihrer außergewöhnlichen Reise, einer Reise der Seele.

Autorin

Shirley MacLaine ist Filmschauspielerin, Tänzerin und Schriftstellerin. Ihr Interesse als Autorin gilt dem spirituellen Wachstum.

Shirley MacLaine hat in mehr als 50 Filmen mitgespielt und für ihre Leistungen zahlreiche Auszeichnungen erhalten, u. a. einen Oscar, einen Emmy und mehrere Golden Globes.

Shirley MacLaine

DER JAKOBSWEG

Eine spirituelle Reise

Aus dem Amerikanischen
von Tatjana Kruse

Shirley MacLaine, Der Jakobsweg - Eine spirituelle Reise
Die Rechte an der deutschen Übersetzung von Tatjana Kruse
liegen beim Wilhelm Goldmann Verlag, München, in der
Verlagsgruppe Random House GmbH.

Die Originalausgabe erschien unter dem Titel
»The Camino - A Journey of the Spirit"

1. Auflage

Copyright © 2015 by GROA Verlag, Plön
Deutsche Übersetzung Copyright © 2001 by Goldmann Verlag,
München, in der Verlagsgruppe Random House GmbH
Original English language edition Copyright © 2000 by
Shirley MacLaine
All rights reserved including the right of reproduction in
whole or in part in any form. This edition published by
arrangement with the original publisher, Atria Books, a
division of Simon & Schuster, Inc., New York.

Umschlaggestaltung: Stefan Guttke
Umschlagfoto: © soft_light - fotolia.com
Druck: Toptryk Grafisk ApS

ISBN 978-3-933119-82-7

Die Edition Lebensweg erscheint im GROA Verlag, Plön.

www.groa.de

Für Kathleen

Prolog

Die Reise beginnt

Jeder von uns hegt seine ureigensten weltanschaulichen und religiösen Überzeugungen. Mit dem Geist verhält es sich jedoch anders. Alles, was unserem Wissen und Verständnis nach physisch ertastbar ist und in den fünf Dimensionen existiert, ist in Wirklichkeit nur die Manifestation einer subtilen und unsichtbaren Energie, die gleichzeitig existiert, eben Geist. Der Geist schwingt in einer höheren Frequenz als die körperliche Dimension und ist somit eine höhere Realität. Der Geist findet im Leben durch Form und Gestalt Ausdruck.

So gelangte ich zu der Ansicht, dass die Oberfläche der Erde nur Materie und Form ist, durch die eine besondere elektromagnetische spirituelle Energie fließt.

Menschen drücken ihr spirituelles und multidimensionales Selbst mit ihrem Körper aus; auf dieselbe Weise manifestieren sich in der geologischen Erde uralte Erinnerungen und ein lebendiger innerer Geist.

Warum aber befindet sich unsere Welt in einem so unseligen Zustand, wo doch der Geist durch die Erde und durch uns alle strömt? Ich konnte Gewalt noch nie begreifen oder, um es mit einer alten Redewendung auszudrücken, »die Unmenschlichkeit des Menschen dem Menschen gegenüber«. Das Wetter trägt ebenfalls zu meiner Verwirrung bei, denn es ist ganz offenkundig aus dem Gleichgewicht geraten, was mich natürlich wieder zu dem Schluss führt, den ich schon vor Jahren aus meinen spirituellen und metaphysischen Studien gezogen habe: Die Natur selbst wird vom Bewusstsein des Verstandes durchdrungen. Es fällt mir und fast jedem, den ich kenne, schwer, zentriert zu bleiben und angesichts der Richtung, in die wir als menschliche Rasse zielen, die Hoffnung nicht zu verlieren.

Natürlich spiegeln Hollywood und die Filmindustrie, die immer schon Teil meines Lebens waren, Werte wider, die zugegebenermaßen wiederum einen Großteil unserer Gesellschaft reflektieren, aber mir scheint, dass wir in einem endlosen Zyklus gefangen sind, bei dem wir den Verfall von Anständigkeit, Einfühlsamkeit und den spirituellen Werten beobachten müssen, zu denen wir Amerikaner angeblich erzogen werden. Was tun wir uns selbst nur an? Wo liegen unsere Prioritäten als Menschen? Was wünschen wir uns für unsere Zukunft und die unserer Kinder? Wichtiger noch, warum fehlt es uns augenscheinlich so sehr an Selbstachtung?

Als ältere Mitbürgerin erlebe ich heute nicht nur Wut, Einsamkeit und Angst angesichts der Richtung, in die wir streben, ich fürchte auch, dass wir mittlerweile fast gänzlich den Kontakt zu dem verloren haben, was wir ursprünglich sein sollten.

Ich habe eine Tochter, zwei Enkel, einen Bruder und vier Nichten und Neffen. Meine Eltern sind von uns gegangen, und ich selbst mache mir darüber Gedanken, wie lange ich das Abenteuer des körperlichen Lebens auf dieser Erde wohl noch fortsetzen werde. Doch fühle ich mich kreativer als je zuvor: Ich habe genügend Geld, fünf oder sechs wirklich gute Freunde, mit denen ich auf allen Ebenen kommunizieren kann (eine Seltenheit), einen gesunden Körper, einen funktionierenden Verstand (obwohl manche Komiker dem widersprechen würden) und führe ein Leben, das jenen »sorglos« und beneidenswert erscheint, die an drückende Verantwortungen gefesselt sind. Die Propaganda unserer Gesellschaft lässt auch mich gelegentlich glauben, ich würde mich einsam fühlen, aber wenn ich genauer darüber nachdenke, wird mir stets mit Erleichterung klar, dass ich genau das Leben führe, das ich führen will... ungebunden durch eine Mann-Frau-Beziehung, frei von der Unbeweglichkeit und den Beschränkungen einer Familie (einschließlich einem Ehemann), unbehindert durch einen Job, der mich nicht inspiriert, und frei, alles zu tun, was ich in Zukunft tun will. Doch genau das ist die Frage: Wie wird diese Zukunft aussehen?

Soll ich mein Dach erneuern lassen, weil Stürme vorhergesagt werden? Wird es einen weltweiten Börsenkrach geben? Werden Sonnenflecken die Kommunikationswege unterbrechen? Wird es eine einzige Weltregierung geben, die alles regelt? Werden die Viren, die die Menschheit heimsuchen, immer aggressiver, weil wir die Lebensräume vernichten, in denen sie bislang gelebt haben? Werden wir als Gesellschaft süchtig nach Technologie, worunter unsere zwischenmenschlichen Beziehungen zutiefst leiden würden? Wird unsere Umwelt derart geschädigt, dass in ihr nie wieder gesundes menschliches Leben entstehen kann? Sind wir allein im Universum? Und wenn nicht, werden sie uns zu Hilfe eilen – oder uns »den Rest geben«? Und ist Gott gerade beim Mittagessen? Natürlich habe ich mehr Fragen, als selbst *ich* mir ausdenken kann. Und ja... ich befinde mich an einem Punkt in meinem Leben, an dem ich verdientermaßen die Zeit habe, zu träumen.

Vielleicht liegt es an meiner Aufgeschlossenheit, dass ich die Zeit – und die Energie – habe, darüber nachzudenken, was nicht nur ich, sondern wir alle mit uns tatsächlich anstellen. Meine Vorstellungskraft kann durch die Zeit reisen, bis ich mich selbst in einem Geisteszustand befinde, der einige Antworten bringt. Aber ich greife der Geschichte vor.

Es gibt eine berühmte Pilgerreise, die die Menschen seit Jahrhunderten auf sich nehmen. Sie heißt der »Jakobsweg« und führt durch den Norden Spaniens nach Santiago de Compostela. Man sagt, dass der »Camino« – spanisch für »Straße« beziehungsweise »Weg« – direkt unter der Milchstraße verläuft und Ley-Linien folgt, die die Energie des über ihnen liegenden Sternensystems widerspiegeln.

In der östlichen Philosophie nennt man die spirituelle Lebenskraft der Erde *Prana*. Dieses Prana ist untrennbar mit der Lebenskraft der Sonne verbunden, die die Energie für alles Leben spendet. Entlang bestimmter Energielinien, den Ley-Linien, ist diese Lebenskraft besonders stark. Diese Ley-Linien bilden die tragende Struktur des ätherischen Geistes der Erde. Normalerweise führen sie geradeaus, variieren nur in Breite und Intensität. Eine Kreuzung zweier Ley-Linien verformt deren Weg jedoch zu einem Stundenglas – die Linien kreuzen sich auf der Oberfläche der Erde in der schmalen Mitte des Glases. Die Ley-Energie existiert gleichermaßen unter der Erde wie über ihr. Diese Energie schwingt auf einer sehr hohen Frequenz, und wenn ein menschliches Bewusstsein sie erlebt, wird ihm eine Klarheit der Gedanken, der Erfahrung, der Erinnerung und der Erleuchtung zuteil.

Die Energie der Ley-Linien erhöht die Schwingungsrate der ätherischen sowie der dichten Materie, aus der das menschliche Gehirn besteht. Als Folge dieser Stimulierung entsteht ein höheres Bewusstsein, und es tauchen Informationen auf, die zuvor unterdrückt wurden.

Das kann störend und beängstigend wirken, denn es bedeutet, dass man durch diese Energie zu einem medialeren Wesen wird – im Guten wie im Schlechten.

Die Ley-Linien vereinen in sich nicht nur die spirituelle Energie der Erde im Zusammenspiel mit der Sonne, sondern auch die Energien, die mit anderen Galaxien und Sternensystemen mitschwingen.

Der Jakobsweg folgt diesen Ley-Linien der Erde. Er beginnt in Frankreich, führt über die Pyrenäen und verläuft von Ost nach West durch Nordspanien, bis er die herrliche und weltberühmte Kathedrale Santiago de Compostela erreicht, wo angeblich die Überreste des heiligen Jakobus ruhen.

Ich war nie religiös, suchte stattdessen immer die Spiritualität, darum interessierte mich am Jakobsweg vor allem die Energie der Ley-Linien, aber auch die Herausforderung, 800 Kilometer (fast 500 Meilen) zu Fuß zu gehen und unterwegs im Grunde hilflos und verletzlich zu werden, wie es bei den meisten Pilgerschaften erforderlich ist. Einmal die Erfahrung zu machen, sich Gott und dem Selbst völlig zu unterwerfen, das motiviert die meisten Menschen zu dem Versuch, den Jakobsweg nach Santiago de Compostela zu beschreiten.

Der erste Hinweis, dass ich einmal dem Jakobsweg folgen würde, ergab sich 1991 in Brasilien. Ich führte dort gerade meine One-Woman-Show auf, als mir mein Tourmanager Michael Flowers einen Brief überreichte.

Er war handgeschrieben und anonym. Michael geht meine Post oft durch und wählt mit einer Intuition, die mir höchst erstaunlich scheint, jene Briefe aus, die er für wichtig hält. Lassen Sie mich einen Moment abschweifen und Ihnen von seiner Intuition erzählen. Er ist seit fast dreißig Jahren mein Tourmanager. Ich vertraue ihm, und wenn er glaubt, dass etwas, von dem ich noch nie gehört habe, von Bedeutung ist, dann schenke ich dem meine Aufmerksamkeit. Es ist mir wichtig, das an dieser Stelle zu erklären, denn Michael spielt im Laufe meiner Geschichte eine wichtige Rolle. Ich erhalte alle möglichen Anfragen, und die tiefschürfendsten und verrücktesten haben für gewöhnlich mit metaphysischen, spirituellen und außerirdischen Angelegenheiten zu tun. Als ich einmal in Südafrika auftrat, erhielt Michael eine Anfrage von einer Mutter und ihrer Tochter, die sich mit mir unterhalten wollten, weil sie eine unheimliche Begegnung der dritten Art mit Wesen aus dem Weltall hatten, genauer gesagt, vom Siebengestirn. Ich habe mich mit den beiden getroffen. Sie schienen geistig gesund und vernünftig, und als sie mir die Geschichte ihrer Begegnung geschildert hatten, fragte ich sie, wann sie ihre neuen Freunde aus dem All wieder sehen würden. Sie antworteten, man habe ihnen gesagt, die Besucher würden zurückkehren, wenn das rosa Haus weiß gestrichen wäre. Sie verstanden diese Bemerkung erst, als sie sie mir erzählten, und das war der Grund: Meine Ranch in New Mexico liegt in einer abgelegenen Gegend, wo zuhauf Geschichten über Raumschiffe kursieren. Die Ranch war rosa, als ich sie kaufte. Aber nach der Renovierung und nach gründlichen Überlegungen beschloss ich, die Ranch weiß streichen zu lassen! Ich habe die Besucher noch nicht gesehen, aber der Gedanke verfolgt mich.

Jedenfalls stand in dem Brief, den Michael erhielt, als ich in Brasilien auftrat, unmissverständlich, dass ich den Jakobsweg nach Santiago de Compostela beschreiten sollte. Wie schon gesagt, trug der Brief keine Unterschrift. Er war mit Tinte geschrieben und legte mir flehentlich nahe, den Jakobsweg zu gehen, wenn es mir tatsächlich ernst wäre mit meinen spirituellen und metaphysischen Schriften, Lehren und Studien. Ich war fasziniert, dachte darüber nach und unterhielt mich mit einigen Freunden in Brasilien darüber, die diese Reise bereits gemacht hatten. Dann vergaß ich alles wieder.

Als ich drei Jahre später erneut in Brasilien auftrat, erhielt ich einen Brief in derselben Handschrift, wieder anonym, mit dem Inhalt, dass es zwingend notwendig wäre, den Jakobsweg zu beschreiten, wenn ich auch weiterhin über spirituelles Wachstum schreiben wolle.

Meine brasilianische Freundin Anna Strong stimmte dem zu. Sie ist eine spirituelle Führerin und Beraterin, die Seminare über Meditation und inneres Gleichgewicht abhält und die ich respektiere. Ich wusste, dass sie selbst schon den Jakobsweg gegangen war und auch anderen dabei geholfen hatte. Nachdem sie mir mitteilte, was ich zu erwarten hätte, und mir erklärte, dass sie mich in Madrid treffen wolle, um mir beim Start zu helfen, sagte ich den Film ab, den ich für diesen Sommer geplant hatte, und erklärte meinem Agenten, dass ich stattdessen durch Spanien wandern würde. Er war an meine »unbekümmerte«, abenteuerliche Art gewöhnt und meinte nur, ich solle mir ein gutes Paar Schuhe besorgen, dann fand er sich damit ab. »Außerdem könntest du wieder ein gutes Buch darüber schreiben«, fügte er noch hinzu.

Na gut – geht in Ordnung.

Seit Jahrtausenden beschreiten Heilige, Sünder, Generäle, Aussteiger, Könige und Königinnen den Jakobsweg nach Santiago. Sie alle verfolgen die Absicht, tiefste spirituelle Erkenntnis und die Lösung ihrer inneren Konflikte zu finden. Den Menschen früherer Zeiten war sehr wohl bewusst, dass ihnen die Energie des Jakobsweges größere Innenschau und Selbsterkenntnis ermögliche.

Die Geschichtsbücher datieren den Jakobsweg auf keltische Zeiten zurück – mit dazugehörigen mythologischen Geschichten über kosmische Offenbarungen und die mehrdimensionale Präsenz von Gnomen, Feen und Trollen. Ein Aspekt dieser Legende faszinierte mich am meisten, nämlich der Umstand, dass der Weg in Finisterre endet, einige Meilen westlich von Compostela am atlantischen Ozean, der als das Ende der damals bekannten Welt galt. Ich fragte mich, was die zuvor unbekannte Welt gewesen war. Gab es dort ein Land, das lange vor unserer schriftlich aufgezeichneten Geschichte existiert hatte? Rief es all diejenigen von uns, die diese Sehnsucht spürten, dazu auf, den Jakobsweg so lange zu beschreiten, bis wir irgendwie wieder dorthin gelangten? Warum soll die Reise auf dem Jakobsweg dem Pilger angeblich Selbsterkenntnis und das Verständnis seines Schicksals bescheren? Ich spürte mittlerweile regelrecht einen Drang, dorthin zu fahren, damit ich die Reise in die Geheimnisse meiner eigenen Geschichte antreten konnte – die in eine Zeit zurückreichte, lange bevor meine Vorstellungskraft es sich ausmalen konnte. Mir war auf beinahe unheimliche Weise klar, dass meine persönliche Realität deutlicher zutage treten würde. Aber ich war nicht im Geringsten auf die Wirkung vorbereitet, die der Jakobsweg auf mich haben würde.

Er war – und *ist* – meine Realität, an die ich mich immer noch anzupassen versuche. Meine Spiritualität und die Reise meiner Seele durch die Zeit ist die authentische Entdeckung meiner Fähigkeit, die Harmonie mit dem Göttlichen zu spüren. Es ist ein theopathischer Bewusstseinszustand. Wenn die Reise der Seele Anerkennung findet, erfolgt eine Neuausrichtung der Emotionen. Es kann keinen Zweifel daran geben, dass meine Emotionen und die Emotionen der Welt sich nicht im Gleichgewicht befanden, als ich den Jakobsweg antrat. Während der Reise verstand ich allmählich, warum dem so war. Viele halten den Jakobsweg für einen religiösen Weg. Ich konnte das gut nachvollziehen – angesichts all der Heiligenbilder auf dem Weg, der Kirchen und der Erinnerungen an das, was die Kirche in Bezug auf das menschliche Leben geleistet hat. Aber ich sah auch, wie die Kirche versucht hatte, ihre Gläubigen eigenen gesellschaftlichen Vorstellungen entsprechend zu formen, sie in einen abgesonderten Gefühlsbereich zu drängen, weit weg von der individuellen Spiritualität, denn die Kirche selbst nahm für sich spirituelle Überlegenheit in Anspruch. Und ich erkannte, dass die Welt religiöser Vorherrschaft in früheren Zeiten der wissenschaftlichen Welt von heute gewichen war, die ihre spirituellen und emotionalen Fesseln der Vergangenheit zugunsten wissenschaftlicher, technologischer »Fakten« von sich werfen wollte.

Die Wissenschaftler des menschlichen Verhaltens, die sich standhaft weigern, ihre eigenen Emotionen in ihre Beobachtungen einfließen zu lassen, übersehen dabei die Realität. Individuelle Gefühle werden in ihrer Welt nicht respektiert. Sie entmenschlichen die Gefühle und Emotionen des Menschen, missachten sie zugunsten dessen, was sie »kollektive Beobachtung« nennen und in aller Welt anerkannt wird. Sie erlauben sich nicht einmal selbst, menschlich zu sein. Wenn sie in ihren Beobachtungen nicht rational und »wissenschaftlich« vorgehen, werden sie geächtet. Selbst der bloße Ausdruck einer Emotion ist in ihrer Welt ungehörig. Obwohl sie behaupten, die Wahrheit über den Menschen herausfinden zu wollen, errichten sie in Wirklichkeit einfach nur ein neues Denkmodell, das die Fähigkeit zu Gefühlen negiert.

Letzten Endes hat sich die Wissenschaft von der Herrschaft der Kirche nur befreit, um der moderne Beherrscher der Wahrheit zu werden. Die Ketten liegen jetzt einfach in anderen Händen. Der neue Sklaventreiber der Wahrheit ist die Wissenschaft, und wir können ihre Auswirkung auf das menschliche Verhalten überall sehen. Wenn wir die Reise der Seele in uns selbst nicht anerkennen, sind wir verloren und verkörpern nur ein Teil dessen, was wir sein sollen.

Ich glaube, dass ein Großteil des Leidens, das heute in der Welt herrscht, als Übung betrachtet werden kann, uns selbst von dem zu entleeren, was früher vor sich ging, und Raum zu schaffen für die Freuden der Zukunft, die uns rechtmäßig zustehen. Wir haben als Menschen die moralische Pflicht, nach Freude zu streben. Erst dann stehen wir im Einklang mit dem Göttlichen. Wir müssen jedoch anerkennen, was unserem heutigen Verständnis des Lebens vorausgegangen ist, denn darin liegt die Geschichte unseres Konflikts, unserer Einsamkeit, unserer Verwirrung, unseres Hasses und der Distanz zwischen uns und Gott. Erst wenn wir mit unseren uralten Emotionen Frieden schließen können, erlangen wir meiner Meinung nach die Fähigkeit, unserer moralischen Verpflichtung gerecht zu werden und nach Freude zu streben.

Auf meiner Reise nach Westen hatte ich das Gefühl, auf dem Jakobsweg zurück in die Zeit zu reisen, an einen Ort, an dem jene Erfahrungen ihren Ursprung genommen haben, die mich und die menschliche Rasse zu dem machten, was wir heute sind. Ja, ich kann sagen, es war eine mythische und fantasievolle Erfahrung, aber was ist schon Mythos und was ist Fantasie? Alle Fantasien des Bewusstseins basieren doch auf einer Art Erinnerung, warum sonst wären sie da?

1

Wohin mich meine Reisen auch führen, ich reise stets gern leicht. Allerdings waren sieben Pfund Leichtigkeit selbst für mich neu. Meine brasilianische Freundin Anna Strong, die diesen Weg selbst schon gegangen war, warnte mich, dass sich jedes Gramm in meinem Rucksack nach einigen Wochen in eine Tonne verwandeln würde. Alsoooo... Schuhe waren lebensnotwendig und wurden sorgfältig ausgesucht – nur ein Paar, um darin zu laufen, und ein Paar, das ich am Ende jeden Tages anziehen wollte. Ich hatte immer schon ein Problem mit dem Einschlafen, wenn es um mich herum Geräusche gab. Ich wusste, ich würde in einfachen Gästehäusern (*Refugios*) nächtigen, zusammen mit vielen anderen Menschen, die schnarchten, husteten, sich unterhielten oder im Schlaf sprachen. Ich überlegte, ob ich meinen Kassettenrekorder und meine Kassetten mit dem »weißen Rauschen« mitnehmen sollte, die ich auf Reisen stets mit dabei hatte. Zu schwer, entschied ich, das konnte ich unmöglich tragen. Stattdessen entschied ich mich für Ohrstöpsel, obwohl mir mein Homöopath und Akupunkteur erklärt hatte, dass Ohrstöpsel die Meridiane zu den Nieren behindern. Ich nahm einen leichten Schlafsack mit, zwei Paar Socken, zwei Unterhosen, zwei T-Shirts, ein kleines Handtuch, einen kleinen Waschlappen, ein Stück Seife, ein Paar Shorts, ein Paar leichte Leggings, die mich vor den Sonnenstrahlen schützen sollten, einige homöopathische Arzneien (gegen Darmerkrankungen wie Lambliasis,

Schwindel, Schnittverletzungen und Blutergüsse), Pflaster, Hautpflegemittel, Leukoplast, eine Wasserflasche (in jedem Dorf am Weg gibt es Brunnen mit Trinkwasser), meinen Reisepass, mehrere Notizbücher, ein winziges Adressbuch, einige Kreditkarten (ich gelobte, sie nicht zu benützen), etwas Kleingeld (zu dem ich hoffentlich nicht würde Zuflucht nehmen müssen), eine Goretex-Jacke, eine Goretex-Hose, einen Pulli (da ich sowohl bei kaltem als auch bei heißem Wetter pilgern würde), einen Sonnenhut, eine Sonnenbrille, *Melatonin* zum Einschlafen und mein mir wichtiges *Pearlcorder-Diktiergerät* mit vielen kleinen Bändern.

Ich bin im Sternzeichen des Stier geboren und daher ein Mensch, der Dinge sammelt. Sofort wurde mir klar, dass mich diese Reise auf die Probe stellen würde, dass ich herausfinden musste, was mir wichtig war. »Die Pilgerschaft und ihre Energie werden dir alles geben, was du brauchst«, erklärte mir Anna. »Sie wird dir sagen, was du wegwerfen sollst - und sie wird dich demütig machen. Du wirst sehen, was für ein Tempel dein Körper in Wirklichkeit ist; er ist kein Gefängnis. Und du wirst den Kern deines Wesens entdecken.« Sie versicherte mir, dass ich auch einen Wanderstab finden würde. Er würde zu mir sprechen, als ob er mir helfen wolle. Außerdem würden meine Füße vom Boden selbst Energie beziehen, und darum sei es so unendlich viel besser, den Jakobsweg zu Fuß zu beschreiten und nicht mit dem Wagen zu fahren. Ich würde vom Weg Botschaften erhalten, als ob er zu mir spräche, bis ich selbst zu dem Weg und seiner Geschichte würde.

Ich traf mich noch mit anderen, die den Jakobsweg gegangen waren. Sie rieten mir, nicht zu viel zu essen und jede Menge Wasser zu trinken - mindestens zwei Liter am

Tag. Es würde viele gute Restaurants geben, aber es sei am besten, sich an die ursprüngliche Energie des Weges zu halten, die darin bestand, sich von allen Fallstricken zu lösen. Ich sollte mich auf meinem Weg vor gar nichts fürchten – unter anderem, so erzählten sie mir, würde die spanische Regierung alle Pilger beschützen, und all jenen, die das Fortkommen eines Pilgers behinderten, drohten harte Strafen. Man sagte mir auch, es sei am besten, wenn ich allein marschierte, obwohl ich auf dem Weg vielen Menschen begegnen würde. Alles, was ich mit mir führte, bedeute Ablenkung. Ich sollte lernen loszulassen. Und ich sollte darauf gefasst sein zu sterben, denn sich auf eine solche Pilgerschaft zu machen bedeute, dass ich bereit sei, alle alten Werte aufzugeben, die in meinem Leben zu Problemen führten.

Ich konnte ehrlich sagen, dass ich kein Problem damit hatte, innerlich zu sterben, wenn es denn so sein sollte. Ich hatte genug von der Lage der Dinge, wie ich sie kannte. Ich war bereit für ein neues Verständnis, das mich den Rest meines Lebens vorwärts treiben würde.

Während der Vorbereitung auf meine Pilgerschaft beschloss ich, meinen Rucksack auszuprobieren.

Eines Tages packte ich alles ein und machte in den Calabasas Hills in Kalifornien eine Probewanderung. Es war grausig. Diese Erfahrungen weckten in mir das Gefühl, mein Plan könnte unter keinem guten Stern stehen.

Ich war diesen Weg schon oft gewandert. Als ich meinen Wagen am Fuß der Berge parkte, fiel mir aus den Augenwinkeln ein Latino auf, verdreckt, ohne Schuhe und mit wildem Blick, der zwischen den Bäumen nahe des Wanderweges herumlungerte.

Ich ignorierte ihn, schloss den Wagen ab, schnallte den Rucksack um und machte mich auf den Weg. Dabei nahm ich mein Schweizer Armeemesser in die Hand, weil ich mich damit sicherer fühlte. Ich wollte versuchen, den Weg bergauf zu nehmen bis zu einer Bank, die ich kannte. Dort plante ich, den Rucksack abzusetzen und eine Pause einzulegen.

Unterwegs dachte ich darüber nach, wie zielgerichtet ich doch war. Ziele waren für mich derart wichtig, dass das Erreichen des Zieles bisweilen jedes Mittel rechtfertigte. Ich marschierte meilenweit nur mit dem Gedanken, diese Bank zu erreichen. Und marschierte immer weiter. Der Rucksack war schwer, und das Wandern wurde zu einem Kampf. Ich blieb stehen und gab etwas Notfall-Vitamin-C in meine Wasserflasche. Ich trank und ging weiter. Schließlich blieb ich erschöpft stehen, und in diesem Moment fiel mir auf, dass ich die Bank, die mein Ziel gewesen war, schon lange passiert hatte! Die Bedeutung dieses kleinen Ereignisses wurde mir schnell klar. Ich war von meinem übertriebenen Leistungsdenken ehrlich enttäuscht. Das passierte mir oft: Ich fand keinen Kontakt zu dem Weg, auf dem ich mich befand, weil es mich so sehr danach verlangte, mein Ziel zu erreichen. Das scheint ohnehin die Definition des Begriffs »Erfolg« in dieser Welt zu sein, und ich war ein Beispiel für diese gängige Definition, obwohl ich doch nach der wahren Bedeutung von »Erfolg« suchte. Man muss wohl erst einmal *irgendeine* Version von Erfolg finden, um zu wissen, dass es noch eine andere Version gibt.

Jedenfalls drehte ich um und ging denselben Weg wieder zurück. Nach einigen Meilen erkannte ich die Bank. Ich beschloss, keine Pause einzulegen, sondern den Abstieg fortzusetzen. Als ich zu meinem Wagen kam, stand dort der Latino und schien in schlimmerer Verfassung als zuvor.

»Kann ich Ihnen helfen?«, fragte ich ihn.

»Meine Füße brennen, ich habe keine Schuhe«, sagte er. »Jemand muss mich zu meinem Wagen bringen.«

Mir wurde klar, dass ich mit einem Mann spanischer Abstammung sprach, und ich fühlte mich fast so, als ob ich ein künftiges Ereignis auf dem Jakobsweg durchlebte. Ich dachte: »Du sollst freundlich zu Fremden sein.«

Ich bot ihm an, ihn zu seinem Wagen zu bringen, weil ich dachte, das könne nicht weit sein. Er kletterte auf den Beifahrersitz. Der Mann war schmutzig und stank.

»Ich weiß nicht, warum ich das tue«, sagte er, leicht verwirrt.

»Manchmal tun wir alle Dinge aus Gründen, die wir nicht verstehen«, antwortete ich und dachte daran, was ich binnen einer Woche tun würde, ebenfalls ohne es zu verstehen. Ich ließ den Motor an und erzählte ihm, dass ich demnächst auf dem Jakobsweg nach Santiago de Compostela pilgern würde. Er schien das zu verstehen und davon auch schon gehört zu haben.

»Sind Sie katholisch?«, wollte ich wissen.

Er nickte. »Ja.«

»Tun Sie Buße?«, fragte ich weiter. Er nickte.

»Tun *Sie* Buße?«, wollte er nun seinerseits wissen.

»Ich glaube nicht«, erwiderte ich.

Dann sah er auf meine Brüste. Ich hatte die bewusste Entscheidung getroffen, auf dem Jakobsweg keinen Büstenhalter zu tragen, weil die Träger unter dem Rucksack in meine Schultern schneiden würden. Mir war natürlich der Gedanke gekommen, dass ein solcher Verzicht auf

Unterwäsche provokativ wirken könnte. Ich fragte mich, ob meine Befürchtungen zur Realität geworden waren.

Der Mann starrte weiter auf meine Brüste. »O mein Gott«, dachte ich. »Das könnte gefährlich werden.« Meilenweit war keine Menschenseele in Sicht.

Schließlich wandte er seinen Blick von meiner Anatomie ab und meinte: »Darf ich Liebe mit Ihnen machen?«

Es war surreal. Ich trat auf die Bremse und explodierte. »Haben Sie den Verstand verloren?«, schrie ich. »Was zur Hölle ziehen Sie hier durch? Natürlich nicht, Sie Idiot. Ich habe Sie mitgenommen, weil Sie Hilfe brauchten, weil Ihre Füße brannten, weil Sie Wasser benötigten und zu Ihrem Wagen wollten, und wie danken Sie es mir? Das ist doch die Höhe!« Ich war fuchsteufelswild, was sein Gerechtigkeitsgefühl zu verletzen schien.

»Na wunderbar«, stieß er hervor. »Ich habe Sie freundlich *gefragt*, anstatt es einfach zu *verlangen*, und Sie wollen es nicht tun.«

Mein Unterkiefer klappte herunter. Jetzt steckte ich in Schwierigkeiten. Ich überlegte mir kurz, ihn noch wütender anzufauchen, aber der Ausdruck, den ich über sein Gesicht huschen sah, ließ mich innehalten. Er hatte mich nicht berührt und sich mir auch nicht körperlich genähert.

»Wir sind an meinem Wagen vorbeigekommen. Lassen Sie mich aussteigen«, verlangte er.

Weit und breit war kein Auto zu sehen.

»Natürlich«, sagte ich. Er öffnete den Wagenschlag auf seiner Seite und kletterte hinaus.

»Hören Sie«, rief ich ihm nach. »Sie sollten mit diesem Sex-Zeugs vorsichtig sein. Das kann Sie in Schwierigkeiten bringen.«

Über seine Schulter hinweg erwiderte er: »Ja, danke. Ich weiß. Das passiert mir ständig.«

Dann ging er davon.

Ich saß völlig verblüfft in meinem Wagen. War er real gewesen? Es war, als ob mir gerade eine auf Erfahrungen beruhende Vision zugestoßen wäre. Ich drehte mich um, weil ich noch einmal nach ihm sehen wollte, doch er war verschwunden. Es gab keinen Mann und keinen Wagen. Ich schwor mir, nie wieder Angst davor zu haben, ohne Büstenhalter loszuziehen, und ich wusste, ich würde viel über die Wahrheit nachdenken müssen, die besagt, dass die Wirklichkeit dort ist, wo der Geist ist, *und* dass ich so fest entschlossen war, die Bank zu meinem Ziel zu machen, dass ich an ihr vorbeigegangen war... Die Wirklichkeit ist einfach dort, wo der Geist ist. Ich verstand nun besser, warum ich Schauspielerin war. Ich konnte das umsetzen, was ich in der Realität brauchte. Ich hatte einen barfüßigen, schmutzigen Wanderer manifestiert, der mich warnte, dass die Pilgerschaft weiblich war und infolgedessen menschliche Sexualität auftauchen würde. Alle hatten mir erzählt, dass der Jakobsweg denen, die ihn beschritten, auch eine Liebesaffäre bot. Es lag an jedem Einzelnen, ob er dieses Angebot annahm. Einige Wochen später stand ich vor genau dieser Entscheidung.

Die meisten von uns haben einen Freund oder eine Freundin, die uns seelenverwandt sind... jemand (wenn wir Glück haben), mit dem wir über alles reden können. Kathleen Tynan war für mich eine solche Freundin. Sie war hochintelligent, aber das hielt sie nicht davon ab, Spaß zu haben. Sie war ein Gesellschaftstier und genoss das Ambiente von Restaurants, Partys und guter Unterhaltung. Kathleen war Engländerin, eine Intellektuelle und eine große Schönheit; allerdings teilte sie meine spirituellen Interessen nicht so richtig. Ich würde sie diesbezüglich als neugierig beschreiben, aber offen gesagt versuchte sie, mich von der Veröffentlichung all dessen abzuhalten, was ich über meinen metaphysischen Weg zu sagen hatte. Sie hielt es im Grunde für verrückt und meinte, es wäre ein »Karrierekiller«, wenn ich meine Überzeugungen mit der Öffentlichkeit teilte. Doch als sie erkannte, dass abgesehen von einigen Scherzen nichts Derartiges geschah, fühlte sie sich mit meiner Suche wohler. Sie war mir auch eine überaus ehrliche Freundin. Ihr verstorbener Ehemann, der bekannte englische Schriftsteller und Kritiker Kenneth Tynan, war ebenfalls ein enger Freund von mir gewesen.

Kathleen trug ihren Ehering auch noch nach Kens Tod, obwohl sie sich mit anderen Männern traf. Ken war ihr Anker gewesen, ihre Muse und der Mann, der für sie eine Verbindung zu ihrem Vater (beziehungsweise einen Ersatz für ihren Vater) darstellte. Sie schien mit den Männern in ihrem Leben ausschließlich herausfinden zu wollen, wer ihr Vater für sie wirklich gewesen war.

Als sie mich in Malibu besuchte, blieb sie (zu meinem Entzücken) gleich mehrere Monate. Mir fiel eine Zwiespältigkeit in der Art und Weise auf, wie sie hinaus aufs Meer blickte. Sie starrte stundenlang ununterbrochen auf das Wasser und den Himmel in einer scheinbar verwirrten und doch schicksalsergebenen Nachdenklichkeit. Ich fragte mich, ob sie endlich über die verborgene Spiritualität in ihrem Leben nachdachte. Doch ich sollte erfahren, dass es sich um viel mehr handelte. Kathleen war tödlich an Darmkrebs erkrankt, und sie wusste es. Ihre Ärzte konnten anfangs nichts feststellen, aber sie beharrte darauf, dass da etwas war. Schließlich erwies sich mittels einer Kernspintomographie, dass Kathleen Recht hatte. Die Ärzte waren verblüfft, dass der verborgene Tumor bereits so groß wie eine Avocado war.

Ich habe viel über Kathleens Art zu sterben nachgedacht. Jahrelang zeigte sie ein tiefes Bedürfnis, ihren Vater besser kennen zu lernen, der starb, als sie noch ein Teenager war. In ihrem letzten Lebensjahr, bevor sie an Krebs erkrankte, grub sie einige Artikel aus, die er geschrieben hatte (er war Auslandskorrespondent), sah Familienaufzeichnungen durch, befragte Menschen, die ihn gekannt hatten, und suchte in ihren eigenen Kindheitserinnerungen nach Hinweisen auf seine wahre Identität, nicht nur in Hinblick auf seine Persönlichkeit und seinen Charakter, sondern auch auf sein Verhältnis zu ihrer Mutter, mit der Kathleen nur eine Beziehung auf Distanz führte.

Kathleen räumte mir gegenüber ein, dass die Männer in ihrem Leben »Pfade« zu ihrem Vater waren, aber nun schien sie ihn notgedrungen selbst kennen lernen zu müssen. Ich hatte meine Beobachtungen in einem Schubfach meiner Erinnerungen abgelegt, bis ich von ihrer Krebserkrankung erfuhr. Dann fragte ich mich, ob die Krankheit für sie nicht der schnellste Weg war, sich mit dem Mann wieder zu vereinen, den sie am meisten liebte und vermisste.

Als ich sie in London anrief und ihr mitteilte, dass ich den Jakobsweg beschreiten würde, wusste sie genau, was ich meinte, denn sie und Ken sowie ihre Kinder waren ihn einige Jahre zuvor mit dem Wagen abgefahren. »Ehrlich gesagt«, erzählte sie, »war das die letzte Reise, die wir alle zusammen unternahmen, eine Art Aussöhnung. Ken war im Wagen an ein Sauerstoffgerät angeschlossen« – er starb an einem Emphysem – »und er rauchte und lachte mit den Kindern auf dem Rücksitz, während ich fuhr und herauszufinden versuchte, worum es im Leben geht oder auch nicht.«

Sie meinte, die Reise auf dem Jakobsweg, wenn auch im Auto, sei der Höhepunkt ihrer Beziehung gewesen. Am 26. Juli, auf den Tag genau ein Jahr nach Ende der Reise, starb Ken. Kathleen war begeistert, dass ich jetzt diese Pilgerschaft auf mich nehmen wollte, und sie sehnte sich danach, mich noch einmal in London zu sehen, bevor ich nach Spanien weiterreiste.

»Der Krebs hat sich mittlerweile auf meine Knochen ausgebreitet«, sagte sie. »Je eher du kommst, desto besser.« Kathleens Humor angesichts Kens Ableben und ihrer eigenen Situation war atemberaubend, typisch Englisch.

Ich verabschiedete mich von meinen Freunden und Freundinnen in Kalifornien. Die meisten von ihnen weinten, als ich aufbrach. Ich hatte viele Reisen unternommen und mich oft schon verabschiedet, aber diesmal war es anders. Sie wussten um die Gefahren, nehme ich an, aber darüber hinaus müssen sie noch etwas anderes gespürt haben. Meine Freundin Anna Marie trug mir auf, genau vierzig Tage zu wandern, denn so viel Zeit hatten Jesus und verschiedene Heilige in der Wüste verbracht. Die Menschen, die für mich arbeiteten (ebenfalls Freunde), verstanden nicht wirklich, warum ich mich dieser Gefahr aussetzte. Meine Tochter und mein Bruder, die meine Wanderschaften gewohnt waren, zeigten sich unbeeindruckt und meinten: »Amüsiere dich schön.« Meine Freundin Bella Abzug hielt es für ein weiteres verrücktes, hirnrissiges, spirituelles Abenteuer, mit dem sie eigentlich nicht belästigt werden wollte, und zwei andere enge Freunde zogen in mein Haus in New Mexico, um dort die Energie zu binden. (Sie haben beide indianisches Blut in den Adern und verstanden, dass es in Fragen des Gleichgewichts auf die Energie des Bodens ankommt, obwohl ich mich auf der anderen Seite des Erdballs befinden würde). Die Frau, die mir den Haushalt führt, brachte mich zum Flughafen. Wir umarmten uns, sie weinte, und ich dankte ihr, dass sie mir so eine verständnisvolle »Ehefrau« war.

Als ich in Kathleens Londoner Wohnung eintraf, war ich erschüttert von ihrem Anblick und darüber, wie weit die Krankheit schon fortgeschritten war. Sie jedoch war ganz vertieft in ihr zweites Buch über Ken, einen Band, der all seine Briefe und Notizen enthielt, die sie jahrelang pflichtbewusst in Aktenschränken aufbewahrt hatte. Ein Wort zu Kathleens Seelenstärke: Sie war eine Schönheit von solchem Ausmaß, dass der Glanz dieser Schönheit den beiläufigen Beobachter blind machte für das Leiden, das dahinter verborgen lag. Sie beschämte meine amerikanische »Hand aufs Herz«-Offenheit. Wie eine Rose hatte sie unzählige Blütenblätter, und hinter jedem Blütenblatt kam etwas noch Interessanteres zum Vorschein. Möglicherweise basierte unsere gegenseitige Verbundenheit auch auf etwas Grundlegenderem: Wir waren beide kanadischer Abstammung. Meine Mutter kam aus Kanada, und Kathleen war in Kanada geboren, obwohl sie schon seit langem in England lebte und die englische Wesensart und Disziplin angenommen hatte.

Ihre Disziplin, selbst im Leiden, war außergewöhnlich. Sie wollte an einer Bucheinführungsparty in London teilnehmen, die der Verleger Lord Weidenfeld gab. Sie konnte sich kaum allein anziehen, geschweige denn gehen, aber sie war fest entschlossen, die Gerüchte über ihre Krankheit zum Verstummen zu bringen. Ich half ihr beim Anziehen und bei ihrem Make-up. Wir riefen uns ein Taxi. Ich wurde zur Verschwiegenheit verpflichtet, und meine Aufgabe an diesem Abend bestand darin, überall zu verbreiten, dass sich Kathleen bester Gesundheit erfreue. Mir ist noch deutlich in Erinnerung, wie Kathleen auf einem Brokatsofa Hof hielt. Ihr graues Cape verhüllte ihren knochendürren Körper, und ihre Haare, frisch frisiert, umrahmten ihr Gesicht (sie verlor während der Chemotherapie kein einziges Haar). Sie war umwerfend. Niemand ahnte auch nur, dass sie einen Tubus in ihrem Bauch hatte, der die Ausscheidungen ihres Darmes in eine versteckte Plastiktasche unter ihrer Kleidung entleerte, und einen Katheter in ihrem Brustkasten, der zu unterschiedlichen Zeiten chemotherapeutische Mittel abgab. Nicht einmal ich durfte diese quälenden Zeugnisse ihres Zustands sehen.

Natürlich wimmelte es nur so vor Klatschmäulern der englischen Gesellschaft, die mir pointierte Fragen stellten und um Kathleen herumscharwenzelten, nachdem ich ihnen erklärt hatte, sie habe einfach unter einer leichten Lungenentzündung gelitten, was die Krebsgerüchte Gott sei Dank zerstreute.

Lord Weidenfeld spazierte umher und legte den »bedeutenden Persönlichkeiten« nahe, ihre Memoiren zu schreiben. Alle jene von Kathleens Freunden, mit denen sie ausschließlich telefonischen Kontakt pflegte, schienen damit zufrieden, dass sie nur müde von der Lungenentzündung war; sie wandten sich daraufhin dem Austausch der neuesten politischen Skandalgeschichten zu. Kathleen kannte ihre Pappenheimer. Sie hatte ihre gesellschaftliche Pflicht erfüllt.

Als ich bemerkte, dass sie unter ihrem Cape zitterte, war mir klar, dass sie gehen musste. Ihre mutige Leistung durfte nicht zunichte gemacht werden.

Wir brachen auf. Kathleen seufzte und schlief noch im Wagen ein. Ich fragte mich, ob sie wohl sterben würde, während ich in Spanien auf Pilgerreise war.

Ich blieb drei Tage lang bei Kathleen. Ich unterhielt mich mit ihren Ärzten, die nicht sehr hoffnungsvoll klangen, mit ihren Kindern, die beide gute Miene zum tragischen Spiel machten, mit ihrer Mutter, einem Ausbund an unterschwelligen Vorurteilen, mit den beiden Männern, die sie liebten, aber nicht wirklich verstanden, wie schlimm es um sie stand, und natürlich mit Kathleen selbst. Unsere Unterhaltungen waren schmerzlich und tief. Man hatte ihr noch einige wenige Monate gegeben, glaubte sie. Sie wollte von mir wissen, ob ich wirklich der Überzeugung war, sie würde mit ihrem Vater vereint werden. Das führte zu spirituellen Diskussionen, die – da so persönlich – selbst für mich schwierig waren. Es soll genügen, wenn ich sage, dass sie ergründen wollte, warum Ken weiter Kettenraucher blieb, obwohl er qualvoll an einem Emphysem starb. »Er wollte nicht sterben«, beharrte sie. »Er kämpfte so sehr darum, am Leben zu bleiben.« Ich war äußerst erstaunt, aber es fiel mir zu schwer, ihr zu widersprechen, denn wenn ich das getan hätte, hätte ich das Thema ihres eigenen bevorstehenden Todes anschneiden müssen sowie ihre verborgene Sehnsucht, mit Ken vereint zu werden und dadurch, über Ken hinaus, mit ihrem Vater. Kathleen war der Ansicht, dass es auf dieser Erde kein Paradies mehr gab, und sie glaubte, dass das Geheimnis, warum dem so war, auch ein Geheimnis bleiben solle.

Am Ende des dritten Tages bat sie mich, sie aus Spanien anzurufen, wenn ich meinen einsamen Weg antrat. Sie wollte in diesem Moment ihren Ehering abnehmen, und ich sollte den Jakobsweg auch für sie beschreiten. Sie erinnerte sich an die spanische Landschaft, an die Sonnenuntergänge, das Essen, die Religiosität, und sie erklärte, sie wolle auf meine Rückkehr warten, damit ich ihr von meinem Abenteuer erzählen konnte.

Ich verließ London mit Kathleen in meinem Herzen und dem Bedürfnis, über die Bedeutung von Freundschaft und Verlust nachzudenken.

In Madrid traf ich mich mit Anna Strong, die gekommen war, um mich auf den Weg zu bringen, wie sie es versprochen hatte. Sie war voller Vorfreude angesichts des Marsches und erklärte, sie würde mich anfangs begleiten und dann weiterreisen, um an einem Seminar in Irland teilzunehmen.

Wir verglichen das Gewicht unserer Rucksäcke, diskutierten wesentliche Punkte, und dann reichte sie mir eine Bibel. »Du musst sie völlig unabsichtlich aufschlagen und anschließend die Seite lesen, die du aufgeschlagen hast«, riet sie mir. »Dein Höheres Selbst wird dir das geben, was du brauchst.«

Wir blieben über Nacht in Madrid, bei Freunden von Anna. Es sollte die letzte Nacht in einem richtigen Bett sein, in einem richtigen Haus, mit richtigem heißem Wasser, einer Toilette mit Privatsphäre und einem geräuscharmen Nachtlager.

Am nächsten Tag brachen wir nach Pamplona auf. Mit einem Taxi fuhren wir nach Saint-Jean-Pied-de-Port, auf dem Pilgerweg über die Pyrenäen nach Frankreich zum Anfangspunkt der Reise. Die Strecke, die wir später zu Fuß würden gehen müssen, zog sich kurvenreich über die Berge, und mir wurde schlecht im Wagen. Ein toller Anfang, dachte ich. Zu Fuß zu gehen wäre ein Kinderspiel.

Als wir in Saint-Jean-Pied-de-Port ankamen, sagte Anna, wir müssten eine Madame de Brill aufsuchen, um dort unsere *Carnés* einzusammeln, gefaltete Pilgerscheine, die der Nachweis unserer Reise seien. Die *Carnés* würden in jedem Dorf abgestempelt und galten als Beweis, dass wir die Reise gemacht hatten.

Saint-Jean-Pied-de-Port war uralt und voller pittoresker, weißgetünchter Häuser mit roten Dächern. Alles war geschlossen, und die Stadt wirkte kalt und dunkel. Der Taxifahrer ließ uns an der Notre-Dame-Kirche in der Altstadt aussteigen. Wir überquerten den Fluss Nive, gingen die Rue d'Espagne entlang und durch die Porte d'Espagne in der Stadtmauer zum *Haute ville*. An diesem Abend war niemand unterwegs, und Anna konnte sich nicht erinnern, wo genau Madame de Brill wohnte. So begannen dreißig Tage, in denen ich stets nach etwas Ausschau hielt, was ich nicht finden konnte. Nachdem wir an viele Türen geklopft hatten, von denen uns einige sanft vor unserer Nase wieder geschlossen wurden, stieg ich schließlich einige Steinstufen hoch und ging einen dunklen Flur entlang, der an ein unheimlich wirkendes *Refugio* grenzte, in dem Pilger aus Paris schliefen, die sich bereits auf dem Jakobsweg befanden.

Wir begegneten in diesem Flur auch mehreren verstimmten Pilgern, die angewidert mit den Augen rollten, weil sie es gerade mit Madame de Brill zu tun bekommen hatten. Offenbar war sie für ihre Unfreundlichkeit berühmt, und wir standen als nächstes auf ihrer Liste.

Wir klopften an ihre Tür. Sie rief uns herein. »*Mon Dieu!*«, schrie sie, und dann erzählte sie uns auf Französisch, dass sie an der Grippe leide und müde sei. Ihr kleines Fernsehgerät war eingeschaltet, und ein amerikanischer Militärchor sang »Mine eyes have seen the glory of the coming of the Lord.« Das könnte ich jetzt auch gut brauchen, dachte ich. Ein kleiner Hund bellte neben einem Hundenapf, in dem sich kein Futter befand. Madame de Brill war ungefähr einen Meter sechzig groß und hatte ungekämmtes graues Haar. Sie war in der Tat eine nachtragende, schreckliche Person, die unsere spirituelle Geduld auf eine harte Probe stellte.

Erst machte sie sich über Annas Turnschuhe lustig, die völlig normal waren. Dann erklärte sie sarkastisch, dass wir den Jakobsweg niemals vollenden würden. Sie meinte, sie habe die Pilgerreise nie gemacht und habe es auch nicht vor, und nach noch mehr kleingeistigen und herabsetzenden Bemerkungen reichte sie uns schließlich unsere abgestempelten *Carnés* und schob uns buchstäblich zur Tür hinaus.

Anna und ich suchten uns prompt ein Fünf-Sterne-Restaurant, wo wir Wein tranken und ein köstliches Abendessen verzehrten und über den Widerspruch zwischen unserem anstehenden Weg der Armut und unserer Lebensführung nachsannen. Warum nicht? Königin Isabella, König Ferdinand und viele weniger bekannte Könige und Königinnen hatten diese Gratwanderung ebenfalls hinter sich gebracht. Ja, sogar gekrönte Häupter hatten das Bedürfnis auch nach spirituellem Wohlstand.

Nach dem Abendessen suchten wir die gelben Pfeile, die uns laut Anna den Weg weisen würden. Im Dunkeln waren sie nicht auszumachen. Ich konnte die Schilder auf Spanisch und Französisch nicht lesen und spürte, dass ich von Anna viel abhängiger sein würde, als ich es wollte. Würde ich in der Lage sein, den Weg mit anderen zu teilen, und trotzdem meine Unabhängigkeit wahren können? Diese Frage hatte ich mir schon früh im Leben gestellt. Ich war mir immer noch nicht sicher, wie die Antwort darauf lautete.

Am nächsten Morgen, dem vierten Juni, begann ich den Weg – ausgestattet mit sieben Pfund Laufgeschirr auf dem Rücken. Der frühe Morgen erstrahlte herrlich im Sonnenlicht, und nun konnte ich auch die gelben Pfeile erkennen, die uns aus der Stadt hinausführten. Ich entdeckte vor uns weitere Pilger. Einige gingen zu zweit, andere allein. Es gab keine formelle Pilgerprozession. Sie pünktelten einfach die Landschaft, bis hinauf in die Pyrenäen. Die meisten trugen die Schale der Kammmuschel auf ihrem Rucksack, das Symbol des heiligen Jakobus und Erkennungszeichen der Santiago-Pilger. Ich musste beim Gehen an jene denken, die vor mir hier gegangen waren. Die Pilgerreise nach Compostela hatte eine bunte Mischung von Menschen aus ganz Europa zusammengewürfelt. Man könnte den

Jakobsweg als Erbe der mittelalterlichen Christenheit bezeichnen, die durch Glaube und Hingabe versuchten, viele Aspekte der Gesellschaft – die schönen Künste, Religion, Wirtschaft und kulturelle Ziele – zu vereinen. Menschen niederer Schichten, Heilige und Könige legten ihre gesellschaftliche Stellung ab und überquerten Landesgrenzen, um auf der Pilgerreise nach Santiago de Compostela ihrer Verehrung für das Göttliche Ausdruck zu verleihen und es in sich zu finden. Gemeinsam mit Rom und Jerusalem ist der Jakobsweg der Mittelpunkt der Christenheit und all dessen, wofür sie steht.

Ein Bischof aus Le Puy in Frankreich, begleitet von einem Gefolge unzähliger Anhänger, war einer der Ersten, die im Jahr 950 auf die Wallfahrt dorthin gingen und ihre Reise dokumentierten. Obwohl der Weg angeblich schon Tausende von Jahren zuvor Schauplatz von Pilgerreisen gewesen sein soll, wurden keine Aufzeichnungen dieser frühen Reisen gefunden. Im Laufe der Jahrhunderte nahm die Zahl der Pilger zu, nachzulesen in ihren schriftlichen Erfahrungsberichten. In jenen Tagen pilgerten die Menschen in Gruppen – zum Schutz vor Banditen, Dieben und Vagabunden, die ein echter Quell der Besorgnis waren. Der Orden der Tempelritter wurde damit betraut, die Pilger zu schützen und ihre Reise der Hingabe zu ermöglichen. Entlang des Wegs wurden Kirchen und *Refugios* errichtet, als Hort des Schutzes und der Unterkunft, des Rats und der Hilfe. Für mich von besonderem Interesse war die Rolle der arabischen Eroberer entlang des Jakobswegs in Beziehung zur christlichen Welt. Mir fiel auf, wie sehr unsere heutigen Konflikte den damaligen ähneln. Für die Araber waren die Christen Ungläubige und Gefährten des Satans. Für die Christen waren die Araber Heiden, die vom Schwert beherrscht wurden. Daran hatte sich nicht viel geändert. Ich verstand keine der beiden Seiten richtig, würde aber schon bald erkennen, woher meine Verwirrung stammte.

Die Abreise aus Saint-Jean-Pied-de-Port war eine Feuertaufe – direkt hinauf und hinein in die Pyrenäen. Ich war den Sauerstoffmangel nicht gewöhnt und hatte auch mein Tempo noch nicht gefunden. Anna lief langsamer als ich, und ich wollte nicht zu schnell vorauseilen, aus Angst, ich könnte sie aus den Augen verlieren und eine falsche Abzweigung einschlagen. Also drosselte ich mein Tempo. Das erinnerte mich daran, wie schwer es mir als professioneller Tänzerin gefallen war, die langsame Anfängerklasse zu besuchen, anstelle des temporeichen Fortgeschrittenenkurses. Die Bewegungen waren intensiver, konzentrierter und schmerzvoller, weil ich bereits gelernt hatte, wie man Anstrengungen umgeht. Hier traf dasselbe zu.

Zwischen Haselnusssträuchern, Kastanien und Buchen ging es fünfeinhalb Kilometer direkt bergauf. Sogar in meinem atemlosen Zustand war ich glücklich. Die Berge wirkten außergewöhnlich. Kuhglocken bimmelten, und ihre Musik tanzte durch die Bäume. Von den Reisenden aus weiter Ferne hallten Gespräche in Dänisch, Französisch, Spanisch und Deutsch zu mir. Entlang des Wegs fanden sich überall gelbe Pfeile, bisweilen ungelenk auf Gras und Felsen gemalt. Narzissen, Hahnenfuß und lila Blumen wuchsen rund um die Bäume. Ich dachte an meine Kindheit, und mir fiel wieder jener Tag ein, als ich zur Schule lief und an einer herrlichen Traube bunter Blumen vorüberkam. Ich blieb stehen, um ihre Schönheit in mich aufzunehmen, und ich erinnerte mich, dass ich in diesem Moment völlig im Glück aufging. Ich hatte tatsächlich das Gefühl gehabt, mit den Blumen zu verschmelzen, bis ich selbst zu einer Blume wurde. Ich *wurde* zum Bewusstsein der Blumen, frei von allen irdischen Sorgen, die eine Sechsjährige normalerweise bekümmern. Dieser Augenblick war mir stets unvergesslich als Beispiel dafür, was das Bewusstsein im erwachsenen Leben sein könnte, wenn wir es nur zulassen. Er erinnerte mich an das, was ich gelernt hatte: dass wir alle Teil von allem sind und umgekehrt. Was hindert uns daran, zu dieser Wahrheit Zuflucht zu nehmen, wenn wir es brauchen? Sollten wir nicht während unseres gesamten Lebens in diesem Zustand von Geist, Körper und Seele bleiben? Warum nur nehmen wir das Leiden als feste Norm unserer Existenz einfach hin? Es hat den Anschein, als ob alle Religionen dieser Welt lehrten, das Leiden sei der natürliche Zustand der Menschheit.

Gerade als ich darüber nachdachte, merkte ich, dass sich an meinem rechten Fuß eine Blase bildete. Ich blieb stehen. Jetzt schon? Sollte dieser Fall tatsächlich so früh eintreten? Ich hatte meine Füße mit Vaseline eingerieben, und meine Schuhe passten ausgezeichnet, das hatte ich zumindest gedacht. Ich setzte mich, nahm den Rucksack ab, zog Schuhe und Socken aus und erinnerte mich, dass ich dieselben Blasen schon im Ballettunterricht hatte. Rasch verarztete ich meine Haut mit Heftpflaster, damit sie sich nicht länger am Schuh rieb, und betete.

Ich spürte einen leichten Schauder, der mein Rückgrat hinauf und wieder hinunter lief, und dann schien mich eine Präsenz zu umgeben. Ich erkannte die »Schwingung« dieser Präsenz. Ich kannte sie sogar beim Namen. Es war ein Engel, und ich spürte, dass dieser Engel Ariel hieß. Ich hatte tatsächlich das Gefühl, von einem Engel namens Ariel besucht zu werden, und er fing an, sich mit mir in meinem Kopf zu unterhalten. Ich vermochte nicht zu sagen, ob der Engel männlich oder weiblich oder *beides* war, gleich einem geschlechtslosen Geist. »Hab keine Angst vor deinem Körper«, sagte der Engel. »Lerne, dich an ihm zu erfreuen, ihn zu erfahren. Deine Reise besteht darin, genau das zu lernen. Stimme dich auf die Erfahrung ein, und lass dein Streben los, ein Ziel erreichen zu wollen. Das Ziel ist der Weg.«

Dann schien sich die Schwingung aufzulösen, als ob der Engel verschwunden wäre. Ich schulterte meinen Rucksack und ging weiter. Die Blase hatte sich an meinem rechten Fuß gebildet, der, wie ich wusste, von meiner linken Gehirnhälfte gelenkt wurde. Die linke Gehirnhälfte kontrolliert das lineare, logische Denken. Dort wurzelt auch unsere Zielorientierung. Ich wusste, dass genau das mein Problem war. Hatte ich durch Ariel nur zu mir selbst gesprochen, oder war dieser Engel gewissermaßen eine eigenständige Wesenheit? Dann wurde mir klar, dass es da keinen Unterschied gab. Wir beide waren jeder und alles, und jeder und alles waren wir... Vielleicht eine etwas mystische und esoterische Sichtweise, aber was mich betraf, bedurfte diese Stimme keiner weiteren Untersuchung. Ich würde ihr zuhören, solange sie mir gute und vernünftige Ratschläge erteilte – und wenn ich mit dem, was sie sagte, nicht einverstanden wäre, dann würde ich sie wahrscheinlich gar nicht erst hören.

Also setzte ich meinen Weg durch die Pyrenäen fort, beachtete die Blase gar nicht weiter, und während ich der alten römischen Straße folgte, auf der schon die Araber, die Römer, Karl der Große und seine Armee, Napoleon, der heilige Franz von Assisi und Millionen anderer Pilger gewandert waren, stellte ich mir vor, wie es früher gewesen sein mochte. Ich sehnte mich sehr danach, in jene Zeiten zurückzukehren, während ich gleichzeitig mit der anstrengenden, wenn auch unterschwelligen Aufgabe kämpfte, im Wandern Vergnügen zu finden.

Anna und ich überquerten die französisch-spanische Grenze. Die spanische Seite bestand aus einem dichten Buchenwald, der sich über die Nordseite des Txangoa-Berges zogen. Am Collado de Izandorre, gleich hinter den Ruinen von Elizarra, wurde mir klar, dass ich mich nie und nimmer an die Namen all der Orte erinnern würde, durch die ich kam. Ich blieb an einem Trinkwasserbrunnen stehen – Brunnen, das würde ich noch lernen, warteten in jedem Dorf auf mich. Das reine, klare Wasser der Dorfbrunnen in Nordspanien machte den Jakobsweg nach Santiago überhaupt erst möglich.

Wir gingen über den Ibaneta Pass durch noch mehr Buchenwälder bis nach Roncesvalles. Mittlerweile war es Nacht. Ich war ungefähr zwanzig Kilometer gelaufen oder annähernd zwölfeinhalb Meilen.

In Roncesvalles trafen zwei große Traditionen aufeinander: die der Pilger und die der Geschichte und Legende von Karl dem Großen. Die Stadt gilt als einer der frühesten Zufluchtsorte für die Pilger, und sie wurde im Lauf der Jahrhunderte durch Spenden wichtiger und reicher Persönlichkeiten aus ganz Europa am Leben erhalten.

Roncesvalles genießt unter Historikern einen mythischen Status. Der Ort war Schauplatz vieler der berühmten Schlachten zwischen den Armeen Karls des Großen und der Basken und Aragonier. In der großen Schlacht von 778 schlachteten hier die Basken und Aragonier die Nachhut von Karls Armee ab, die sich auf dem Rückzug befand. Hier war auch Roland, der Bedeutendste von Karls Rittern (den zwölf Paladinen) heroisch gefallen. All das wusste ich aus den Büchern, die ich vor meiner Pilgerreise gelesen hatte. Aber es gab noch viel mehr zu lernen, wie ich bald schon erfahren würde.

Endlich trafen Anna und ich in dem *Refugio* von Roncesvalles ein, erschöpft und buchstäblich vor Schmerzen lachend.

Die Baracken mit den Pilgern lagen im Dunkeln. Alle schliefen schon, schnarchten und husteten. Würde es immer so sein? Wir fanden beide zwischen all den Stockbetten jeweils oben ein leeres Bett und legten unsere Rucksäcke ab. Hungrig strebten wir daraufhin zu einem erleuchteten kleinen Hinterzimmer, das an die Baracken angrenzte. Wir traten in einen verrauchten Raum, in dem man uns nur eine ölige Pilzsuppe servierte. Sie verursachte mir einen Würgereiz, aber etwas anderes gab es nicht. Ja, so würde es also immer sein.

Wir kehrten in die Baracken zurück und konnten in der Dunkelheit die Dusche nicht finden. Schmutzig, dreckstarrend und in kalten Schweiß gebadet, kletterte ich auf mein Bett und ließ mich fallen. Ich stopfte mir die Ohrstöpsel in die Ohren und schlief zu meiner Überraschung schon bald ein.

Ich glaube, ich träumte in dieser Nacht von jedem Mann, den ich jemals gekannt hatte. Es war fast so, als ob ich eine Klärung dessen träumte, was in diesen Beziehungen abgelaufen war. Ich hatte damit abgeschlossen und war bereit, von nun an auf andere Weise mit meiner

Sexualität umzugehen. Die Träume waren nicht ganz klar. Es waren Collagen des »Gepäcks«, das sowohl ich als auch die Männer in unsere jeweiligen Beziehungen eingebracht hatten. Ich spürte, dass in keinem der Fälle beide Partner ganz in sich geruht hatten. Stets hatten wir im anderen danach gesucht, die Leere in uns selbst zu füllen, anstatt die Erfüllung zu feiern, die wir in uns selbst erlebten – ein Versuch, die verlorene andere Hälfte des Menschen zu finden, der wir wirklich waren.

Meine Träume überraschten mich. Sie schienen keinen Bezug dazu zu haben, was ich an diesem Tag getan hatte.

Ich wachte auf, weil ein deutsches Pärchen laut miteinander stritt. Die restlichen Bewohner des Saales drehten sich gereizt in ihren Betten um. Wie konnten die beiden nur so gefühllos sein? Ich beobachtete sie eine Weile, immer noch mit den Ohrstöpseln in den Ohren – es war, als ob ich eine Szene unter Wasser beobachtete. Allmählich standen die anderen auf, streckten sich, zogen sich an und gingen, während das deutsche Pärchen immer noch stritt. Die beiden waren korpulent und begriffsstutzig, sie merkten gar nicht, was für Probleme sie den anderen bereiteten.

Anna und ich duschten kalt (es gab kein warmes Wasser) und schüttelten die Köpfe angesichts des Verhaltens mancher Menschen. Ich hatte irgendwo gelesen, dass »das Verhalten eines Pilgers rücksichtsvoll, bescheiden, selbstaufopfernd, freundlich, dankbar, niemals kleinlich oder fordernd sein sollte« und »stets sollte man darauf achten, anderen keine Schwierigkeiten zu bereiten«.

Wir beschlossen, das deutsche Pärchen als Lehrmeister zu betrachten, als Aufforderung, Vorurteile abzubauen. Natürlich hatte ich noch jede Menge zu lernen, dachte ich.

Nachdem Anna und ich in einem kleinen Laden Joghurt und Nüsse erstanden hatten, kehrten wir zum Kloster Real Colegiata zurück, einem architektonischen Meisterwerk aus dem 13. Jahrhundert, wo wir an einer Messe teilnahmen, bei der die Pilger gesegnet wurden. Obwohl die Messe in Spanisch abgehalten wurde und ich kein Wort verstehen konnte, fand ich sie sehr bewegend. Man sagte uns, dass die Energie Karls des Großen hier immer noch zu finden sei, denn er hatte ein Grabmal an diesem Ort errichten lassen, um an seine Soldaten zu erinnern, die in der Schlacht von Roncesvalles gefallen waren. Ich betete und gelobte, den ganzen Jakobsweg bis zum Ende zu beschreiten und mich durch nichts aufhalten zu lassen; dieser Schwur war ein alter Bekannter, dachte ich bei mir: Schon zu Beginn richtete ich meine Aufmerksamkeit auf das Ziel. Ich musste an die Bank in den Calabasas Bergen denken, aber das half nicht.

Während ich die Geschichte bewunderte, die mich überall umgab, spürte ich den Blick eines anderen Menschen in meinem Rücken. Ich drehte mich um und sah in das Gesicht eines umwerfend gut aussehenden jungen Mannes. Er schien Mitte dreißig zu sein, mit einem Schopf dunkler Haare, Augen wie schwarzen Oliven und einem Knochenbau, der selbst auf einer Briefmarke noch gut aussehen würde. Er wandte seinen Blick nicht ab.

Ich drehte mich wieder um.

Anna und ich beendeten unsere Gebete und gingen zu einem Restaurant in Hanglage. Während wir aßen, trat der Mann aus der Kirche auf uns zu. Sein Körper schien zu vibrieren, als er sich neben mich setzte. Er sprach schüchtern und in stockendem Englisch: »Ich sehe etwas Vertrautes in Ihren Augen.« Ja klar, dachte ich, da möchte ich wetten. Dann erzählte er, er sei ein Freiwilliger, der Pilgern helfe, und er wollte wissen, ob er auch mir irgendwie behilflich sein könne. Ich sagte, nein, ich bräuchte keine Hilfe. Er blinzelte, verstand, was ich meinte, und ging.

Anna zwinkerte, und wir sprachen nicht weiter darüber. Anschließend ließen wir unsere *Carnés* abstempeln und sahen uns müßig in Roncesvalles um, dann folgte ein Abendessen. Der junge Mann tauchte wieder auf. Er entschuldigte sich, weil er scheinbar so aufdringlich gewesen war, und erkundigte sich, ob ich einen Tempelritter hätte, der für meine Sicherheit auf dem Jakobsweg sorge. Ich sagte nein, das hielte ich nicht für nötig. Er schien aus einer anderen Zeit und einem anderen Ort zu sprechen. Dann brach der Damm, und er erklärte, er sei froh, dass er der Einzige sei, der mich erkannt habe, und dass ich seit Kindertagen seine Lieblingsschauspielerin sei. Ich kicherte, weil ich das dieser Tage öfter höre, als mir lieb ist. Er bringe keinen Ton heraus, fuhr er fort, weil er sich so zu mir hingezogen fühle, aber er könne einfach nicht anders.

Langsam wurde ich schwach. Wie war doch gleich der Traum aus der Nacht zuvor? Eine Klärung der Vergangenheit?!

Anna verließ uns diskret, und wir unterhielten uns noch etwas. Sein Name lautete Javier. Er fragte mich nach meinem derzeitigen romantischen Status. Ich sagte, es gebe keinen. Und dann stellte ich plötzlich fest, dass ich zugegeben hatte, Schwierigkeiten zu haben, mich zu Männern meines Alters hingezogen zu fühlen, weil sie mit mir nicht mithalten konnten. Seine Augen funkelten. Sein Englisch wurde besser, und wir verlebten noch einen reizenden Abend. Dann zeigte er sich sehr besorgt, fast paranoid, was die anderen Gäste im Restaurant wohl denken mochten. Es war merkwürdig.

Ich erklärte, ich sollte jetzt besser zu Bett, und fragte ihn, ob er mir schreiben wollte, sobald ich den Jakobsweg beendet hatte. Er sagte, nein, das würde nur seine Familie aufregen. Er meinte, er würde mich zu gern auf dem Jakobsweg begleiten, aber er habe das vor einigen Tagen schon einigen anderen Leuten versprochen. Ich sagte: »Ist gut«, dann standen wir auf und verließen das Restaurant.

Anschließend sagte er etwas wirklich Seltsames. Vielleicht lag es an seinem Englisch. »Sollen wir uns einen Ort suchen, an dem wir uns erleichtern können?«, fragte er. Ich wusste nicht, was er meinte. War er archaisch oder vulgär? Wir standen mittlerweile vor einer kleinen Herberge. Ein Mann kam heraus. »Wollen Sie ein Zimmer?«, erkundigte er sich. Ich fragte mich, ob das ein abgekartetes Spiel war. »Danke nein«, erwiderte ich. »Ich brauche Ruhe.«

Der junge Mann sah mich an, die Enttäuschung stand in seinen Augen geschrieben. Es begann zu nieseln, begleitet von einer Brise, die beinahe zu reden schien. Dann drehte sich Javier um und verschwand in den Nebelschwaden. »Sie sind meine engelsgleiche Fee«, rief er, als er im Dunst verschwand. Es war so einsam und unwirklich, dass ich das Gefühl hatte, mich in einem weiteren Traum zu befinden.

Ich musste an den Latino auf dem Wanderweg in den Calabasas denken. Handelte es sich bei beiden um Träume, die ich als Realität manifestiert hatte, um etwas zu verstehen, das ich noch lernen musste?

Ich ging zurück zu den öffentlichen Unterkünften des *Refugio*. Anna war schon bettfertig. Sie sah mich an und meinte einfach: »Nein?«

»Nein«, erwiderte ich, kletterte in mein Stockbett und fragte mich, was zur Hölle hier eigentlich vor sich ging.

Ich wälzte mich im Schlaf unruhig hin und her und dachte über die Rolle der Sexualität in meinem Leben nach. Eine Frau in meinem Alter, die über eine schnelle und vergnügliche Nummer im Heu nachsann, schien irgendwie ungehörig. Aber warum? Anna hatte gesagt, der Jakobsweg würde mir viele Erfahrungen bieten, die ich ergreifen konnte oder auch nicht. War ich in meinem fortgeschrittenen Alter so konservativ und besorgt um mein Image, dass ich mir jedwede Spontaneität versagte? So war ich früher nie gewesen. Was bedeutete das Alter überhaupt? Ich hatte immer noch einen schönen Körper und war an Sex ebenso interessiert wie jeder andere auch. Oder etwa nicht?

Doch in mir hatte sich etwas verändert, seit meine Spiritualität ein fester Bestandteil meines Lebens geworden war. Ich konnte »Energie« jetzt spüren, und es gab mehr als aktivierte Hormone. Ich sehnte mich danach, mit einem anderen Menschen »zu verschmelzen«, nicht einfach nur Sex mit ihm zu haben. Allerdings hatte sich diese Sehnsucht jetzt buchstäblich aufgelöst.

Ich ruhte viel stärker in mir, und als ich meine sexuellen Erlebnisse Revue passieren ließ, wurde mir bewusst, dass sie nicht nur hormongetrieben gewesen waren, sondern dass auch jede einzelne Beziehung auf irgendeiner Seelenverwandtschaft basiert hatte. Die Hormone hatten als Katalysator gedient, mit deren Hilfe ich erforschen konnte, was jeder der Partner und ich gemeinsam hatten.

Bei allen war ich mir der Ahnung von etwas angenehm Vertrautem bewusst gewesen, was für gewöhnlich zu der Frage führte, ob das tatsächlich zutraf. In der Mythologie heißt es, dass zwei Seelen aus den unterschiedlichsten Gründen zusammenfinden können, aber vor einigen Jahren hatte ich für mich selbst herausgefunden, dass dieser Mythos bei mir nicht funktionierte. Ich konnte ehrlich sagen, wenn ich etwas Tiefes in den Seelenaugen eines Menschen entdeckte, dann war das genug. Es kam nicht darauf an, welche Interessen der Betreffende hatte, wie er aussah oder ob er mit mir heute noch etwas gemeinsam hatte. Wenn ich etwas von »gestern« erspürte, war das ein ausreichender Motivationsfaktor. Das konnte die Art und Weise sein, wie er mit den Augen zwinkerte, der Ausdruck der Überraschung, wenn man ihn kalt erwischte, oder irgendein Verhalten, das nicht von Unsicherheit oder Selbstzensur begleitet war, nur um nach außen den richtigen Eindruck zu vermitteln. Es interessierte mich, was hinter dem Wachbewusstsein lag. Das bildete für mich den größten Anziehungspunkt, und außerdem gab es mir etwas, das ich erforschen konnte, das mein Interesse ständig wach hielt. Möglicherweise hätte ich es mit einem »Was du siehst, das kriegst du auch«-Menschen einfacher gehabt, aber das würde nie lange dauern, weil es kein Geheimnis zu lüften gab, weil keine Verbindung des Geistes vorhanden war.

Bei genauerem Nachdenken würde ich sagen, dass mich für gewöhnlich jene Männer faszinierten, die »schwer zu durchschauen« waren, Männer, die hinsichtlich der Person, die sie wirklich waren, ausgefeilte Vernebelungstaktiken ausarbeiteten. Zusammen pflegten wir uns dann zu erforschen, bis für gewöhnlich der Mann das Gefühl hatte, es gebe zu viele Übergriffe auf seine Privatsphäre, und ich darauf unablässig erwiderte: »Na und?« Ich wollte unbedingt, dass mein eigenes Innerstes verstanden wurde, so wie ich den Wesenskern meines Liebhabers verstehen wollte. Aber Männer zogen für gewöhnlich den Schlussstrich, wenn sie das Gefühl hatten, dass bald nichts mehr übrig war, was man verbergen konnte. Genau das stimmte meiner Meinung nach nicht mit der menschlichen Rasse. Zu viele Männer versteckten ihr Innerstes. Infolgedessen bauen sich Frustrationen auf, bis es gleichsam einen Knall tat und sie fest entschlossen waren, ihr Innerstes wie ein Krieger zu beschützen. Irgendwann langweilte mich das (weil ich nicht kämpfen wollte), und ich wandte mich ab. Die Männer, die ich gekannt hatte, behaupteten für gewöhnlich, sehr viel über sich selbst gelernt zu haben (»Horizont erweitert« lautete üblicherweise die Formulierung), und sie waren erleichtert, wenn ich mich auf und davon machte. Aber für mich machten sie sich auf und davon. Sie sperrten sich ein, irgendwo in dem Gefängnis ihrer selbst, und suchten sich eine Frau, die ihre Ängste bediente und sie nicht zu allzu viel Wachstum herausforderte. Es sich in einem selbst auferlegten Gefängnis gemütlich zu machen ist leichter, als sich und ihre Umgebung wahrzunehmen. Darum klagen viele Frauen, dass »Männer ihre Gefühle einfach nicht ausdrücken können«. Ich fragte mich, ob es nicht sehr viel komplizierter war.

Und jetzt, da ich in den Sechzigern bin, interessiert mich das Spiel nicht länger, das so viele Beziehungen begleitet. Wenn ich überhaupt an einer Partnerschaft interessiert bin, dann mit jemand, der genauso empfindet. Was gibt es denn zu schützen außer der Wahrheit? Die Wahrheit nicht nur über das, was in der Kindheit und bis zum heutigen Tag geschehen ist, sondern vielleicht auch das, was vor diesem Leben geschehen ist.

In meinen früheren Beziehungen hatte ich mich nie auf eine solche Suche gemacht, aber inzwischen wollte ich das tun. Wie sonst können wir erfahren, wer wir wirklich sind? Und ist das nicht der Grund, warum man überhaupt eine intime Beziehung anknüpft?

Als ich endlich einschlief, träumte ich, ich würde auf einem Pferd in den Sonnenuntergang reiten. Ich sah mich selbst in dem Traum. Mir schien, als sei ich ein Mensch aus einer anderen Zeit, und doch wirkte der Weg vertraut. Ich trug etwas, das wie ein leuchtend buntes Zigeunerkleid mit Pailletten aussah. Ich hatte lange dunkle Locken, und meine Haut schimmerte im Farbton eines Cappuccino. Mein Pferd galoppierte, und ich fühlte mich frei, obwohl ich vor etwas zu flüchten schien. Plötzlich zog ich an den Zügeln und sah zu den Bäumen. Dort entdeckte ich Javier, den dunklen jungen Mann, den ich an diesem Tag getroffen hatte. Er sah anders aus, aber irgendwie wusste ich, dass er es war. Er lag dort mit einem sehr jungen hellhäutigen Mädchen, das sich wehrte. Ihr Verhalten frustrierte ihn. Er sah zu mir hoch, stand auf und sagte: »Ich kann das nicht tun. Niemals. Was stimmt nur nicht?« Er sprach kein Englisch, und trotzdem konnte ich ihn verstehen. Seine Augen brannten sich in dem Traum in meine Seele. Er zitterte und sehnte sich nach Hilfe. Ich schaute hinter mich, um zu sehen, wer mich verfolgte. Dann lehnte ich mich hinab und half ihm auf mein Pferd, um ihn von diesem Ort wegzubringen. Ich wusste, dass ich ihn kannte, aber ich wusste nicht, warum. Er fing an zu weinen. Ich sah zu dem hellhäutigen Mädchen hinunter. Sie war erleichtert und würde von jenen gerettet werden, die mich verfolgten. Mit dem jungen Mann hinter mir stieß ich die Fersen in die Flanken meines Pferdes und galoppierte davon. Das letzte Bild in meinem Traum war ein Blick auf mich selbst: Meine Haare flatterten im Wind, während wir nach Westen galoppierten, und der junge Mann hielt sich an meiner Taille fest. Weit hinter uns sah ich Soldaten in Rüstung, die uns verfolgten. Ihr Anführer trug ein Kreuz, das er in die Luft hielt, während er mich in wildem Galopp in Richtung Westen verfolgte.

Am nächsten Morgen machten Anna und ich uns auf den Weg nach Zubiri. Bei strömendem Regen stapften wir durch den Schlamm. Eingehüllt in unsere wasserdichten Ponchos sahen wir aus wie nach vorn gebeugte Hexen mit einem Buckel. Mein Poncho war gelb, der von Anna rot. Ein Collie mit langem Fell – in seinen Haaren Regentropfen, in denen kleine Regenbögen funkelten – blieb stehen und starrte uns an, als habe er eine solche Erscheinung noch nie gesehen.

Ich liebte das Gefühl eines tragbaren wasserdichten Hauses um mich herum. Ich war eine Pilgerin, kam nur langsam voran, schritt aber stetig auf mein Ziel zu – eine reisende Schildkröte. Wir spazierten vorüber an Weiden mit stummen Kühen, an Schafherden, Schweinen und Pferden. Alle standen wie in wasserdurchtränkter Trance einfach nur so da, bewegten sich nicht, reagierten nicht auf uns, schienen sich irgendwie in einem Paradies der Sicherheit zu befinden, in dem Wissen, dass all ihre natürlichen Feinde während des Regens in ihrer eigenen, Gott gegebenen Feuchtigkeitstrance verharrten. Auf diese Weise rief die Natur zu einem Waffenstillstand gegen mögliche Störungen auf. Die Tiere schienen eine unsichtbare Harmonie zu verstehen und respektierten die beiderseitigen Schwierigkeiten.

Ich konnte spüren, wie sich mein Rückgrat beim Gehen streckte, während der Rucksack sanft meine Nieren massierte. Meine Blase am Fuß bemerkte ich nicht weiter. Möglicherweise war sie sogar verschwunden. Mir fiel ein Wanderstab entlang des Weges auf, und ich hob ihn auf. Er erinnerte mich an den Stock, den meine Mutter im Alter verwendet hatte. Ich blieb stehen und band mir die Schnürsenkel zu, dann wanderte ich ohne den Stab weiter. Vielleicht sollte er mich einfach nicht begleiten. Bislang hatte noch kein Stab zu mir gesprochen. Einige Meilen weiter entdeckte ich einen weiteren Stab. Er war gekrümmt und kehrte sich wie ein Halbmond nach innen. Ich hob ihn auf. Man konnte sich auf ihm gut abstützen, obwohl er dem abgelegten Stock eines alten Kräuterweibleins ähnelte. Ich fragte ihn, ob er mit mir gehen wolle... ja. Ich zupfte ein wenig von der Rinde ab, die an ihm herunterhing, und schloss mit ihm Freundschaft. Ich wollte mit diesem Stab wandern und ihn nie wieder hergeben. Ich beschloss, ihn mit nach Hause zu nehmen, falls wir es bis zum Ziel schafften.

Der Schmerz in meinen Beinen verschwand, als ich mich auf meinen neuen Freund stützte. Ich besaß auch einen neuen Reiseführer, der zwei Pfund wog; ich konnte ihn in meinem Rucksack spüren.

War das Leiden für die Erleuchtung nötig? Nein, dachte ich, diese Ansicht ist veraltet. Der Nachdruck, den die Religionen auf das Leiden legen, sollte kein Teil des New Age sein.... weder christliches noch moslemisches oder hinduistisches Leiden. Ich musste an all die Witze denken, die ich über den hinduistischen Asketen gehört hatte, der endlich die Pforten des Himmels erreichte. Man gab ihm einen uralten Text, über den er nachdenken sollte, bevor er eingelassen wurde. Er verstand den Text, bis er an eine Stelle kam, die ihn zum Weinen brachte. Gott fragte ihn, warum er denn weine. Der alte Mann sah zu Gott auf und sagte: »Hier steht ›zelebrieren‹, nicht ›zölibatär‹.«

Nein, ich werde weiter all das zelebrieren, was möglich ist – in der Überzeugung, dass mein Glaube meine Realität erschafft, ungeachtet dessen, was sich auf dem langen Marsch durch die menschliche Geschichte ereignet hatte. Ja, ich simplifiziere und bin voll unschuldigem Staunen. Ich will mich nicht in Zynismus vergraben, und ich will mein Gefühl von kindlichem Optimismus nicht verlieren. Ich wollte jedoch immer schon in Erfahrung bringen, was mich zu der gemacht hat, die ich bin. Was macht mich so sicher, dass das, was ich in meiner Seele weiß, realer ist als das, was mein Verstand mir sagt?

Ich ließ beim Gehen meine Blicke schweifen. Die Hügel waren mystisch, besaßen Schätze an Erfahrung, die von uns entdeckt werden konnten, wenn wir uns ihnen nur öffneten.

Ich sank im Schlamm ein, während ich mich auf meinen neuen Freund stützte, und doch hielt er mich im Gleichgewicht. Allerdings führte er zu einem Krampf in meiner rechten Schulter. Ich nahm den Stab in die linke Hand. Ich hatte damit nicht ganz so viel Kontrolle wie mit der rechten Hand, aber es tat mir gut zu lernen, mich auf meine linke Hand ebenso verlassen zu können wie auf meine rechte, schließlich war sie mit der weiblichen, rechten Seite des Gehirns verbunden. Das Gleichgewicht war nötig, um mich zu zentrieren.

Der Wald war übersät mit schimmernden gelben Ringelblumen. Ihr Anblick erinnerte mich daran, dass ich seit Stunden keinen gelben Pfeil mehr gesehen hatte. Ich war ganz in Gedanken verloren gewesen. War ich falsch abgebogen? Ich sah mich nach Anna um. Sie war nicht mehr da. Der Regen behinderte die Sicht nach hinten. O mein Gott, ich bin verloren, dachte ich. Und das war ich auch. Ich merkte plötzlich, dass ich am Rand eines verschlammten Abgrunds stand. Mir fiel wieder ein, dass ich gehört hatte, viele Pilger würden sich auf dem Jakobsweg Verletzungen zuziehen und waren dann gezwungen, oft wochenlang in den *Refugios* zu bleiben, bis sie wieder gesund waren. Nur wenige starben, aber auch das soll schon vorgekommen sein.

Ich blieb stehen. Ein Meer von Schlamm umgab mich. Na gut, das ist die Polarität, dachte ich. Im einen Moment spaziere ich noch durch das Paradies, im nächsten gerate ich in Panik, weil ich mich verlaufen habe, ohne meine Freundin dastehe und mich der sehr realen Gefahr ausgesetzt sehe, ins Bodenlose zu stürzen. Ich wagte einen Schritt. Der Schlamm war so glatt wie eine Eisdecke. Dann wurde mir klar, dass mich etwas beschützte. Ich war mir nicht ganz sicher, was es war. Mein Wanderstab schien sich zurückzuziehen, wenn ich versuchte, ihn in den festen Schlamm zu bohren. Die Erde selbst schien eine Intelligenz zu besitzen und mich zu warnen, nicht auszurutschen. Ich erinnerte mich an eine Wanderung in den kalifornischen Bergen. Mir war damals nicht klar gewesen, dass die Sonne so schnell versinken würde, und plötzlich machte ich meinen Abstieg im Dunkeln. Nur, dass es nicht ganz dunkel war. Die Erde selbst strahlte ein Glühen aus, gerade ausreichend, um mir den Weg zu erhellen. Das hatte mich erstaunt, aber als ich das einer indianischen Freundin von mir erzählte, meinte sie lapidar: »Ach, wusstest du das nicht?« Ich kam mir vor wie ein Trottel, ahnungslos, was die Wunder der Natur betraf. Jetzt kümmerte sich Mutter Erde erneut um mich. Warum nur zerstören wir sie, warum nur zollen wir der Tatsache, wie sehr wir zueinander gehören, keinen Respekt?

Unterschwellig spürte ich wieder die Präsenz meines Engels. Ariel ist bei mir, dachte ich. »Nimm wahr, wie es ist, allein zu sein«, sagte er in meinem Kopf, »losgelöst von der so genannten Sicherheit, eins mit der Natur, eins mit dir selbst.« Dann war er verschwunden.

Ich holte tief Luft und ging den Weg zurück, sicher, dass ich an dem gelben Pfeil vorbeigekommen war.

Ich muss beim Gehen vorsichtig sein, dachte ich und sah mich alle paar Meter nach dem Pfeil um, ich muss einen Mittelweg aus Gefühl, Gleichgewicht und Bewusstsein finden und gleichzeitig zulassen, dass andere Dimensionen mich führen.

Ich bahnte mir durch Regen und Schlamm den Weg zurück, zurück durch die Birken, durch den dichten Wald, die rutschigen Hügel hinauf und wieder hinunter. Ich hing völlig von meinem Wanderstab und den Botschaften ab, die er von der Erde erhielt. Wind kam auf und blies mir den Regen ins Gesicht. Ich dachte an die Annehmlichkeiten des *Refugio*. Die schnarchenden Männer und die klappernden Fenster, die auf- und zuschlugen. Ich hörte Autos auf einer Straße in der Nähe und erinnerte mich, dass ich das Motorengeräusch schon zuvor vernommen hatte.

Ich stieg einen Berg mit losen Felsbrocken hinunter, immer noch aufrecht. Mehrere Steine folgten mir in das unten liegende Flussbett, aber sie rollten gnädigerweise an mir vorbei. Waren Karl der Große und der heilige Franz von Assisi wirklich mit Horden von Armeen und Scharen von Anhängern hier vorbeigekommen? Was hatten sie sich wohl dabei gedacht? Was hatte sie dazu veranlasst? Was veranlasste mich dazu? Warum war ich hier? Ich ging den Weg zurück, folgte meinen Schritten zu ihrem Ursprung. Was sollte das? Musste ich zurückgehen, um eine neue Sichtweise zu gewinnen? Ich sah nach oben. Dort stand Anna in ihrem tropfnassen roten Poncho. Sie winkte. »Hier drüben«, rief sie. »Hier ist der gelbe Pfeil.« Ich stapfte auf sie zu, bis zu den Waden im Schlamm eingesunken.

»Ein Witzbold hat den Pfeil in die falsche Richtung gedreht«, erklärte sie. »Der Jakobsweg zwingt dich, herauszufinden, was die Wahrheit ist und was nur ein menschlicher Trick. Ganz wie im richtigen Leben, stimmt's?« Sie kicherte. »Ich bin mitten hinein in eine Scheune gelaufen«, erzählte sie. »Ein Hund hat mich angegriffen. Ich wurde wütend und habe ihn angebrüllt. Da ist er davongelaufen.«

Was würde ich tun, wenn mich ein Hund angreifen sollte, fragte ich mich. Ich hatte mein ganzes Leben lang Hunde gehalten und glaubte, sie zu verstehen. Doch was, wenn ich mich irrte?

Anna erklärte, wenn ein Hundeangriff jemals ernst werden sollte, würde sie stehen bleiben und beten. Ich fragte mich, ob ich die Geistesgegenwart und die Selbstbeherrschung besitzen würde, dasselbe zu tun. Ich hatte von den Hunden auf dem Jakobsweg in Büchern gelesen, besonders in einem Buch, das ein Mann geschrieben hatte, der offenbar von einem Rudel Hunde angegriffen worden war, das ein besonders bösartiger schwarzer Hund anführte. Er schrieb, dass sein Leben auf dem Spiel gestanden habe. Es sei in dem verlassenen Dorf Foncebadón geschehen, das ungefähr zwei Wochen von meinem momentanen Standort entfernt lag. Die Hunde von Foncebadón waren meine einzige große Sorge gewesen, als ich über meine Pilgerschaft auf dem Jakobsweg nachgedacht hatte. Ich hatte ehrlich Angst... und nahm mir vor, später darüber nachzudenken.

Nachdem wir uns eine halbe Stunde ausgeruht hatten, gingen Anna und ich weiter. Was würde ich ohne sie anfangen, ohne einen Menschen, der das bereits einmal hinter sich gebracht hatte, der schon früher hier gewesen war, der Spanisch sprach und relativ selbstsicher war? Wir folgten dem richtigen gelben Pfeil und bahnten uns unseren Weg durch Kiefern, Birken und Eichen. Bevor wir wieder die Hauptstraße überquerten, sah ich einen Steinweg mit Namen »Rolands Fußspuren« - nach dem legendären Ritter, der sich, wie ich wusste, hier aufgehalten hatte. Dieser Steinweg führte ins frühere Venta del Puerto (Passwirtshaus), das heute ein Kuhstall ist. Die Zeit hat keinen Respekt vor der Geschichte. Es liegt an uns Menschen, die Vergangenheit aufzuspüren.

Wir gingen über eine Brücke, die nach Zubiri führte,

und kamen an einem Brunnen vorüber, der vor einer uralten Kirche stand. Dort blieben wir stehen und füllten unsere Wasserflaschen mit dem klaren Brunnenwasser. So klar, so köstlich. Ich setzte mich neben den Brunnen, legte die Beine hoch und kam zu der Erkenntnis, dass alles, was ich im Leben wirklich brauchte, gute Schuhe, ein loyaler Wanderstab und klares Wasser waren.

Einige Stunden später kamen wir in ein Dorf und betraten eine Bar, die vor Männern und Rauch nur so überquoll. Die Männer brüllten und feuerten die Teilnehmer eines Fahrradrennens in einem kleinen Fernsehgerät an. Als wir eintraten, drehten sie sich um und applaudierten.

Wir mussten noch fünf Meilen zurücklegen, bevor wir das *Refugio* in Zubiri erreichten. Ob wir das vor Einbruch der Dunkelheit schaffen konnten? Ich erinnerte mich an das Glühen der Erde in den kalifornischen Bergen, und als wir weiterzogen, blieb ich stehen, um einen verrottenden Misthaufen anzuschauen, auf dem sich diverse Käfer zum Nachtmahl versammelt hatten. Sie saßen alle am selben Fleck, obwohl es noch andere Misthaufen gab. Warum verteilten sie sich nicht? Sie ähnelten den Männern in der Dorfkneipe oder jenen Menschen, die sich in Florida um einen Pool scharen, wo doch ganz in der Nähe ein geräumiger Strand zu finden ist.

Wir marschierten zwei weitere Berge hinauf und wieder hinunter. Der Regen hatte aufgehört.

Als wir Zubiri endlich erreichten, gab es kein *Refugio*. Seit Anna dort gewesen war, hatte man es aufgegeben, und die alte Schule, in der die Pilger nun untergebracht wurden, war bereits voll. Gewissermaßen kein Raum in der Herberge.

Es war jetzt dunkel. Um bis zum nächsten Dorf zu kommen, mussten wir weitere fünf Meilen die Straße entlanggehen. Die Scheinwerfer der Autos leuchteten uns den Weg, während wir ihren Sog spürten, wenn sie an uns vorüberfuhren. Häufig hupten die Fahrer und feuerten uns an, riefen »*Ultreya*« aus den Fenstern.

»Was bedeutet das?«, fragte ich Anna.

»Es heißt ›mutig voran‹«, erwiderte sie.

Um 22 Uhr kamen wir endlich in Larrasoana an. Wir waren seit den frühen Morgenstunden in Schlamm und Regen unterwegs und hatten 25 Kilometer zurückgelegt - über fünfzehn Meilen.

In der Baracke schliefen schon alle; lautes Schnarchen und angestrengte Atemzüge erfüllten die Dunkelheit. Ich fand die Kaltwasserdusche, zog mich aus, sah nach unten und entdeckte eine offene Hautabschürfung an der Innenseite meines linken Oberschenkels. Anna hatte eine Wundsalbe dabei, die ich auftrug. Und ich hatte gedacht, alles bei mir zu haben, was ich brauchte. Es gab keinen Duschkopf, nur ein Loch, aus dem das Wasser floss. Ich wusch meine Haare und trocknete sie, so gut es mit meinem kleinen Handtuch ging, das bereits nass war, weil ich damit meinen Körper abgetrocknet hatte. Ich hörte mich selbst stöhnen, und da musste ich plötzlich lachen. Das brachte auch Anna zum Lachen. Alles war so schmerzlich absurd.

Hungrig begaben wir uns in den »Speiseraum« im hinteren Teil des *Refugio*. Männer rauchten und lachten. Jemand reichte uns eine dicke, ölige Suppe, in der ein paar Hühnerstücke schwammen. Wir lachten noch mehr. Daher also litten wir unter Verstopfung. Ich hatte den ganzen Tag nichts als Dörrpflaumen gegessen, aber selbst das hatte nicht geholfen. Wir lachten noch mehr. Wir gingen zurück zu den Baracken, rollten unsere Schlafsäcke auf und legten sie auf zwei untere Stockbetten. Dank meiner Ohrstöpsel schlief ich rasch ein.

Am nächsten Morgen um sechs Uhr wusch ich ein Paar Socken und eine Unterhose in der Kaltwasserdusche und hängte sie an meinen Rucksack, damit sie beim Wandern trocknen konnten. Mit der Toilettenbürste reinigte ich meine Stiefel. Ich hatte mir bereits einen Umgang mit der Zeit angeeignet, bei dem ich keine Minute verschwenden wollte, in der ich schon unterwegs sein und auf mein Ziel zusteuern konnte.

Auf der Strecke nach Pamplona legte ich allmählich ein schnelleres Tempo vor als Anna. Das war mein natürlicher Rhythmus. Es gab allerdings noch viele Pilger, die schneller marschierten als ich.

Wir kamen an Dörfern mit mittelalterlichen Kirchen vorbei, die seit Jahrhunderten der Mittelpunkt im Leben der Menschen gewesen waren und es immer noch sind. Sie waren reich verziert und eindrucksvoll und hallten von den Geheimnissen der Vergangenheit wider, die ich von den Mauern ausgehen spürte.

Es heißt, dass auf diesem Boden Karl der Große und 20000 Christen gegen 50000 muselmanische Sarazenen gekämpft haben. Die Sarazenen hatten sich tagelang versteckt, bevor sie die Christen unter Karl dem Großen aus einem Hinterhalt angriffen. 20000 Menschen starben in den wenigen Stunden der Schlacht, die über die Frage ausbrach, wessen Gott der wahre Gott sei. Karl der Große hatte den Wunsch, ganz Europa zu christianisieren, und die Mohren wollten für Allah im Schwertkampf fallen.

Seit damals geschieht nichts Neues unter der Sonne. Auf dem Jakobsweg hatte sich die militärische Pilgerschaft Karls des Großen vollzogen. Ich fragte mich, was Jesus von dem edlen christlichen Herrscher und Führer gehalten hätte. Der Jakobsweg, auf dem die frühen christlichen Heiligen gewandelt waren, verkam zu einem Pfad des Todes. Und doch nannte man ihn »den Weg«, weil alle, die ihn beschritten, die Beziehung zu ihrem Körper, zu Geduld und Wissen, zum Wasser und zu ihren Füßen und die eigene Orientierung zu Ferne und zu Gott fanden. Vielleicht sollte man den Begriff des »*Ultreya*« umkehren, vielleicht sollten wir *mutig zurückgehen*, damit wir verstehen, woher wir wirklich kommen und wo wir stehen.

Ich hatte Träume und natürlich deutlich fühlbare Erinnerungen an die Vergangenheit, an unterschiedliche Zeiten und Orte. Ich war mir nicht sicher, was sie zu bedeuten hatten. Ich weiß nur, dass ich immer schon eine Reinheit der Nostalgie empfunden habe, dass die Erfahrungen unseres Lebens mehr sind, als wir momentan glauben. Der Begriff *Reinkarnation* gefällt mir nicht, weil er mit so vielen religiösen und empfindungsmäßigen Vorurteilen belastet ist. Ich bin mir nicht einmal sicher, dass eine Erfahrung in der Vergangenheit wirklich in der »Vergangenheit« passiert ist. Mir wird immer bewusster, was Einstein stets behauptet hat, dass es nämlich so etwas wie eine lineare Zeit gar nicht gibt; wir haben sie erfunden. Ich persönlich kann Dinge empfinden, die in der »Vergangenheit« passiert sein mögen, die aber jetzt lebendig sind, so als ob es eine Parallelzeit gibt, in der verschiedene Ereignisse alle gleichzeitig stattfinden. Warum auch sollte nicht alles gleichzeitig geschehen? Warum kann nicht jeder von uns ein Gefäß sein für die Gesamtheit aller Erfahrungen, und wir wählen einfach, worauf wir uns in einem bestimmten Augenblick konzentrieren wollen?

Im Alter von sieben Jahren stand ich auf dem Grund und Boden von Jamestown in Virginia und war mir absolut sicher, dass ich dort Hunderte von Jahren zuvor schon einmal gestanden war. Der Wind blies mir über das Gesicht, als ob er mich mit dieser Erinnerung neuerlich besucht hätte. Nur dass es nicht wirklich eine Erinnerung war. Es passierte mir im Alter von sieben Jahren als Retrokognition.

Solche »Erinnerungen« oder Retrokognitionen passierten mir in vielen Teilen der Welt. Ich habe mich immer gefragt, ob es sich bei meiner Liebe zum Reisen nicht im Grunde um den Wunsch handelte, wieder heimzukehren zu einem anderen Ort in einer anderen Zeit. In Indien hatte ich gewusst, wo sich bestimmte Tempel und Seitengassen befanden. In Russland kamen mir die Tränen, wenn ich das kyrillische Alphabet ansah, von dem ich wusste, dass ich es einst verstanden hatte, es jetzt aber nicht mehr lesen konnte. In Japan wurde mir klar, dass ich einmal eine Geisha war. Die Liste setzt sich endlos fort. Grub ich Erfahrungen aus, die ich bei meinen eigenen Reisen durch die Zeit gemacht hatte? Oder war es möglich, einen Zeitschalter umzulegen und sich *jetzt* in jene Zeiten und an jene Orte zu versetzen?

Ich erinnere mich an ein einfaches Beispiel, das dieses Prinzip gut erklärt. Wenn ich vor einem Spiegel stehe und meinen ganzen Körper ansehe und dieser Körper all meine Erfahrungen enthält, dann betrachte ich in diesem Augenblick die Gesamtheit meiner Erfahrungen. Wenn ich mich aber beispielsweise auf meine Finger konzentriere und dann nur auf einen Finger, dann wird dieser eine Finger zu der Gesamtheit meiner Aufmerksamkeit für den Zeitraum, in dem ich mich auf ihn konzentriere. Dieser Finger wird zu meiner Erfahrung, aber das negiert keineswegs die Tatsache, dass der Rest meiner Erfahrungen gleichzeitig in der Gesamtheit meines Körpers existiert. Folglich existieren all meine Erfahrungen gleichzeitig, obwohl ich mich nur auf eine einzige konzentriere.

Für mich stellte diese Wahrnehmung kein Problem dar. Ich war nicht in der linearen Realität gefangen. Meine Realität umfasste alles gleichzeitig. Daher konnte ich je nach meiner Stimmung oder meinem Wunsch nach Abenteuer in die gleichzeitig ablaufenden Wirklichkeiten eintauchen, wann immer ich mich auf sie einstimmte. Manchmal habe ich das Gefühl, dass ich keine Kontrolle darüber habe, diese Konzentration zu aktivieren. Träume scheinen außerhalb meiner Kontrolle zu liegen, doch wenn ich den Traumzustand analysiere, dann wird mir klar, dass ich meinen Traum auf einer gewissen Ebene auf gewisse Weise kontrolliert haben muss. Mit anderen Worten, mein Unterbewusstsein wurde von meinem Über-Ich manipuliert, um mir mehr Hinweise darauf zu geben, wer ich wirklich war. Mein höheres Bewusstsein ist mit Gott verbunden (der Quelle, der Schöpfung) und existiert, um mich (mein Wach- und mein Unterbewusstsein) daran zu erinnern, dass auch ich die Gesamtheit all meiner Erfahrungen bin und in Verbindung mit Gott stehe.

Und eines Tages befand ich mich auf dem Jakobsweg in Spanien, wo im Namen der Verbindung der Menschen zu Gott so viel gemordet worden war.

Warum gerade hier?

Ich habe immer schon Bilder alter Zeiten gemocht. In ihnen finde ich etwas Vertrautes, das ich mir gern ansehe: die Kleider, die Moral, die Lebensweise. Alles, was mit der Vergangenheit zu tun hat, unterhält mich emotional und ist mir gleichzeitig vertraut, obwohl ich davon überzeugt bin, niemals eine Figur aus ferner Vergangenheit darstellen zu können, weil ich mir selbst so modern vorkomme. Es ist, als wüsste ich, dass ich mich nicht einmal durch die Schauspielerei in diese Zeit versetzen kann, weil ich mich erinnere, wie es wirklich war, und ich diese Erinnerung nicht mit dem Zuckerguss einer Hollywoodfantasie entwürdigen will.

Die Zukunft und das Vorhandensein anderer Welten, die von Wesen bewohnt werden, die mir ebenfalls irgendwie vertraut sind, faszinieren mich gleichermaßen. Für mich sind also die Vergangenheit und die Zukunft Teil meiner Gegenwart. Es hat nichts Abgedrehtes oder Lächerliches an sich, wenn man die Zeitlinien so versteht, wie ich das tue. Sie *sind* einfach da, wie die Natur oder der Himmel. Mit anderen Worten, ich spüre, dass die Zeit in mir existiert, nicht ich existiere in der Zeit.

Während ich auf dem Jakobsweg wanderte, fragte ich mich, warum es so weit gekommen war. Wanderte ich im Grunde zurück in eine Zeit, in der ich bereits einmal existiert hatte? Ja, dachte ich, hier war ich schon einmal.

Das Traumbild von mir als schwarzhaarige junge Frau mit kaffeefarbener Haut tauchte wieder auf. Mit jedem Schritt wurde sie deutlicher. Sie ritt auf einem Pferd diese Strecke entlang. Sie war frei, aber ständig auf der Flucht vor etwas, das sie jagte. Sie wollte nur dann entdeckt werden, wenn es ihre Entscheidung war. Viele ihrer Gefühle teile ich auch heute noch. Es gefällt mir, ein bekannter Filmstar zu sein, wenn die beruflichen Anforderungen es nötig machten, an die Öffentlichkeit zu treten. Andererseits habe ich in meinem Privatleben viele Fluchtwege geschaffen, um die Presse, die Paparazzi und auch sonst jeden zu narren, der in meine Privatsphäre eindringen will. Ich scheine mein Leben wie ein offenes Buch vorzuzeigen, angesichts meiner Offenherzigkeit und meinen Büchern, aber es gibt auch sehr viel, das ich nur äußerst zurückhaltend offenbare.

Selbst auf meinen Reisen bin ich recht geübt darin, gefährlichen Situationen aus dem Weg zu gehen – ich bin einem Staatsstreich in Bhutan entflohen, bin den kommunistischen Behörden in der Sowjetunion entgangen, lebte mit den Massai in Ostafrika, schirmte mich in den peruanischen Anden ab und so weiter. Mein Leben ist in der Tat ein evolutionärer Lernprozess.

Diese Gedanken gingen mir beim Wandern durch den Kopf. Hatte ich die Flucht- und Überlebenstechniken von dem schwarzhaarigen Mädchen gelernt?

Während ich marschierte, spürte ich irgendwie die Energie des Weges, die zu mir sprach. Die schwarzhaarige junge Frau gewann in meiner Vorstellung deutlichere Konturen. Sie war eine Muslimin, und sie trug das

Geschenk des Heilens in ihren Händen. Sie reiste zu Pferd über den Jakobsweg und kümmerte sich um die Kranken. Dann sah ich sie zusammen mit einem hochgewachsenen Sultan. Der Maurische Gigant, so wurde er genannt. Man hatte sie zu ihm zitiert. Ich konnte die Szene förmlich spüren. Ich verschmolz mit ihr, bis ich eins mit ihr war. Ich war die maurische Frau, und ich befand mich in einem maurischen Palast. Die Details konnte ich nicht erkennen, mein Bezug zu den Gefühlen war stärker. Der maurische Sultan hatte mich gerufen, um ihn von seiner Impotenz zu heilen. Er hatte viele Kurtisanen, konnte sie aber nicht befriedigen. Man befahl mir, sein Problem zu beseitigen. Als ich in seine Augen blickte, erinnerte ich mich an diesen Blick. Es war, als ob meine Augen eins wurden mit seinen Augen, die nachtschwarz waren, aber vor Emotion funkelten. Ich spürte, wie ich mich in diese Augen hineinbegab und lange Zeit reglos verharrte. Er entspannte sich. Dann legte ich meine Hände auf seine Schultern. Er blinzelte nicht. Ich bediente mich des Geschenks der Hautberührung und fuhr mit meinen Händen über seinen ganzen Körper. Seine Wachen beobachteten uns genau. Ich tauchte meine Hände in Öl, das sich in einem Behälter aus Tierhäuten befand. Unsere Blicke lösten sich zu keinem Zeitpunkt voneinander. Der Sultan war willig und wollte begreifen. Er erlag dem Vibrieren meiner Berührung, und bald schon wuchs seine Erregung. Seine Wachen zogen sich zurück, als ich die Heilung vollendete. Der maurische Gigant seufzte und ruhte sich dankbar aus. Ich lag neben ihm.

Nach ein paar Stunden setzte er sich auf. Er wollte, dass ich bei ihm blieb. Ich weigerte mich, erklärte, dass mein Schicksal als Heilerin mit dem Jakobsweg verbunden war. Daraufhin wurde er wütend, rief seine Wachen und ließ mich ins Gefängnis werfen, wo ich mich unter christlichen Frauen widerfand. Sie waren bleich und ausgemergelt, jammerten und waren voller Hass auf ihre muslimischen Häscher. All das sah ich, während ich wanderte. Ich befand mich in einer Art meditativer Traumwanderung. Die Erinnerung endete abrupt. Ich war bestürzt.

Dann musste ich an die Welt von heute denken. Ich dachte an Bosnien und Jugoslawien und an den Hass zwischen Christen und Moslems. Ich dachte an den Irak und Saddam Hussein und an die Mullahs im Iran und die Kluft, die aus der uralten Feindschaft zwischen Moslems und Christen entstanden ist. Ich dachte an den köchelnden Hass im Nahen Osten zwischen Arabern und Juden und an die Geburt des Monotheismus während der vierzigjährigen Wanderung der Juden unter Moses in der Wüste. Und ich fragte mich, ob Mohammed dieselbe Stimme gehört hatte wie Moses, nachdem der Monotheismus zu einer theologischen Realität geworden war? Warum dachten nur alle, dass ihr Gott der einzige Gott sei? Ich persönlich fand es interessanter, welche Rolle sexuelle Leistungskraft, Kompetenz und Aggression in den Annalen der Menschheitsgeschichte gespielt hatten. Irgendwie war die sexuelle Identität mit Gott verbunden. Warum?

Ein vorbeifahrender Laster streifte beinahe meinen Rucksack, als ich auf der viel befahrenen Straße wanderte, gleichzeitig in zwei Realitäten lebend. Der Jakobsweg war zugleich uralt und modern. Die modernen Ingenieure schienen zu wissen, dass die Energie des Jakobsweges die besten Voraussetzungen bot, um darauf eine Straße zu bauen. Heilige und Soldaten bildeten die beiden Extreme, die den »Weg« erfahren hatten. War der »mittlere Weg« in dieser Welt überhaupt möglich? Jeder von uns scheint auf die eine oder andere Weise extreme Ansichten zu hegen, und immer prallen diese Extreme aufeinander. Sollen wir auf diese Weise »lernen«, *allen* Ansichten gegenüber Respekt zu zollen?

Ich hatte noch nichts gegessen außer Dörrpflaumen und Vitamin C, das ich in meine Wasserflasche gegeben hatte. Anna lebte von Coca Cola und Zigaretten. Wir beiden drängten weiter. Ich erzählte ihr zu keinem Zeitpunkt, was in meinem Kopf vor sich ging.

Als wir nach Pamplona kamen, fanden wir ein *Refugio* im Keller einer Kirche.

In dieser Nacht quälten mich Alpträume. Ich fiel von Berggipfeln, ertrank in Flüssen und Strömen, rutschte hilflos über Felsen. Ich war verletzt und allein, fürchtete, dass mich niemand finden würde, mir niemand helfen würde. Träumte ich von der Gegenwart oder der Vergangenheit?

Als ich aufwachte, sah ich, dass Anna auf ihrem Stockbett saß und packte. Ich wusste, sie würde mich verlassen.

»Zeige mit dem Finger auf mich«, bat sie. »Tu so, als ob du mich irgendeiner Sache beschuldigst.«

Ich zeigte mit dem Finger auf sie.

»Merkst du, dass dabei gleichzeitig drei Finger auf dich zeigen?«

»Ja«, erwiderte ich.

»Wenn wir also einen anderen verurteilen, verurteilen wir in Wirklichkeit uns selbst. Da gibt es keinen Unterschied.«

»Du verlässt mich heute, nicht wahr?«, fragte ich.

»Ja«, antwortete sie. »Von jetzt an bist du auf dich allein gestellt. Darum geht es beim Jakobsweg.«

Ich hätte beinahe geweint. Ich erinnerte mich, wie ich mich fühlte, als ich mit sechzehn Jahren mein Elternhaus verließ. Ich dachte daran, wie sich meine Tochter gefühlt haben muss, als sie in den Zug zum Internat gesetzt worden war. Ihr tapferer Versuch, ihre Emotionen zu kontrollieren, hatte mich zu Tränen gerührt, als ich ihr zum Abschied nachwinkte.

Jetzt wurde ich erneut mir selbst überlassen, in einem fremden Land mit einer fremden Sprache. Aber vielleicht war sie gar nicht so fremd. Vielleicht war ich hier, um diese Wahrheit herauszufinden. Mich beschlich das Gefühl, dass ich mich in der Welt verstellen, eine Maske tragen würde, die mich blendete und mir die Orientierung raubte, wenn ich nicht alles über das erfuhr, was früher geschehen war.

»Der Jakobsweg wird dir die Vergangenheit und die Zukunft zeigen, bis du erkennst, wer du heute bist«, sagte Anna. »Du wirst keine Ablenkungen haben, wenn du jeden Tag allein zehn Stunden wanderst. Sei wachsam und vorsichtig beim Wandern und Nachdenken. Ich werde nach dir sehen.«

Ich konnte nicht sprechen. Ich wollte die Angst nicht zeigen, die ich angesichts meiner eigenen Unzulänglichkeiten spürte. Was sollte ich tun, wenn es niemand gab, der mir half? Und was sollte ich tun, wenn mich die Leute erkannten und *allzu* hilfreich wurden?

Anna befestigte den Taillengürtel ihres Rucksacks, umarmte mich, spazierte aus dem Kirchenkeller und war weg.

Ich hielt die Tränen zurück, sammelte rasch meine Sachen ein, schnallte den Rucksack um und stieg die wenigen Stufen zu den Straßen von Pamplona hinauf.

Ich wanderte eine Weile allein umher, nicht sicher, ob ich auch in die richtige Richtung marschierte. Nach Westen, dachte ich, ich sollte nach Westen gehen. Die Menschen eilten geschäftig durch die Stadt, getrieben von ihrer Arbeit und ihrem Leben. Ich gehörte nicht zu ihnen. Ich stand außerhalb, war eine Pilgerin, die um das, was um sie herum vor sich ging, nicht wusste. Ich fühlte mich isoliert und wie gelähmt. Es war schlimmer, als allein in einer ländlichen Gegend zu sein, denn hier in der Stadt fühlte ich mich unsicher.

Ich war daran gewöhnt, in der Stadt eine Identität zu haben, eine Rolle erfüllen zu müssen. Im Frieden einer ländlichen Idylle konnte ich mit der Natur verschmelzen, selbst wenn ich kein Ziel hatte.

Ich wanderte eine Zeit lang vor mich hin, ohne recht zu merken, dass ich mich fortbewegte. Worin lag jetzt, in diesem Augenblick, der Sinn meiner Wanderung? Sollte ich einen gelben Pfeil suchen? Da entdeckte ich drei Frauen, einige Häuserblocks vor mir. Sie trugen schwarze Rucksäcke, von denen Jakobsmuschelschalen baumelten. Ich wusste, auch sie waren Pilgerinnen. Ich riss mich zusammen und versuchte, sie einzuholen. Sie sprachen Spanisch im Tempo von Schnellfeuergewehren. Ich folgte ihnen eine Weile. Auch sie durchquerten Pamplona auf der Suche nach einem gelben Pfeil. Plötzlich blieben sie stehen: Sie hatten einen Pfeil gefunden. Er führte aus der Stadt heraus. Ich wusste, dass ich zumindest vorübergehend auf dem rechten Weg war. Schon fühlte ich mich besser. Die Frauen wanderten weiter, und ich suchte eine Telefonzelle. Dabei erblickte ich mein Spiegelbild in einem Schaufenster. Ich sah jämmerlich aus.

Nach reichlich Verwirrung, wie man ein internationales Ferngespräch aus einem Telefonhäuschen führt, bekam ich endlich erfolgreich eine Verbindung zu Kathleen in London.

Als sie an den Apparat ging, erzählte ich ihr von meiner Gefühlslage... einer Art trauriger, demütiger Tapferkeit. Sie meinte, sie empfinde genauso. »Ich nehme jetzt Kens Ring ab«, sagte sie. »Geh den Jakobsweg für mich mit. Ich werde dieses Leben bald verlassen, und du suchst dir ein neues Leben. Ich werde bei dir sein.« Ihre Stimme zitterte, und sie hängte ein.

Ich legte den Hörer zurück auf die Gabel und lauschte dem Verkehrslärm. Dann beobachtete ich mich in den Scheiben der Schaufenster, wie ich mich zur nächsten Stadt aufmachte und dabei dem Glockenspiel der Kirchen zuhörte. Ich kam an der Kathedrale im Herzen des uralten Navarrería-Viertels vorbei. An diesem Ort pflegen die Pilger auf dem Jakobsweg traditionellerweise ein Gebet zu sprechen. Es ist ein herrliches Viertel mit vielen Kapellen, und das Museum zeigt Kunstwerke aus der Kathedrale und anderen Kirchen der Region, einschließlich Skulpturen und Manuskripte. Blutige Schlachten hatten sich auf dem Boden ereignet, den ich dort beschritt, woran viele Kirchen erinnerten, die zum Gedächtnis an Pamplonas gewalttätige mittelalterliche

Vergangenheit errichtet worden waren. Die Kirche Santo Domingo war mit Kammmuschelschalen und einer Statue des heiligen Jakobus geschmückt, der über den Hochaltar blickte.

Ich folgte den gelben Pfeilen durch die Vororte von Pamplona und fragte meinen Wanderstab laut nach der Geschichte dieses im Mittelalter von Blut durchtränkten Gebiets. Ich kam zu dem Schluss, dass mein Stab männlich war und von allein wissen würde, wie man Spanien durchquert.

Wieder auf dem Lande, blickte ich ständig nach unten, damit ich die gelben Pfeile nicht übersah. Es lagen viele Zigarettenstummel am Wegesrand, außerdem Plastiktüten, Zettel, Kartons und Kondome. Wie konnten die Menschen ein solch heiliges Land nur mit Müll verschandeln? Würde ich meine Besitztümer später auch einfach wegwerfen, sobald mir mein Rucksack zu schwer würde?

Ein Müllwagen kam an mir vorbei. Das erinnerte mich an meine Reise in die »Müllstadt« Ägyptens. Die Menschen leben dort an einem Ort, an dem man den Müll deponiert. Meine Freunde aus dem Westen waren entsetzt. Ich hatte die friedliche Resignation in den Augen der Einwohner gesehen, die überhaupt nichts besaßen. Eine Zeit lang wanderte ich mit dem Gedanken an die Last der Besitztümer und dem Bedürfnis, sich über das zu definieren, was man besitzt. Ich fühlte mich frei, wenn ich daran dachte, dass mein Überleben und höchstwahrscheinlich auch meine Weiterentwicklung davon abhing, nur das zu besitzen, was ich brauchte. Genau das war jedoch die Frage – wie viel braucht ein Mensch? Ich erinnerte mich an eine

Geschichte, wahrscheinlich apokryph, über Mutter Teresa. Angeblich bestand sie darauf, dass ein vornehmes Hotelzimmer leergeräumt wurde, damit sie darin in Armut übernachten konnte, was einhunderttausend Dollar kostete. Das konnte doch nicht richtig sein.

Ich lehnte mich mit meinem Stab gegen einen Baum, sah auf die Dörfer und Weiler in der Ferne, lauschte den Rufen der Krähen. Weizenfelder schmiegten sich in die nebligen Täler. Langsam vertraute ich der Erde selbst. Ich erinnerte mich, wie mir mein Vater erzählt hatte, dass seine Mutter ihn lehrte, Angst zu haben, und einmal, als er auf eine Reise ging, schnürte er sich einen Geldgürtel um seine Hüften. Ich tat dasselbe, nur für den Fall der Fälle.

Ich betete zu Ken, er möge Gottes Hilfe bei der Heilung von Kathleens Krankheit erflehen. Ich konnte fast spüren, wie er sich weigerte, weil er sie bei sich haben wollte. Ich erinnerte mich, wie Kathleen mir einst erzählt hatte, dass er es als Beweis ihrer Liebe zu ihm betrachtete, wenn sie auch in schlechten Zeiten zu ihm hielt. Vermutlich gehörte dazu auch, mit ihm in den Himmel zu steigen.

Eine riesige Raupe kroch über meine Füße. Ich beobachtete sie auf ihrem ganz eigenen Jakobsweg und fragte mich, wann aus ihr ein Schmetterling würde.

Meine linke Hüfte wurde taub. Ich spürte keinen Schmerz. Hatte ich mir einen Nerv eingeklemmt?

Ich hörte die Kirchenglocken auf dem Lande, die unvermittelt die Erinnerungen an meine Kindheit in Front Royal weckten, der Heimatstadt meines Vaters in Virginia, eingebettet in das Shenandoah Valley. In unserer Familie wurde darüber gestritten, ob die Methodisten oder die Baptisten den wahren Draht zu Gott hatten! Eingeschränkte Perspektiven gibt es überall zuhauf.

Als ich im *Refugio* in Puente la Reina ankam, traf ich dort zwei junge irische Frauen, die Nudeln und Würstchen auf einem Campingkocher zubereiteten, den sie mit sich führten. Sie erkannten mich und erklärten, dass meine Bücher sie inspiriert hätten. Anschließend sangen sie irische Weisen und spielten auf der Flöte, als ob sie die spanische Umgebung ausblenden wollten. Sie plapperten unaufhörlich, was mich störte. Ich spürte, wie ich mit dem Finger auf sie zeigte und dabei mit drei Fingern auf mich wies.

Sie hatten allerdings entzückende Singstimmen, und das erinnerte mich an die Geschichte, die Anna mir von einem jungen Mann auf dem Jakobsweg erzählt hatte. Er konnte herrlich singen, war aber zu schüchtern, um etwas zu sagen, geschweige denn zu singen. Am Ende seines Jakobsweges war eine große Feier in der Kirche geplant, aber der Priester tauchte nicht auf. Die anderen Pilger flehten den Jungen an zu singen. Er sang so herrlich, dass alle weinen mussten. Seine Mitpilger wussten, er hatte dank seiner Wallfahrt einen Wendepunkt erreicht.

Ich bemerkte allmählich, dass die jungen Irinnen und andere im *Refugio* mich wie eine privilegierte Schauspielerin aus Hollywood behandelten. Ich wollte wie alle anderen behandelt werden, wollte sie aber mit dieser Bitte nicht vor den Kopf stoßen. Anna hatte gesagt: »Denk daran, du bist einfach nicht wie die anderen, die den Jakobsweg gehen. Du trägst deine eigene Last der Berühmtheit. Stell dich darauf ein.«

Ich dachte über diese Last des Berühmtseins nach, die mich begleitete, wann immer Menschen mich erkannten.

Es stimmt schon, die Menschen vertrauen mir ihre zutiefst persönlichen Gefühle an, weil ich eine Zuverlässigkeit ausstrahle, die ihnen Sicherheit gibt. Aber nur selten habe ich das Gefühl, dass diese Menschen wirklich sie selbst sind. Für gewöhnlich zeigen sie mir eine Version ihrer selbst, wie ich sie sehen soll – einschließlich dessen, was sie von mir halten. Ich sehne mich nach viel mehr als nur ihren tiefsten Geheimnissen. Ich wollte die Aspekte ihrer Persönlichkeit kennen lernen, die sie nicht inszenierten. Seit meinem zwanzigsten Lebensjahr bin ich eine »Berühmtheit«, und einen Großteil der Zeit war ich Menschen ausgesetzt, die mehr mit mir kommunizierten als mit sich selbst oder miteinander. Der Durchschnittsmensch will nicht, dass eine Berühmtheit seine Fehler sieht. Allerdings teilt er offen seine größten Ängste und Geheimnisse mit. Vielleicht weiß er, was wir durchmachen müssen, wenn wir in der Öffentlichkeit bloßgestellt werden, und vertraut darauf, dass wir seinem eigenen Schmerz gegenüber sensibel reagieren.

Ich war zu gehemmt, um mit den jungen Irinnen zu singen, denn ich war auf diesem Gebiet Profi, und ich wollte doch nichts anderes sein als ein ganz normaler Mensch. Alle Menschen singen hin und wieder, aber irgendwie hätte ich nur eine Vorstellung geliefert.

Nach unserer Mahlzeit mit Gesang entdeckte ich, wie ich meinen Schlafsack von unten aufziehen konnte, und schlief darin ein.

Als ich aufwachte, beschloss ich, meinen Pulli und ein Paar Socken loszuwerden. Mein Leben war zu der Last dessen geworden, was ich mit mir trug.

Die Last der Berühmtheit reckte ihr Haupt, als ich den nächsten Tag begann.

Ein Fotograf wartete vor dem *Refugio*, mit der Kamera in der Hand. Die jungen Irinnen traten sofort beschützend vor mich und forderten ihn auf zu verschwinden. Die anderen Pilger waren bestürzt.

Die Irinnen übernahmen die Rolle meiner Beschützerinnen und gingen die nächsten Tage vor mir her. In den Bergen tauchten Journalisten auf. Die Irinnen verscheuchten sie. Aber ich wusste, dass sich die Nachricht verbreitet hatte. Die Mädchen schienen ihre neue Rolle als Leibwächterinnen zu genießen. Es machte die Anstrengungen der Wanderung leichter. Ich wanderte in zwei Welten, einer des Friedens und der Meditation und der anderen der Befürchtung, dass meine heitere Gelassenheit bald ein Ende finden würde.

Ich schlug meine schmale Ausgabe des Neuen Testamentes willkürlich auf, wie Anna es vorgeschlagen hatte. Da stand es: Apostelgeschichte, Kapitel neun, die Geschichte von Saul auf der Straße nach Damaskus. Er sah das Licht. Würde ich das auch? Was erwartete ich eigentlich von meiner Pilgerschaft? Kein anderer Pilger, mit dem ich sprach, konnte mir erklären, warum er den Weg beschritt. Es war ein Thema, das jeden Abend in den *Refugios* zur Sprache kam. Wir alle hatten den Impuls verspürt, ja beinahe den Zwang, in unserem Leben innezuhalten, alles andere auf Halde zu legen und nach Spanien zu reisen. Keiner von uns wusste, warum. Einige waren sogar regelrecht zum Jakobsweg *geflohen*. Ein Mann aus Dänemark hatte seine Ehefrau mit einem anderen Mann erwischt, also schnappte er sich seinen Hund und kam nach Spanien, um über sein Leben nachzudenken. Eine Frau litt an Arthritis und glaubte, sie könne womöglich durch die Bewegung und die Energie geheilt werden. Aber keiner der Pilger verstand wirklich die Beweggründe seiner Seele. Es gab etwas Tieferes als das *Jetzt*, und alle redeten darüber.

Ich wanderte durch hüfthohe Weizenfelder, dann durch Apfelwäldchen, durch die der Wind wehte und dabei das Sonnenlicht auf den Blättern verteilte.

Ein Pärchen aus Holland schien von seinen Besitztümern zu Boden gedrückt, als ob sie Kriegsflüchtlinge wären.

Ich verlor die Irinnen aus den Augen, verpasste eine Brücke und verirrte mich einen Tag lang. Das bekümmerte mich nicht weiter. Mein Geruchssinn wurde stärker, und da ich mich verirrt hatte, gab es auch keine Presse.

Ich fühlte mich allmählich richtig gesegnet, bewegte mich langsam in einem meditativen Geisteszustand vorwärts, als mich plötzlich aus dem Nichts ein Hund ansprang und kein Geheimnis daraus machte, dass er mich aus dem Weg haben wollte. Er versperrte mir den Weg. Ich konnte nicht zurück, und ich konnte auch nicht zur Seite ausweichen; der Pfad war zu schmal. Plötzlich stand ich dem gegenüber, was mir immer Angst gemacht hatte. Der Hund kläffte mich gnadenlos an. In diesem Augenblick wurde mir klar, dass ich – anders als Anna – nicht der Typ war, um in einem solchen Moment stehen zu bleiben und zu beten. Ich dachte schnell nach. Ich hob abwehrend meinen Wanderstab und erinnerte mich an etwas, was meine Hopi-Freundin mir einst gesagt hatte: »Visualisiere ein rotes Herz, fülle es mit Liebe, und projiziere es ohne Feindseligkeit auf den Hund.« Ich formte vor meinem inneren Auge ein rotes Herz, füllte es mit so viel Liebe, wie ich nur aufbringen konnte, und sandte es zu dem Hund. Trotzdem hielt ich meinen Wanderstab in die Luft und beschloss, den Weg zu verlassen, obwohl es daneben nur Gestrüpp und Hindernisse gab, und um den Hund herumzugehen. Er knurrte, aber ich visualisierte unablässig und ging weiter. Er sah mir neugierig zu, wie ich zurück auf den Weg trat. Sobald er sah, dass ich weiterwanderte und ihm aus dem Weg gegangen war, hechtete er wieder auf mich zu, einfach so. Ich rannte davon. Mein Rucksack hüpfte auf und ab. Er jagte mich eine Weile, und ich rannte so lange weiter, bis er es aufgab.

Dann blieb ich stehen, und als ich mich umdrehte, war er nicht mehr zu sehen. Ich atmete schwer und litt unter einer neuen Blase. Ich stellte fest, wie sehr sich Hunde und die Presse ähneln. Beide kommen in Gruppen, und beide »drängen« einen, bis man die Wahrheit so sieht, wie sie sie sehen.

Ich war immer recht freundlich zu den Journalisten gewesen und hatte sogar viele Jahre lang mit zwei sehr guten zusammengelebt. Ich bewunderte ihre Neugier und ihr alles in den Schatten stellende Bedürfnis, die Wahrheit anderer Menschen in Erfahrung zu bringen. Die vierte Macht im Staate machte die Zivilisation ehrlich. Und doch konnte sie brutal aufdringlich sein, und unter dem Druck, ihre Auflagenzahlen oder die Zuschauerquote in die Höhe zu treiben, handelte und urteilte sie oft voreilig. Die unersättliche Sucht der Öffentlichkeit nach Neuem aus der Welt der Promis trug zu dem Wahnsinn der Regenbogenblätter bei wie sonst nichts. Die Journalisten, die ich kannte, waren für gewöhnlich fair und achteten darauf, ihre Quellen stets zu überprüfen. Doch bei Reportagen über metaphysische beziehungsweise spirituelle Dinge steht die Fairness nicht im Vordergrund – ein Vorurteil, das fast ausschließlich darauf beruht, dass sich die Journalisten von dem Thema selbst bedroht fühlen. Die meisten Journalisten sind an der Auseinandersetzung mit sich selbst nicht interessiert; sie geben sich der Illusion hin, dass ihr Glaube nicht ihre Objektivität beeinflussen dürfe. Darum fühlen sie sich verpflichtet, Sarkasmus zur Schau zu stellen, und das sagt mehr über *sie* aus als über den Menschen, über den sie schreiben. Aus diesem Grund war meine Erfahrung mit der Presse meistens positiv, wenn über mich als Teil ihrer »realen« Welt berichtet wurde – über meine Arbeit als Schauspielerin, meinen politischen Aktivismus, mein Interesse an Reisen oder auch nur meine Schriften über Stressminderung durch Meditation. Sobald es jedoch um mein Interesse an körperlichen Wiedergeburten, um Heilung durch die Reinkarnationstherapie oder meine Spekulationen über UFO-Aktivitäten und andere Dinge ging, die wissenschaftlich nicht als »real« anerkannt wurden, herrschte die Negativität vor. Und als ein Filmkritiker eine Rolle rezensierte, die ich gespielt hatte, und er sich fragte, welches frühere Leben ich da wohl porträtiert haben mochte, da stellte er einen Regenbogenjournalismus zur Schau, der seinem Berufsstand wahrlich keine Ehre machte.

Hunde sind wie Journalisten. Sie stellen dich auf die Probe. Eben wandere ich noch selig und denke, ich sei eins mit Gott, mit beiden Beinen auf dem Boden und dem Kopf in den Sternen, prompt stellt mich ein knurrender Hund oder Journalist auf die Probe und will feststellen, wie friedlich erleuchtet ich in Wahrheit bin. Das wurde mir blitzartig klar. Ich hoffte, ich würde mich bessern. Ich kann ehrlich sagen, dass dieser bestimmte

Hund meinen tiefsten Respekt verdiente. Er motivierte mich, lange und intensiv darüber nachzudenken, wie ich meine Furcht besiegen könnte, insbesondere da ich die Hunde von Foncebadón noch vor mir hatte.

Der Umgang mit der Presse gestaltete sich da schon schwieriger. Journalisten fühlen sich wohl damit, die Spiritualität menschlicher Emotionen niederzubügeln. Die Wissenschaft behauptet, durch Intuition oder spirituellen Glauben ließe sich nichts beweisen, und daran hält sich die Presse. Wenn die Wissenschaft erklärt, objektive Beobachtung sei durch reine Bewusstheit nicht möglich - und dabei mit medialen Einsichten kurzen Prozess macht, allenfalls noch einräumt, es handle sich um eine rein zufällige Erkenntnis -, dann ist die Presse größtenteils ebenfalls dieser Ansicht.

Die Presse und die Wissenschaft haben keinen Respekt für die Gefühle in dieser Welt. Beide ziehen kollektive Beobachtungen vor und nennen den Konsens dann *Fakten*. Es ist, als ob sich Wissenschaftler und Journalisten niemals erlaubten, menschlich zu sein. Eigentlich sind *sie* die Fremden in der menschlichen Gesellschaft und versuchen, durch Konsens eine neue Rasse zu schaffen, die von ihnen abhängig ist und die Fähigkeit zu fühlen nicht länger besitzt. Wenn ein Mensch nicht gemäß ihrer Definition »rational« ist oder sich an der Wissenschaft orientiert, dann wird er eben geächtet.

Spiritualität ist die authentische Entdeckung der eigenen Fähigkeit zu Gefühlen. Man könnte sie auch als theopathischen Zustand beschreiben; wenn sich die eigenen Emotionen nach dem Göttlichen ausrichten, versteht man besser, wer man ist. Es tritt eine Revitalisierung grundlegender emotionaler Wahrheiten auf.

Die Religion bemühte sich, diese Sehnsüchte zu befriedigen, indem sie den Glauben und die Verhaltensweisen der Menschen in eine Form presste, die für die Gesellschaft akzeptabel ist. Darüber hinaus versuchte sie, den Bereich der menschlichen Gefühle an die Kette zu legen, was Menschen hervorbrachte, die nichts weiter sind als architektonische Hülsen. Die Wissenschaft strebt nun danach, sich von allem Emotionalen und Spirituellem gänzlich zu befreien, sucht einen Konsens aus Wissen und Fakten. Die Wissenschaft geht davon aus, dass Emotionen die Objektivität untergraben. Mir schien jedoch schon immer, dass es so etwas wie Objektivität gar nicht gibt. Die Wirklichkeit ist stets eine Frage der individuellen Wahrnehmung.

Ich erkannte, dass der Jakobsweg selbst die Geschichte religiöser Fraktionen ist, von denen jede behauptet, die spirituelle Überlegenheit zu besitzen. So viele Menschen sind früher von der Kirche im Namen des Christentums eingekerkert worden, häufig mit roher Gewalt. Heute ist die Wissenschaft der Kerkermeister der Spiritualität, und das oft ganz beiläufig.

Die Presse berichtet aus Sicht der Wärter des jeweiligen Gefängnisses und beansprucht dabei für sich Objektivität.

Das Einzigartige an uns Menschen ist unser Bewusstsein für unsere Gefühle. Die Presse ist fest entschlossen, das ins Lächerliche zu ziehen und somit zu unterdrücken.

Der wahre Mut der Individualität ist die Fähigkeit, der eigenen Leidenschaft zu folgen. Die wahren Fremden sind jene, die sich ihrer Fähigkeit entfremdet haben, ihre Gefühle zu meistern. Wenn wir mit unseren individuellen Emotionen Frieden schließen würden, könnten wir nicht dazu manipuliert werden, zu töten. Wenn unsere

Institutionen uns nicht helfen, über unsere Gefühle zu sprechen, verlieren wir den Respekt für unsere Gefühle und wenden uns letztendlich von ihnen ab, was oft zu Gewalt führt.

Es ist die moralische Verpflichtung der Menschheit, durch das gefühlsmäßige Wissen um die eigene Göttlichkeit nach Freude zu streben.

Ich glaube, ich bin den Jakobsweg gegangen, um mich wieder menschlich zu fühlen.

In der Stadt Estella, auf dem Weg nach Los Arcos, suchte ich einen Laden auf, um einen Hut zu kaufen, der weniger leicht wiederzuerkennen war, sowie eine kühlende Salbe gegen meinen Sonnenbrand. Die Eitelkeit war allgegenwärtig. Ich fühlte, dass ich allmählich die Muskeln in meinem rechten Bein überanstrengte. Langsam roch ich auch den Schweiß, der sich in dem Microfaser-Stoff meines T-Shirts sammelte. Baumwolle roch zwar angenehmer, trocknete jedoch nicht so schnell wie die Kunstfaser. Die Brise blies meinen Schweiß trocken, trotzdem war der Geruch durchdringend. Ich bin ein sehr sauberer Mensch, und besonders wichtig ist es mir, gut zu riechen. Die Situation war zutiefst unangenehm für mich.

Ich besorgte mir auch neue Ohrstöpsel aus Bienenwachs, weil diese sich dem Inneren meiner Ohren besser anpassten.

Als ich die Stadt verließ, fiel mein Blick auf eine Zeitung. Ich war auf der Titelseite abgebildet! Mein Hut und mein Rucksack waren sofort zu erkennen. Schnell setzte ich meinen neuen Hut auf und ging weiter. Ich fiel niemandem auf.

Jetzt spürte ich zum ersten Mal den Wunsch zu flüchten. Irgendwohin zu fliehen, wo ich allein und unerkannt bleiben konnte. Die Irinnen waren mir einige Meilen voraus. Ich eilte auf das Land und fand einen Baum, unter dem ich mich niederlassen konnte. Schnell schlief ich ein, gegen meinen Rucksack gelehnt...

Bilder schossen mir durch den Kopf. Ich war erregt. Dann geschah etwas, das ich nicht verstehen konnte. Es war eigentlich kein richtiger Traum, und doch weiß ich nicht, wie ich das, was geschah, anders ausdrücken soll. Ich rannte auf dem Jakobsweg, dunkelhäutig, schlank, mit schwarzen Haaren und so gekleidet wie in meinem früheren Traum. Nur dass es mehr zu sein schien als ein Traum. Es wirkte nicht nur vertraut, sondern auch überaus real. Ich versuchte, einigen Soldaten auszuweichen, die gegeneinander kämpften. Eine Gruppe Soldaten war hellhäutig, sie trugen im Kampf ein Kreuz. Die anderen hatten eine dunkle Hautfarbe und kämpften mit langen Messern. Sie trugen bunte Gewänder und sprachen eine Sprache, die ich für die meine hielt, obwohl ich sie nicht verstehen konnte. Ich rannte durch den Wald, bis ich ein Lagerfeuer entdeckte. Ein weiterer Soldat mit einem Kreuz hörte mich, hielt mich an und nahm mich mit in ein Lager. Ich wusste, dass es sich bei diesem Lager um ein »christliches« handelte. Einer der Soldaten gaffte mich lüstern an, und ein anderer trat auf mich zu. Er war betrunken und lachte. Ich starrte ihn an, wusste nicht, wie ich reagieren sollte. Dann löste sich ein Mann in einer Mönchskutte aus dem Schatten. Er trat zwischen mich und den lüsternen Soldaten und führte mich in ein Zelt. Eine Kerze flackerte.

»Ich bin John der Schotte«, sagte er mit einem archaisch schottisch-irischen Dialekt. »Du hast wunderschöne Haut.«

Ich fühlte mich stolz, irgendwie völlig furchtlos. Ich hörte mich zu ihm sagen: »Du hast eine Haut in der Farbe von Kerzentalg.«

Er setzte sich und massierte seine gewaltigen Füße. Er war korpulent, hatte ein breites Gesicht mit sommersprossiger weißer Haut und tiefgründige, wenn auch schelmische blaue Augen.

»Du gehörst nicht der maurischen Widerstandsbewegung hier auf dem Weg an?«, fragte er.

»Nein«, erwiderte ich. Dann erklärte ich es. »Ich bin eine Maurin, aber mit hebräischem Erbe. Ich kenne die Wahrheit nicht, aber ich weiß, dass Koran und Kabbala dieselbe Wahrheit verkörpern. Ich bin Kräuterheilerin. Ich respektiere das Kreuz, aber was sich zwischen den Beinen eines Soldaten befindet, ist für mich kein Geschenk. Ich spreche die Sprache der Ahnen meiner Mutter - Hebräisch.«

Ich war fasziniert, aus meinem Mund diese seltsamen Worte zu hören. Woher kamen sie?

Der Mönch starrte mich einfach an. Ich spürte das Bedürfnis, es noch ausführlicher zu erklären.

»Ist es nicht pure Ironie, dass Armeen versuchen, sich gegenseitig zu töten - und das nur der Frage wegen, wessen Wahrheit die richtige ist. Warum streben die Christen zu den Überresten des heiligen Jakobus, der doch Jude war? Dieser Jakobsweg ist eine Reise des Körpers, der sich selbst im Geist vereinen will und sich nicht von sich selbst trennen will wie im Fall des heiligen Jakobus und seinem Kopf.«

Der Mönch bedeutete mir, mich ihm gegenüber an einen kleinen Tisch zu setzen. Die Kerze erhellte sein gerötetes, intelligentes Gesicht.

»Kannst du lesen und schreiben?«, wollte er wissen.

»Aber natürlich«, erwiderte ich.

»Was steht zwischen dir und den anderen Heiden und Barbaren?«, fragte er.

»Dasselbe, was zwischen mir und einem Narren steht!«, antwortete ich.

»Und das wäre?«

»Dieser Tisch«, erwiderte ich.

Er lachte.

Der nachfolgende Dialog liegt für mich im Dunkeln. Ich erinnere mich mehr an Themen und Fragen sowie an meine Gefühle hinsichtlich dessen, was gesagt wurde, weniger an die Details unseres Gesprächs. Wir sprachen von der Notwendigkeit einer guten Erziehung. Er stimmte dem zu, und wir unterhielten uns überaus anregend über die Bewegungen der Sterne. Ich wusste, dass diese Wissenschaft in jenen Tagen hoch angesehen war. Er meinte, er kenne sich in alten römischen Texten gut aus und wisse deshalb um den genauen Ort der Grabstätte des heiligen Jakobus. Er sagte, als Geistlicher wünsche er, mit mir zusammenzuarbeiten, um Zugriff auf einige der Texte zu erlangen, die in den Bibliotheken von Alexandria lagen, welche die Mauren kontrollierten. Er wusste, dass viele alte Texte erhalten geblieben waren, und wollte, dass ich ihm bei deren Beschaffung helfe, damit er sie an den Hof Karls des Großen bringen konnte, wo er als Mentor und Erzieher des schriftunkundigen Königs der Franken in Dienst stand. Er erzählte, viele der Hofleute von Karl dem Großen könnten weder lesen noch schreiben, und aus diesem Grunde sei er aus Schottland und Irland geholt worden. In den uralten Texten, nach denen er strebte, seien geheime Schriften über Gott zu finden, an denen Karl der Große stark interessiert sei.

Dann träumte ich, dass er in eine Ecke griff und eine Art Stab hervorholte.

»Das ist ein Druidenstab«, erklärte er. »Er trägt die Energie von Meditationen und Gebeten in sich. Er wurde auch in uralte Wasserquellen getaucht, die unserem Glauben nach den Geist von Heiligen enthalten.«

Er reichte mir den Stab. Sanft stieß ich damit auf den Zeltboden aus festgetretener Erde. Mir gefiel das Gefühl des Stabes in meiner Hand. Er schien freundlich.

John fuhr fort.

»Ich bin schottisch-irischer Herkunft, geboren und aufgewachsen an dem Ort, wo das *Book of Kells* geschrieben wurde.«

In diesem Augenblick betraten zwei weitere Mönche das Zelt. Es waren Männer, aber sie hatten die Gesichter der beiden Irinnen, die ich auf dem Weg getroffen hatte.

»Diese Geistlichen werden dich beschützen«, sagte mein Mönch. »Sie werden dich vor jenen bewahren, die dich in ihre Gussform ›pressen‹ wollen.«

Dann geschah etwas, was mich bestürzte, als ob ich in meiner eigenen »Traum-Vision« in einer Zeitlinie träumte. John der Schotte sprach, und während er das tat, erlebte ich die Vergangenheit und gleichzeitig einen künftigen Traum. Es gab keine lineare Abfolge, nur Ereignisse und Bilder, die von ihm erzählt wurden.

»Du wirst von dem maurischen Riesen gefangen genommen«, sagte er. »Dieser wird sich von dir anfänglich heilen lassen, doch weil du seine Annäherungsversuche abwehrst, wird er dich in den Kerker werfen lassen. Von Zeit zu Zeit wird er dich rufen, um über Heilung zu sprechen und die Bedeutung Gottes zu diskutieren. Du wirst ihm dein Verständnis des Christentums nahe bringen. Nach seinem Tod wirst du von Christen befreit werden.«

Ich sah die Bilder in meinem Kopf, während John sie beschrieb, aber ich hatte diese Einkerkerung bereits vor einer Woche geträumt.

»Der Maure wird von Roland besiegt, dem Vasallen und rechten Hand Karls des Großen. Wenn der Maure stirbt, wird er nach mir fragen. Er wird mir ein kleines goldenes Kreuz geben und mich bitten, es dir zu deinem Schutz zu übergeben. Das Kreuz ist so geformt, dass man es als koptisch, christlich oder islamisch-ägyptisch deuten könnte, und es ist ein Symbol für das Glück. Auf dem Jakobsweg wird viel mit der religiösen Trickkiste gearbeitet, um den Gott der Feinde zu besänftigen, falls man einmal gefangen wird. Wie auch immer, man wird dich befreien.«

Ich sah die Szene vor mir, die er beschrieb. Roland, der Ritter, war nur halb so groß wie der maurische Riese. Sie kämpften mit Stöcken und Knüppeln in einem Kampf Mann gegen Mann, fast schon gutmütig, im Sonnenlicht, vor einer Mauer. Der Maure war über zwei Meter zehn groß. Sein Gewicht und seine Größe ließen ihn schneller ermüden. Einmal hob er Roland hoch und setzte ihn auf sein Pferd. Beide lachten. Der Riese senkte daraufhin seine Waffen und bat um eine Ruhepause. Er und Roland unterhielten sich darüber, ob das Christentum oder der Islam die wahre Religion sei. Sie stritten stundenlang. Keiner wollte dem anderen nachgeben. Sie kamen überein, wer immer den anderen besiegte, würde der überlegenen Religion angehören. Dann diskutierten sie ausführlich über die Unbesiegbarkeit des maurischen Riesen. Roland stellte die Unverwundbarkeit seines Gegners gegenüber den Stöcken, Steinen, Schwertern und Pfeilen, mit denen sie kämpften, in Frage. Der Riese räumte ein, wenn man ihm je ein Schwert in den Bauchnabel rammen sollte, so wäre das sein Ende.

Dann beschlossen beide, ein wenig zu schlafen. Ich sah, wie Roland einen Stein unter den Kopf des Riesen legte, damit er es bequem hatte. Aus Respekt vor den Gesetzen der Ritterlichkeit erklärten sich beide einverstanden, erst dann weiterzukämpfen, wenn sie sich ausgeruht hatten.

Etwas später erwachten beide im selben Augenblick. Sie setzten ihren Kampf fort. Roland packte den Riesen unter dem Kinn, um ihn aus dem Gleichgewicht zu bringen. Beide fielen zu Boden. Sie kamen wieder auf die Beine und stiegen auf ihre Pferde. Daraufhin durchbohrten sie gegenseitig ihre Pferde mit ihren Schwertern. Die Tiere waren schwer verletzt. Beide Männer ließen ihr Schwert sinken und kämpften mit Steinen und Fäusten weiter. Keiner ging zu Boden. Die Dunkelheit brach ein. Sie einigten sich auf einen weiteren Waffenstillstand und schliefen die Nacht hindurch. Am nächsten Morgen war der Riese müde. Beide schienen großen Respekt für die Tapferkeit des anderen zu haben. Roland wurde noch vor dem Riesen wach und versteckte dessen Schwert. Da erwachte der Riese. Ihm fiel nicht auf, dass sein Schwert verschwunden war. Stattdessen stritten sie erneut darüber, wessen Gott der wahre Gott sei. Die Wut zwischen ihnen nahm zu, und als der Riese für einen Augenblick abgelenkt wurde, durchbohrte Roland mit seinem Schwert den Nabel des Riesen. Im Sterben verlangte der maurische Riese nach John dem Schotten. John, der den Zweikampf beobachtet hatte, trat zu ihm.

Der Maure holte ein Kreuz aus seinem Überwurf hervor und reichte es John mit der Bitte, es mir zu geben. Er hatte es zu Verhandlungszwecken benützt, wann immer er oder seine Männer es mit Christen zu tun hatten.

Während ich träumte, fing ich an zu weinen. Als ich mir das Gesicht des Mauren näher anschaute, wurde es zu dem Gesicht meines Tourmanagers Mike Flowers. Dann sah ich mich wieder im Zelt, wie ich John lauschte.

»Siehst du«, sagte John, »Mr. Flowers ist nun dein vertrauensvoller Partner, der heute eine Schuld zurückzahlt.«

Ich weinte neuerlich. Ich spürte das Bedürfnis, das zu verarbeiten, was John gesagt hatte, aber er fuhr mit seinem Vortrag fort. Er sagte, es seien deshalb so viele Kriege auf »dem Weg« ausgefochten worden, weil die Energie im Boden alle menschlichen Emotionen vervielfacht. Der Jakobsweg betone die Gefühle hinsichtlich unerledigter Angelegenheiten – Gefühle von Hass, Angst, Furcht, sexuellem Verlangen und Liebe –, indem er sie verstärke. Johns Erklärungen zufolge intensiviert die Energie das Karma zwischen gegensätzlichen Kräften. Vor langer Zeit seien dort Ley-Linien* gezogen worden aus Gründen, die ich erst später erfahren sollte. Er sagte, die Ley-Linien seien nach der Konstellation von Sternen ausgerichtet, die helfen, Konflikte zu lösen, wenn man sie richtig versteht. Er meinte, die Träume und Visionen der Menschen, die den Jakobsweg beschreiten, formen Fußabdrücke vergangener Wahrheiten, die Erinnerungen bilden, welche wiederum Teil des menschlichen Unterbewusstsein werden und in jedem von uns als Vorahnungen schlummern.

---

* Ley-Linien (auch Drachenlinien, Heilige Linien oder Kraftlinien genannt) bilden das Erdgitternetz, durchziehen den feinstofflichen Körper der Erde und verbinden heilige Stätten miteinander.

Er sagte, die Menschen kehren immer zu alten Geisterorten zurück, weil sie intuitiv ahnen, dass das Karma dort aufgelöst werden muss.

Dann wurde er in meiner Traum-Vision deutlicher. »Der junge Mann, den du zu Beginn des Weges getroffen hast, ist verrückt. Er ist in einer Schlacht verwundet worden, und du hast versucht, ihm zu helfen. Du wolltest sein Leben mit deinen Kräutern retten. Dein Gesicht war das Letzte, das er sah, als seine Seele seinen Körper verließ. Er liebte dich, doch diese Liebe wurde nie vollzogen. Nie war eine Liebe in seinem Leben vollzogen worden, weil er nicht wusste, wie man liebt. Er war ein Krieger. Er hatte nie gelernt, wie man in sich selbst vollständig ist, weil er nie Gott in sich gekannt hat. Wenn man keine Liebe für Tiere, Vögel und Fische oder die kühle Brise auf der Haut spürt, dann weiß man nicht um das Göttliche in sich. Ohne das zu wissen, kann man einander nicht wirklich lieben. Darum stößt der junge Mann Frauen mit seiner sexuellen Leidenschaft ab. Aber seine Seele hat dich heute erkannt.«

Während John der Schotte sprach, sah ich das Gesicht von Javier, der zu mir aufsah, als ich mich um ihn kümmerte. Plötzlich verwandelte sich sein Gesicht, und es wurde zu dem Gesicht des Latino auf dem Wanderweg in den Calabasas. John fuhr mit seinen Erklärungen fort. »Beide Männer leiden an einem gestörten Verhältnis zwischen körperlicher Liebe und der Liebe der Seele. Du wirst die uralten Gründe dafür später verstehen.«

In meiner Traum-Vision fühlte ich mich angesichts der Zeit langsam verwirrt. Ich existierte Ende des 20. Jahrhunderts, und doch durchlebte ich gerade eine Erfahrung in der Mitte des achten Jahrhunderts, zur

Zeit Karls des Großen. Gleichzeitig schien sich dieser Traum von John dem Schotten in der Zeit vorwärts und rückwärts zu bewegen.

Die Vision ging auf lineare Weise weiter. Ich sah mich selbst als junge Maurin, wie ich aus der maurischen Gefangenschaft entlassen und von John unterrichtet wurde. Ich lebte entlang des Jakobswegs mitten unter christlichen Soldaten, die mich ständig mit sexuellen Anspielungen verhöhnten, aber ich wurde von John beschützt.

Dann badete ich in einem Fluss. Es war mir zu kalt, und auf Zehenspitzen stieg ich aus dem Wasser, als ich plötzlich am Ufer von mehreren christlichen Soldaten eingekreist wurde. Ich wich nicht zurück, fürchtete mich aber. Da trat John aus dem Wald. Er hatte zugesehen. Er kam auf mich zu und begann, Beschwörungsformeln zu singen, die mit dem Taufritual zu tun hatten. Mit seinen gewaltigen Armen stieß John mich zurück ins Wasser und tunkte meinen Kopf unter. Ich tauchte wieder auf, spuckte Wasser und brüllte etwas Arabisches. John verstand meine Proteste, denn er sprach Arabisch, die Soldaten jedoch nicht.

Dann hörte ich, wie er ihnen sagte, ich habe eine heilige Vision und er würde mich jetzt zur Christin taufen. Sie sollten sofort gehen, was sie auch taten.

John zog mich aus dem Fluss und legte mir ein goldenes Kreuz an einer Kette um meinen Hals. Es war das goldene Kreuz, das der Maure ihm gegeben hatte.

»Du hast das Kreuz den Rest deines Lebens getragen«, erzählte John. »Obwohl niemand wirklich sicher sein konnte, ob du Christin, Muslimin oder Jüdin warst, hat es dir das Leben gerettet. Niemand konnte es sich leisten, sich dir unsittlich zu nähern oder dich gefangen zu nehmen, gleichgültig auf welcher der religiösen Seiten. Du bist den Weg auf und ab gereist und hast zahlreiche Erfahrungen gesammelt. Darum bist du heute hier, denn viele müssen noch enträtselt werden.«

John der Schotte saß mir am Tisch gegenüber und erzählte mir von einer Zukunft in jener Zeit, und doch geschah all das in meinem Traum von heute.

Dann schilderte er die weitere Zukunft. »Ich nahm dich mit an den Hof Karls des Großen, wo du dir Respekt erworben hast und zu einer Beraterin des Hofes wurdest, nachdem der maurische Einfluss und die Grenzen des Reiches sich stabilisiert hatten.«

Fast gleichzeitig erlebte ich in diesem Rückblick eine blitzartige Zukunftsschau, und ich sah mich selbst an dem mittelalterlichen Hof. Ich trug christliche Kleider, aber mit meinen langen schwarzen Haaren und der dunklen Haut lenkte ich mühelos alle Aufmerksamkeit auf mich. Ich freundete mich mit dem König an und verbrachte viele Stunden mit ihm auf Tierfellen vor einem gewaltigen Kamin. John sagte, der König hatte drei oder vier Ehefrauen und unzählige Geliebte. Er war sinnenfreudig und betete Frauen an. Er schwamm auch für sein Leben gern, und ich sah mich in einem Teich mit warmem Wasser, der von einer Quelle gespeist wurde. Wir tollten in unserer Unterkleidung herum und sprachen über maurische Gedichte, die ich für ihn las und übersetzte, weil er ja der Schrift nicht kundig war. Er war ein stolzer Mann, aber seine unvollständige Erziehung machte ihn unsicher. Er wollte verstehen, worin der Gegensatz zwischen dem Gott des Islams und dem Gott seines Papstes bestand. Er sprach mit großer Liebe und Respekt vom Papst und meinte, er würde sein

Leben nach dessen Wünschen ausrichten. Er sagte, er habe seinem Vater versprochen, für die Kirche in Rom einzutreten.

Ich trug ständig mein goldenes Kreuz. John erklärte mir, es symbolisiere das Gleichgewicht der Erde in allen vier Himmelsrichtungen, und wer immer es trage, verankere sich selbst auf der Erd-Ebene, was ihm all die Freude und all das Leid der irdischen Existenz sichere.

Ich sah mich selbst mit einem Gefolge von Dienern und Dienerinnen, wie ich den Jakobsweg in einem Pferdewagen bereiste, beschützt von berittenen Soldaten.

»Du hast deine Heimat oft besucht«, sagte John. »Du hast die Schriftrollen und Texte der Mauren gesammelt und sie an den Hof Karls des Großen gebracht, wo wir beide und der König über ihre Bedeutung sinnierten.«

Ich sah unsere Gruppe vor dem Kamin, dessen Licht an den Steinmauern flackernde Schatten warf. Wir übersetzten die Schriften der arabischen Gelehrten, stritten über Gott und die Bedeutung des Krieges in Bezug auf Gottes Liebe. Dann sah ich, wie der König den Hof um Erlaubnis bat, mich offiziell als seine Geliebte anzuerkennen. Sie weigerten sich wegen meiner Herkunft. Er erklärte offen seine Liebe zu mir und wollte sie allen zeigen. Er brachte den gesamten Hof während der Flut ans Meer und erklärte, seine Liebe sei so kraftvoll wie die Gezeiten. »Man kann weder die Flut noch die Liebe aufhalten«, verkündete er. Der Hof war beeindruckt und erlaubte mir, seine Gefährtin zu sein, nicht mehr. Ich wusste, ich war eine von vielen. Auch ich hatte andere Liebhaber, aber nichts war mir so wichtig wie das Lernen, nicht einmal der König.

Ich verbrachte viele Stunden mit John dem Schotten,

in denen wir über die großen Wahrheiten der Religionen debattierten. Er war tolerant und komisch, und ich sah, dass wir viel stritten, bis der Schatten des Königs in der großen Holztür erschien und der König verlangte, mich in seinen Gemächern zu sehen. Es gab Tische beladen mit Obst und Nüssen und immer gewaltige Kaminfeuer, die sein Gesicht beleuchteten.

Der König wusste um die Bewegungen der Sterne und wollte darüber noch viel mehr erfahren. Er tat so, als sei er ein Lehrer, obwohl er doch in Wirklichkeit ein Schüler war, ständig neugierig in allen Dingen.

Er trug ein Stoffhemd auf seiner Haut und ein Beingewand aus demselben Material, das von Bändern festgehalten wurde. Schuhe aus weichem Leder umschlossen seine Füße. Wenn er fror, zog er eine Art Ledertunika über seinen Brustkorb. Als ich ihm einmal zusah, wie er sich für einen öffentlichen Auftritt zurechtmachte, warf er sich einen blauen Mantel locker über die Schulter. Ein Schwert mit einem goldenen Griff hing an seiner Hüfte, und auf seinem Haupt trug er eine Krone aus Gold und Edelsteinen. Darüber hinaus besaß er ein Schwert, das mit Juwelen besetzt war und das er zu Festen und Feierlichkeiten unter seinen bestickten Roben trug.

»Du hast ihm drei Kinder geboren«, erzählte John. »Du bist 83 Jahre alt geworden, und es beunruhigte dich, dass deine Kinder nach dem Tod ihres Vaters wegen ihres arabischen Blutes enterbt wurden.« Ich lauschte, und als ich John ansah, hatte ich das Gefühl, mich in einem Traum im Traum zu befinden. Dann sagte er, als ob er zu mir heute sprach: »Du hast dich mit der Seele, die damals Karl der Große war, wieder angefreundet – in dem Leben, das du jetzt lebst.«

Ich versuchte, seine Worte zu verstehen. »Du meinst, ich habe ihn in meinem jetzigen Leben wieder getroffen?«

»Ganz sicher«, erwiderte er.

»Nun, wer ist es?«, wollte ich wissen.

Johns Augen strahlten gütig, aber auch verschmitzt. »Mein Kind, das wirst du wissen, wenn du in deinem Kampf mit dem Jakobsweg etwas weiter gediehen bist. Darum geht es ja dabei, nicht wahr?«

»Ich bin mir nicht sicher, worum es in diesem Augenblick der Zeit überhaupt geht«, sagte ich, »weil ich nicht einmal weiß, was die Zeit ist.«

»Genau«, meinte John.

Ich wusste nicht, wie ich weitermachen sollte – weder auf dem Weg noch in der Traum-Vision.

John sprach weiter. »Denk daran, dass der Weg es dir ermöglicht, dich daran zu erinnern, wer du bist. Du bist das Gefäß vieler Erfahrungen auf der Straße der Zeit. Wenn du weitergehst, dann gehst du in Wirklichkeit in dich – du würdest sagen, du bewegst dich in der Zeit zurück. Doch in Wahrheit versuchst du, nach vorn zu reisen, zum Anfang. *Ultreya*: Mutig voran, denn alle Wege führen zum Anfang. Einiges davon wirst du zu gegebener Zeit verstehen. Daher musst du weiterreisen auf deiner Straße, jenseits der Zeit, bis du die symmetrische Schleife des Verstehens durchlaufen hast und begreifst, was zuvor geschah. Alle Linien kehren in einer Schleife zurück zum Anfang.«

Ich spürte eine Brise in meinem Gesicht, und schaudernd kam ich zu mir. Ich sah mich um. Ich saß immer noch unter dem Baum und war allein. Ich war in Sicherheit. Weit und breit keine Presse. Ich sah auf meine Uhr. Zwei Stunden hatte ich in diesem Bewusstseinszustand verbracht. Ich stand auf, streckte mich und wanderte weiter, während ich meine Erinnerungen mit meinem kleinen Diktiergerät aufzeichnete.

Viele Stunden lang wanderte und diktierte ich. Ich wusste nicht, ob ich einen Traum, die Erinnerung an ein früheres Leben oder eine unterbewusste Anhäufung von Informationen aufzeichnete, die ich irgendwann einmal als Kind im Geschichtsunterricht gelesen hatte. Eins war jedoch sicher: Ich hatte noch nie von jemandem namens John der Schotte gehört. Erst nach meiner Pilgerreise forschte ich nach ihm. Informationen waren nur schwer zu finden, aber ein solcher Mensch hatte, laut ein oder zwei weniger bekannten Geschichtsbüchern, tatsächlich existiert und war als Geistlicher und Lehrer am Hof Karls des Großen tätig. Als ich über die Kriege entlang des Jakobsweg nachlas, fand ich nur die Schlacht von Roncesvalles. Allerdings gab es Hinweise auf einen riesigen Mauren, der einen Kampf Mann gegen Mann gegen einen vertrauensvollen und loyalen Soldaten Karls des Großen namens Roland geführt hatte. Roland hatte Bedeutung erlangt, weil er den Riesen tötete. Noch berühmter war jedoch die Geschichte vom Tod des Roland, der die Nachhut von Karls Armee während des Rückzugs bei Roncesvalles verteidigte. Roland musste sterben, weil er die Stadt Pamplona ohne die Erlaubnis von Karl dem Großen geplündert hatte. Das Horn, auf dem Roland um Hilfe geblasen hatte, hieß Olifant.

Die Heldensagen, die Geschichte, meine Traum-Vision, die anscheinend von John dem Schotten erzählt worden war, alles wirbelte in meinem Kopf herum, während ich wanderte. Was war real? Wer war Mike Flowers? War das der Grund, warum so viele Menschen den Jakobsweg beschritten? Wohnte diesem Weg auch ein innerer Geschichtsunterricht inne, nicht nur eine körperliche Erfahrung?

Als ich das nächste *Refugio* in Los Arcos erreichte, war ich erschöpft. In meiner Erinnerung ist es heute nur noch das »Fußmassagen-Refugio«, denn dort kümmerte sich ein Mann kostenlos um die Füße der Pilger. Er sagte, er verstehe die Bedeutung von Füßen: Zum einen leiden sie unter der Wanderung, zum anderen dringt die Energie der Ley-Linien des Jakobswegs durch die Meridiane der Füße in das Energiesystem des Körpers ein, weswegen die Pilger auch so große Selbsterkenntnis gewinnen. Er behauptete, große Einsichten aus den Energien zu erhalten, die er bei den Massagen freisetzte. Er war den Jakobsweg viele Male gegangen und wusste genau, was jeder ernsthafte Pilger durchmachte.

Als ich ihm erklärte, was mir gerade widerfahren war, nickte er nur, gar nicht überrascht, und riet mir, nicht meine geistige Gesundheit zu hinterzufragen, sondern weiterzugehen und alles zuzulassen, was geschehen wollte. Am Ende wird alles klar, meinte er. Mein Gespräch mit ihm war ein kostbares Geschenk, denn er versicherte mir, dass zwar nicht alle, aber doch eine große Anzahl von Menschen ähnliche Erfahrungen gemacht hätten, als ob sie sich für die Wirklichkeit der Wahrheit einer anderen Dimension geöffnet hätten. Wir diskutierten über das Wesen der menschlichen Spiritualität – wer wir waren und wer wir vielleicht einmal waren – sowie über die Möglichkeit einer Wirklichkeit in einer anderen Dimension, die aufgrund der alles verstärkenden Energie des Bodens, auf dem wir wanderten, in unsere Aufmerksamkeit rückte. Er meinte, der Jakobsweg stelle die Fähigkeit des Pilgers zu lieben auf die Probe. Unsere Vorfahren pflegten das Maskuline und das Feminine auszugleichen. »Wenn das Yin und das Yang verschmelzen, erhält man ein göttliches Begreifen davon, wer man in jeder Dimension ist«, sagte er. »Und soweit es die Füße betrifft, pflegten unsere Vorfahren ohne Schuhe zu wandern, denn sie verstanden, dass man durch die Fußsohlen das Wissen der Seele findet.« Der Reflexpunkt Sohle-Seele! Er erklärte mir außerdem die Heilung durch die Reflexzonenmassage, bei der man auf die Meridianpunkte der Füße leichten Druck ausübt, um blockierte Energien und blockierte Erinnerungen freizusetzen. Wird die Energie freigesetzt, vollzieht sich die Heilung. »Man könnte also sagen«, meinte der Masseur, »dass Gesundheit sich dann einstellt, wenn man um seine Erinnerungen weiß.«

Langsam begriff ich. Ich war jetzt auf spiritueller Wanderschaft.

Ich verbrachte eine friedliche Nacht im *Refugio*. Als ich aufwachte, sah ich ein Pärchen, das sich angeregt miteinander unterhielt. Wir stellten uns einander vor. Die Frau hieß Ali. Sie sagte, sie stamme aus San Salvador. Für den Jakobsweg hatte sie einen Trainingsanzug von *Gucci* gewählt, eine Kosmetiktasche aus Leder und rein auf Optik gestylte Turnschuhe aus irgendeinem eleganten Sportshop. Sie hatte dunkle Haare und dunkle Augen und trug eine Extratasche für ihre Lockenwickler bei sich, außerdem eine teure geräumige Umhängetasche. Die Frau war so amüsant wie ihre Garderobe. Ihr Begleiter war ein kleiner, untersetzter Mann, den sie mir als Carlos vorstellte.

»Carlos hat mich nach Spanien eingeladen, um mit mir einen Bummel zu machen«, erklärte sie. »Das ist anscheinend seine Vorstellung von einem lässigen Spaziergang um die Villa.«

Carlos kicherte. Er war Baske, und aus seinen abgehackten Körperbewegungen schloss ich, dass er andere gern herausforderte.

»Sie versteht es nicht, weil sie es nicht verstehen will«, erwiderte er.

Ali warf die Hände in einer dramatischen Geste in die Luft.

Es stellte sich heraus, dass die beiden vor 25 Jahren ein Liebespaar gewesen waren. Aber er schwängerte eine andere und beschloss, diese Frau zu heiraten.

Allerdings konnte er Ali nie vergessen und lud sie einige Jahre später nach Spanien ein. Ich weiß nicht, ob einer von beiden wirklich wusste, was sie auf dem Jakobsweg zu suchen hatten, aber im Grunde wusste das ja niemand. Sie waren eine Quelle der Belustigung und der Verärgerung für mich. Carlos war fest entschlossen, die Aufgabe, den Jakobsweg zu vollenden, als ernsthafter Pilger durch schiere Willenskraft zu bewältigen. Wie ich später erfahren sollte, winkte Ali dagegen oft einen Bus heran, wenn sie müde wurde. Obwohl sie viele Stunden wanderte, bevor sie den Bus nahm, bekam sie (in ihrem schicken Schuhwerk) niemals eine Blase. Carlos meinte, das liege daran, dass sie alles auf die leichte Schulter nahm; Ali war der Ansicht, sie habe einfach Glück.

Wie auch immer, wir gingen zusammen weiter. Das bedeutete, dass wir in Sichtweite voneinander marschierten und nur hin und wieder eine Unterhaltung führten. Für gewöhnlich trafen wir uns am Ende eines zehnstündigen Marsches über 25 Kilometer (fast 16 Meilen) in dem *Refugio* der nächsten Stadt oder des nächsten Dorfes. Carlos wirkte in seinen Bermuda-Shorts und den Stiefeln mit den roten Socken, mit seinem großen Wanderstab und dem autoritären, breitbeinigen Gang wie ein sonnenverbrannter Bergsteiger. Ali dagegen geriet irgendwie nie ins Schwitzen, selbst wenn sie einmal nicht den Bus nahm.

Erst nach einigen Tagen räumte sie ein, dass sie aus einer wohlhabenden Diplomatenfamilie stammte und im San Fernando Valley in Los Angeles wohnte!

Carlos war ein Mann weniger Worte, sagte meist nur »*No*«, »*No*«, »*No*« zu allem, was wir taten. Ali beschwerte sich ständig, milderte ihre Klagen jedoch mit ihrem fröhlichen Humor, indem sie hervorhob, wie verwöhnt sie doch sei und welchen Eindruck sie in einem *Refugio* erwecken musste, in dem nur das Notwendigste zu finden war, wenn sie ihre Haare aufwickelte und in ihrem Kosmetikkoffer nach ihrem Parfüm *Diva* wühlte. Carlos rollte mit den Augen und breitete seinen Schlafsack für Ali aus.

Vermutlich waren sie die Unterhaltung, die ich mir selbst in einer Umgebung geschaffen hatte, in der ich nicht nur mit meinem Wanderstab reden wollte.

Wenn Ali müde wurde und den Bus nahm, fragte mich Carlos zuvorkommend, ob er mir irgendwie helfen könne. Gemeinsam durchwanderten wir Torres del Río, Viana, Logrono, Navarrete und Nájera, eine Strecke von über dreißig Meilen.

In mehreren Städten versuchte die Presse, sich mir zu nähern. Carlos trat dazwischen, und mit Ausnahme der mittlerweile schon vertrauten Fotos konnten die Zeitungen nichts veröffentlichen. Ich sprach mit keinem einzigen Vertreter der Presse, und in der Zwischenzeit beschützten mich auch die Dorfbewohner. Einmal sah ich, wie sie einen Reporter in die andere Richtung schickten, während ich mich hinter einem Baum versteckte. Carlos genoss es sichtlich, als Wächter meiner Privatsphäre zu agieren, und ich wusste das auch sehr zu schätzen.

In Santo Domingo, hinter Nájera, zerrte sich Ali einen Muskel (immer noch keine Blasen) und war gezwungen, einige Tage in einem *Refugio* zu bleiben, während Carlos, der ebenso entschlossen Leistung erbringen wollte wie ich, einfach mit mir weiterging.

Alle paar Stunden sah ich jetzt große Schrauben am Wegesrand liegen. Sollte das bedeuten, dass ich eine Schraube locker hatte?

Es war nun schon mein zehnter Tag auf dem Weg, und ich hatte mich an den Schmerz gewöhnt. Ich versuchte, mich auf meinem Wanderstab so abzustützen, dass eine ungleichmäßige Belastung der Füße vermieden wurde. Ich hatte viele Fremde aus aller Welt getroffen und mit ihnen gesprochen, und ich versuchte, die Klimaveränderungen mit Gleichmut zu ertragen. Ich führte eine kleine Tasche mit homöopathischen Mitteln mit mir, die ich mit den Gästen in den *Refugios* teilte, welche an den unterschiedlichsten Beschwerden litten, und ich betete, dass ich die Wanderung nicht wegen einer Muskelzerrung oder Verstauchung beenden müsste. Wenn wir in den Ebenen marschierten, konnte die Temperatur an die vierzig Grad betragen; die Hügel waren kühler, und manchmal fiel die Temperatur an ein- und demselben Tag auf zehn Grad Celsius. Ich hatte meine Goretex-Jacke und die langen Hosen schon zurücklassen wollen, doch glücklicherweise hatte ich mich dagegen entschieden.

Mit Ali, Carlos und einigen neuen Freunden aß ich am Ende jeden Tages Salat, Wein und Brot. Für gewöhnlich fanden wir ein kleines Restaurant, nicht allzu weit vom *Refugio* entfernt. Wenn ich sie aus den Augen verloren hatte und allein in ein Dorf kam, musste ich - da ich kein kastilisches Spanisch spreche - noch einige Meilen weiterwandern, bevor ich ein *Refugio* fand. Die jungen Irinnen schienen sich immer entweder einige Tage hinter mir oder vor mir zu befinden. Stets erkundigten sie sich nach meinen Problemen mit der Presse, und ich sagte, es sei alles in Ordnung.

Doch eines Morgens, als ich in einem *Refugio* in irgendeinem der Dörfer zwischen Santo Domingo und Belorado eine kalte Dusche nahm (es gab niemals warmes

Wasser), zogen zwei Fotografen den Vorhang zurück und schossen einige Fotos. Ich schlug ihnen die Fotoapparate aus der Hand, hüllte mich in den Duschvorhang und schrie sie an, sofort zu verschwinden. Was sie auch taten. Ich erkannte, dass sich mein Problem mit der Presse zunehmend schwieriger gestalten würden. Es lag mir sehr am Herzen, die anderen Pilger nicht mit meinem Bekanntheitsgrad zu belasten, und doch wusste ich, wenn ich irgendwo eine Pressekonferenz abhielte, würden die Reporter dadurch erst recht ermutigt. Die spanische Presse war gnadenlos. Eine Berühmtheit sollte sich einen Kampf wie den mit dem Jakobsweg nicht aufbürden. Das verstand man dort nicht. Mir war klar, warum sie zutiefst neugierig waren, aber sie hatten keine Sensibilität dafür, was ihr historischer Pilgerweg für die Menschen bedeutete.

Die anderen Pilger wurden durch die Duschszene gestört. Ich war wie versteinert, zog mich rasch an und verließ das *Refugio* durch die Hintertür.

Ich wanderte allein, bis ich den gelben Pfeil entdeckte und mich auf einer viel befahrenen Nationalstraße wiederfand. Sie war auf dem alten Jakobsweg errichtet worden. Drei riesige Laster rasten von hinten auf mich zu. Als sie an mir vorüberfuhren, hätte mich der Sog fast umgeworfen. Mein neuer Hut wurde mitten in den Verkehr geblasen, und ich musste ihn notgedrungen zurücklassen. Ich konnte unmöglich stehen bleiben und meinen alten Hut aus dem Rucksack ziehen, also ging ich einfach weiter, während mir die Sonne ins Gesicht brannte.

Ich versuchte, meine Gedanken zu kontrollieren, damit ich keine Angst bekam. Ich dachte an Filme, neue Ideen für meine Bühnenshow, die Lederhandtasche, die ich mir kaufen würde, sobald ich wieder in Madrid war, an die Männer, mit denen ich zusammen gewesen war, an meine Tochter. Ich wusste nicht, welchen Tag wir hatten. Na ja, zumindest hatte ich in zehn Tagen zehn Pfund abgenommen. Was für eine Diät!

Dann erinnerte ich mich daran, was mir ein großer Lehrer einmal über die Angst gesagt hatte: »Frage dich nie, wovor du dich fürchtest - frage dich vielmehr, was dir Sorgen macht. Ein Gedanke der Angst, der gedacht wird, wird zurückkehren, denn alle Energie kehrt zum Absender zurück. Jede Energie dreht stets eine Schleife, bis sie wieder zur Quelle kommt. Auch ein Gedanke an das, was dir Sorgen macht, wird zurückkehren. In diesem Moment erkenne, warum du dir Sorgen machst.«

Ich versuchte es. Ich dachte: »Warum bin ich in diesem Augenblick besorgt?« Sofort wusste ich die Antwort. Ich war besorgt, dass mich ein vorbeifahrender Lastwagen verletzen oder gar töten konnte. Ich erinnerte mich an all die Gelegenheiten, in denen ich im Scherz gesagt hatte: »Hört mal, sollte ich zufällig von einem Laster überrollt werden...« Meine Worte mochten auf dieser spanischen Landstraße durchaus auf mich zurückfallen. Nur wenige Pilger erlitten dieses Schicksal, aber ich konnte deutlich sehen, wie es dazu kommen konnte.

Doch dann fiel es mir wieder ein: Ich hatte auch mit dem Tod abgeschlossen, bevor ich diese Pilgerreise antrat.

Ja, wenn nötig, dann war ich bereit zu sterben.

Sofort kam mir der nächste Gedanke: Selbst wenn ich den Körper verließ, würde ich nicht sterben. Darüber hinaus erinnerte ich mich an die Traum-Vision unter dem Baum. Mir schien, dass ich an einem anderen Ort und zu einer anderen Zeit am Leben war und einen anderen Körper hatte.

Ich wanderte mühsam weiter, begann mich aber langsam zu entspannen. War das Sterben nur der Übergang zu einem anderen Seinszustand, bis man beschloss, wieder geboren zu werden? Genau das war meine Überzeugung. Jetzt war ich in der Lage, diese Überzeugung emotional auszutesten.

Ich entspannte mich noch mehr. Die sengende Sonne verbrannte mein Gesicht, aber die Lastwagen schienen mir plötzlich nicht mehr ganz so nahe zu kommen.

Ich dachte darüber nach, wie jeder von uns sich mehr mit seinem Körper als mit seinem Geist identifiziert. Ich wusste tief in meinem Herzen, dass ich ein Seelenwesen war, das eine körperliche Erfahrung durchlebte, kein rein körperliches Wesen, dessen Seele bei seinem »Tod« sterben würde. Das *wusste* ich einfach.

Warum hatte ich mich vor meiner spirituellen Suche nur für ausschließlich körperlich gehalten? Das hatte mir die christliche Religion beigebracht. Meine Religion behauptete nämlich, dass die Seele kein früheres Dasein kennt. Wenn meine Seele nicht unabhängig von meiner körperlichen Form existieren kann, dann ist, so die christliche Religion, meine menschliche Perspektive an meine körperliche Identität gebunden – ich werde als Körper geboren und kämpfe darum, spirituell zu werden. Stattdessen sollte ich lieber meine wahre Natur erkennen, und die besagt, dass ich im Grunde eine Seele bin, die beschlossen hat, eine körperliche Erfahrung zu durchleben.

Meine Religion sagte auch, dass meine Seele und mein Körper sich nach der Wiederauferstehung neu vereinen werden und dass ich daher ohne meine Körperlichkeit nicht komplett bin. Es heißt, dass alles aus der Materie entsteht. Infolgedessen entwickelte ich nicht nur eine

Bindung an meinen Körper, der mir meine Identität gab, sondern auch zu den materiellen Dingen meiner Umgebung, die mir in einer materiell orientierten Welt gesellschaftlichen Status und persönliche Wertschätzung vermittelten.

Mir wurde nun klar, wie der Materialismus auf die Welt kommen konnte. Er entstand aus einer Entfremdung von Geist und Seele. Der Materialismus führt in uns Menschen auch zu spiritueller Lethargie, weil wir uns mehr um unser physisches Umfeld kümmern als um die Bedürfnisse unserer Seele.

Selbst unsere Regierungssysteme sind dadurch entstanden, dass wir uns dem Geist entfremdet haben. Regierungen bestimmen den Fluss des materiellen Wohlstands, von Gütern und Dienstleistungen, sowie die Kontrolle der Natur; sie manipulieren unsere Umweltressourcen und treffen Entscheidungen, die aus spiritueller Erkenntnis stammen sollten, nicht aus wirtschaftlichen Überlegungen. Die Wirtschaft und die Manipulation materieller Ressourcen (Geld, Aktien, Fonds, Banken, Versicherungen und so weiter) diktieren, ob man zum wichtigen Teilnehmer an den Entscheidungsprozessen von Kultur und Gesellschaft wird. Alles richtet sich danach, was man zusammengehäuft hat und ob man ein wichtiger Konsument ist. Deshalb manipuliert der Materialismus maßgeblich unsere Wertmaßstäbe. Das wiederum beeinflusst das Verhalten der Menschen. Es ist nicht falsch, Wohlstand oder Dinge anzusammeln oder sich seines Körpers bewusst zu sein, es sei denn, man wird süchtig danach und vernachlässigt darüber die Anerkennung des Geistes. Wenn die eigene Identität nur auf Körperkult und das Anhäufen von Reichtümern verwendet wird, dann nimmt das Einfluss auf unser Verhalten und somit auch auf die Entscheidungen, die wir in unserem Leben treffen.

Die Angst, seinen Wohlstand und seinen Körper zu verlieren, ist die Folge der Entfremdung von der eigenen Seele. Und diese Angst hemmt das Wachstum der Seele, dem eigentlichen, einzigen Grund, weshalb wir überhaupt hier auf dieser Erde sind. Wenn die Seele zu Materie wird und sich mehr mit der Materie identifiziert als mit ihrem ursprünglichen Seinszustand, dann entsteht Materialismus. Die Kirche hat diese Identifizierung stets verstärkt, indem sie behauptet, es gäbe kein früheres Dasein.

Hier schleppte ich mich über eine Landstraße, die ein Beispiel für den Materialismus war, und sehnte mich nach einem leichteren Rucksack – und das in einer Landschaft, die arm war und doch mehr Kirchen pro Kopf besaß als jeder andere Ort. Hatte ich mir nicht eine Offenbarung auf dem Jakobsweg gewünscht? Hier hatte ich eine grandiose Offenbarung!

Ich hatte Nordspanien nun fast zur Hälfte durchquert. Ich hatte Freundschaften geschlossen, konnte mühelos in *Refugios* schlafen, hatte mich unter die anderen Pilger gemischt und fühlte mich beim Wandern friedvoll und nachdenklich. Mein Körper schmerzte, aber ich hatte mich angepasst.

Meine »Traum-Visionen« wurden intensiver, manchmal so sehr, dass es mich in Panik versetzte, aber nur, weil sie sich so real anfühlten. Die Vorstellung, dass ich eine Wahrheit nicht bemerkt habe oder ich ihr gegenüber unachtsam war, hat mir noch nie gefallen.

Da die Presse mich verfolgte, fühlte ich mich nicht nur in meiner Privatsphäre bedrängt, sondern sah mich auch in einem Rennen gegen die Zeit. Ich beschloss, am vierten Juli in Compostela anzukommen. Dann hätte ich den Jakobsweg in dreißig Tagen geschafft. Für mich wäre das ein Symbol meiner Befreiung als Amerikanerin.

Irgendwie hatte ich den Rat meiner Freundin Anna Marie, mir vierzig Tage Zeit zu nehmen, völlig vergessen – verloren in dem Labyrinth, der Presse zu entgehen und die Suche und Motivation der anderen Wallfahrer nicht zu stören. Ich wollte ihnen nicht meine Last aufbürden, und doch war mir klar, dass ich dabei auch meinem zwanghaften Leistungsdruck erlag.

Das Geisterdorf Foncebadón, in dem die Hundemeuten lauerten, hatte ich noch nicht erreicht, und die Aussicht auf dieses Ereignis war mir stets gegenwärtig. Möglicherweise stellte der nächste Vorfall eine Vorahnung dar.

Ich wanderte allein in den Bergen. Ali, Carlos und die Irinnen waren entweder Tage hinter oder vor mir. Ich war tief in einer Traum-Vision über mein früheres Leben als junge Maurin versunken. John der Schotte war wieder bei mir und machte mir die Bedeutung der Bilder in meinem Kopf klar.

Ich befand mich wie zuvor am Hof Karls des Großen und grübelte über alte Manuskripte nach, die mit den Konstellationen der Sterne und deren Wirkung auf das menschliche Verhalten zu tun hatten. Karl der Große war ein Mann, der glaubte, er müsse nicht nur die Gezeiten, sondern auch die Sterne kontrollieren. Er war ein unersättlicher Eroberer zum Wohle seines Papstes. Gemeinsam wollten sie das Schicksal der bekannten Welt für Christus in die Hand nehmen.

John der Schotte war bei uns. Plötzlich sagte John zu mir: »So, du möchtest also die Identität deines Königs in deinem jetzigen Leben erfahren?«

»Ja«, erwiderte ich.

»Schau dir sein Gesicht genau an, dann wirst du es sehen.«

Ich sah in das Gesicht des Eroberers. Langsam veränderte es sich, bis es die Gesichtszüge eines Menschen annahm, den ich kannte. Das Wiedererkennen erschreckte mich. Dann überschattete eine andere Stimme den Anblick des Gesichts, denn er sprach zu mir. »Ja«, sagte er. »So siehst du mich wieder.«

Es waren das Gesicht und die Stimme von Olof Palme, dem schwedischen Premierminister, mit dem ich eine Liebesaffäre hatte und den ich in *Zwischenleben* als britischen Politiker der Labour-Partei beschrieben habe. »Ich wollte die Welt immer zum Besseren verändern«, meinte er leise. »Ich habe das zu allen Zeiten versucht, als ich dich kannte. Du hast mich inspiriert, und doch konnte ich dich wegen der gesellschaftlichen Auswirkungen nie ganz in meinem Leben akzeptieren.«

Palme war verheiratet gewesen, als ich mit ihm zusammen war. Er wurde von einem Unbekannten ermordet, was zu wilden Gerüchten führte, beispielsweise dem, sein Mörder sei ein muslimischer Waffenhändler gewesen. Palme war ein Mann von außerordentlicher Intelligenz, und er hat entscheidend zur Schlichtung der Probleme zwischen den nördlichen und südlichen Ländern in der Welt (wie er sie nannte) beigetragen. Er war Sozialist, aber ein starker Befürworter der Demokratie. Wenn er weitergelebt hätte, wäre es ihm sicher gelungen, ein sozialistisches Wirtschaftssystem mit demokratischen Prinzipien zu verschmelzen. Er war mit einer Kommunistin verheiratet und glaubte, dass einerseits der Kapitalismus zu üppig wucherte, der Kommunismus andererseits jedoch das freie Denken unterdrückte. Er war einfühlsam, flexibel und glaubte fest, dass ein einziger Mensch gewaltige Veränderungen herbeiführen könnte. Als ich ihn das letzte Mal sah, erzählte er mir, dass er nach seiner Amtszeit als Premierminister gern die Aufgabe des UN-Generalsekretärs übernehmen würde. Wenn dieser Fall eintreten sollte, würde er in New York leben, und wir könnten mehr Zeit miteinander verbringen. Ich drängte ihn nie zu einer Heirat, weil ich mir nicht sicher war, ob ich das selbst überhaupt wollte. In einem war ich mir jedoch sicher: dass er ein Mann war, mit dem ich glücklich werden könnte. Wir passten in jeder Hinsicht zusammen, und er befriedigte mich intellektuell und emotional. Es gab jedoch ein Problem: Er war paranoid, was die Presse anging, und machte sich große Sorgen, was unsere Beziehung für seine Machtstellung bedeuten könnte. Wie es das Karma so wollte, wurde er erschossen, als ich gerade die Fernsehdokumentation von *Zwischenleben* in Peru drehte. In dem Augenblick, als er getötet wurde, traf ich mich mit einem peruanischen *Brojo* (Medium). Der *Brojo* hielt diverse Gegenstände in seinen Händen, die seiner Hellsichtigkeit förderlich waren, darunter einen kleinen silbernen Stern. Der Stern fiel durch seine Finger. Der *Brojo* sah zu mir auf und verkündete: »Jemand, der Ihnen wichtig ist, ist gerade von uns gegangen.« Ich hatte keine Ahnung, was er damit meinte, bis ich am nächsten Tag eine peruanische Zeitung aufschlug, mit allen Details.

Jetzt saß ich vor dem gewaltigen Kamin und sah zu dem Gesicht des Königs auf, während wir uns über die Sterne unterhielten. Ich spürte, wie ein Schauder durch mich lief. John der Schotte sprach: »Siehst du, mein Kind, ihr beide habt ein gemeinsames Schicksal. Wenn er eure Beziehung in einer der Inkarnationen vor den Augen der Gesellschaft anerkannt hätte, dann hätte das möglicherweise seine Sehnsüchte Wirklichkeit werden lassen. Persönlicher Mut in der Liebe zu einem anderen Menschen ist ebenso wichtig wie der Mut, die Gesellschaft zu verändern. In dem Wissen, wer ihr beide seid, besitzt du die Disziplin und den Mut, den Plan, den du für dich gefasst hast, auszuführen. Er konnte seinen Weg nicht klar genug sehen, um zu verstehen, dass alles im Selbst beginnt. Ohne ein Verständnis für sich selbst und alles, was damit zusammenhängt, kann man nicht in Einklang mit dem gewählten Schicksal leben.

Sein Schicksal hat darin bestanden, die sozialistischen Staaten nach deren Zusammenbruch zu stabilisieren. Er hätte neue Paradigmen von Sozialismus und Freiheit entwerfen können. Er hätte die sozialistischen Länder vereinen können, die sich nach persönlicher Freiheit sehnten – und das auf eine Weise, die funktioniert hätte.«

Ich starrte in das Gesicht des Königs und hätte beinahe gelacht. All das war viel zu ehrfurchtgebietend, und doch schien es angemessen. Palme hatte vor mir schon andere Frauen gehabt, und das hatte ihm nie Probleme bereitet. Doch diese Frauen waren alle Intellektuelle. Meine spirituellen Neigungen zog er gern ins Lächerliche, und er versuchte sanft, meine Überzeugungen und Fragen zu untergraben, während er jedoch gleichzeitig verstand, dass sie etwas an sich hatten. Ich genoss die Polarität, hatte aber immer das Bedürfnis, ihn zu warnen, dass er den Kontakt zu einer fundamentalen Wahrheit verloren hatte, was am Ende zu seinem Untergang beitragen würde. Ich wusste nie, wie ich das gemeint hatte – bis jetzt. Als Palme starb, war ich am Boden zerstört.

John fuhr fort: »Die größte Liebe besteht darin, die Folgen zuzulassen, die sich aus dem freien Willen des Partners ergeben.«

Ja, intellektuell verstand ich das, es jedoch emotional zu erfassen war etwas völlig anderes.

Die Traum-Vision verschwand. Ich wanderte weiter und dachte an die Synchronizität in der Welt. Es schien wahr zu sein, dass man sie überall entdecken konnte; jeder Augenblick war eine Erinnerung an die Gesetze von Ursache und Wirkung. Ich erinnerte mich, dass Palme, der an die Trennung von Kirche und Staat glaubte, verantwortlich dazu beigetragen hatte, das tägliche Morgengebet in den schwedischen Schulen abzuschaffen. Ironischerweise hatte er dadurch der gleichzeitigen kollektiven Meditation aller schwedischen Kinder ein Ende bereitet (ganz Schweden liegt in derselben Zeitzone). Er war außerdem Atheist gewesen. Hatte er sich selbst der göttlichen Quelle entfremdet und musste somit unter den Folgen leiden?

Wenn er der schwedischen Presse sein Privatleben und seine innere Verwirrung gestanden hätte, wäre die Presse dann in der Lage gewesen, das zu akzeptieren? Ich wanderte weiter, völlig vertieft in meine Gedanken. Ich war mir nicht einmal bewusst, dass ich mich fortbewegte, als ich mich plötzlich wie aus dem Nichts von einer Fernsehcrew und einer Reporterin umzingelt sah.

Sie schob mir ein Mikrofon vor das Gesicht.

Ich war dermaßen geschockt, dass mir der Atem stockte, doch dann verwandelte sich mein Schock in Wut. Ich schlug die Kamera zu Boden und drehte mich zu der Frau.

»Was zur Hölle wollen Sie?«, verlangte ich zu wissen. Sie meinte völlig ungerührt: »Könnten Sie unserem Publikum bitte mitteilen, ob Sie Katholikin geworden sind, und wenn nicht, warum Sie den Jakobsweg beschreiten?«

Wie ein in die Enge getriebenes Tier warf ich ihr Sachen an den Kopf, die selbst mein wortgewaltiger Vater sich nicht hätte ausdenken können. Ich bedachte sie mit allen Schimpfnamen, die es gab, und endete mit: »Ich hasse Sie und alles, wofür Sie stehen.«

Die Frau wandte sich ab, versuchte, die Tränen zurückzuhalten. Dann ging ich auf die Kameraleute los, die verzweifelt versuchten, meinen Ausbruch im Bild festzuhalten. Ich stürzte mich auf sie, und sie rannten davon.

Das hielt mich nicht auf. Ich war unerbittlich. Ich nahm einen kleinen Felsbrocken und verfolgte sie den Berg hinauf, wobei mein Rucksack auf und ab hüpfte. Die Frau blieb unten stehen, mit Tränen auf den Wangen und weit geöffnetem Mund.

Die Crew, die aus drei Männern bestand, floh weiter vor mir. Ich jagte hinterher. Ich konnte nicht glauben, was ich da tat. Wie eine wütende Fünfzehnjährige stürzte ich mich auf den Schulschläger. Als ich auf den Gipfel des Berges gelangte, warteten sie dort auf mich. Ich wusste, dass die Kamera lief, aber das war mir egal. Ich warf den Stein auf sie, in der Hoffnung, die Kamera zu zerstören, aber irgendwie war eine zweite Kameracrew verständigt worden, und sie bekamen ihre Aufnahmen.

Auf dem Gipfel des Berges lag ein kleines Dorf. Ein Hotelbesitzer sah die Szene vor seinem Haus, verjagte die Fernsehcrew und führte mich in sein Gasthaus. Meine Lungen schmerzten von der Anstrengung, die mir in der dünnen Luft den Atem raubte. Ich konnte nicht sprechen. Er lotste mich in ein abgelegenes Zimmer, brachte mir Tee, und nachdem er sich vergewissert hatte, dass es mir gut ging, ließ er mich allein.

Was war gerade geschehen? Die Reporterin betrieb »Hinterhalt-Journalismus«, aber ich glaubte, dass sie auch wirklich wissen wollte, was ich auf dem Jakobsweg zu suchen hatte. Bei genauerer Betrachtung tat sie mir Leid. Ich hatte sie mit meinen Worten förmlich zu Boden geschleudert, selbst wenn sie nur die Hälfte von dem verstand, was ich sagte. Ich erinnerte mich an ihre Tränen, als ich brüllte: »Ich hasse Sie.«

Die Männer hatten jedoch über mich gelacht, als ich sie den Berg hinauf verfolgte, und das hatte mich fuchsteufelswild gemacht. Sie wussten, ich war doppelt so alt wie sie und hatte auch noch einen Rucksack zu schleppen. Sie wussten auch, dass die Story mehr hergeben würde, wenn ich wütend war. Ich hatte sie für ihre Gefühllosigkeit verachtet und wollte erst aufhören, wenn ich sie irgendwie verletzt hätte. Ich wusste, sie würden zuletzt lachen, wie es bei der Presse für gewöhnlich der Fall ist, aber ich konnte mich einfach nicht bremsen. Mangelnde Fairness war etwas, für das ich immer auf die Barrikaden ging. Und das tat ich auch in diesem Fall. Die Szene wurde an diesem Abend im Fernsehen gezeigt, aber zu meiner Genugtuung waren die Aufnahmen ziemlich verwackelt.

Ich sah mich in dem kleinen Zimmer um, entdeckte ein Bett und legte mich hin. Nach ein paar Minuten kam John der Schotte zu mir.

»Na, Mädel«, sagte er. »Die Pressehunde haben deine Geduld ganz schön strapaziert, nicht wahr?«

»Ja«, erwiderte ich verdrossen.

»Du hast es ihnen ordentlich gegeben, oder nicht?«

»Ja, vermutlich.«

»Tja, du hast einfach ihre Sprache gesprochen, nicht wahr?«

»Habe ich das?«, wollte ich wissen.

»Aber sicher«, antwortete er. »Sie haben dich angeknurrt, um deine Wahrheit auf die Probe zu stellen, genauso wie es Hunde zu tun pflegen. Du hast Angst vor den Hunden auf dem Weg, nicht wahr?«

»Ja.«

»Nun, erinnere dich, wie du mit der menschlichen Version umgegangen bist. Hunde besitzen große Einfühlsamkeit, und sie können sich nicht vorstellen, dass Menschen diese nicht teilen. Wenn du knurrst, sprichst du in ihrer Sprache. Wenn sie knurren, ist das eine Einladung, sie zu verstehen. Hunde mögen es nicht, wenn man unehrlich zu ihnen ist. Auch der Presse gefällt das nicht. Sie werden sich an deine Fersen heften, bis du dich ihnen stellst. Und wenn du Angst mit Bösartigkeit *kombinierst*, wird dich diese Kombination auffressen.«

»Habe ich mich diesen Presseleuten gegenüber bösartig verhalten?«, erkundigte ich mich.

»Nein«, meinte er. »Du warst wütend, weil sie unfair waren. Mangelnde Fairness ruft ein Ungleichgewicht im Leben hervor. Die Frau war verletzt, aber sie muss lernen, ihre Fragen auf faire Weise zu stellen. Du, mein Kind, solltest dein Temperament zügeln. Aber du hast auch schottisch-irische Wurzeln, nicht wahr?«

»Ja«, sagte ich und musste lächeln.

»Nun, Schotten und Iren sind die Meister des Leidens. Sie explodieren leicht, weil sie so tiefe Gefühle hegen. Ich werde dir den schottisch-irischen Charakter später ausführlicher erklären, aber im Moment lerne einfach die Geschichte der Hunde und der Presse auf dem Jakobsweg zu begreifen.«

»Wie meinst du das?«, fragte ich und wusste beinahe, dass er etwas Schockierendes zu sagen hatte.

»Die Seelen, denen du heute begegnet bist, waren in alter Zeit Soldaten, die Menschen nachspürten und sie folterten, bis sie sie dazu ›gepresst‹ hatten, zum Christentum zu konvertieren. Sie konzentrierten sich vor allem auf die Mauren, die in ihren Augen Ungläubige waren. Dasselbe tun sie heute noch. Einige der Grausamsten und am meisten in die Folter Vernarrten sind als Hunde zurückgekehrt; doch kommt dieses Schicksal nur äußerst selten vor. Sie sind zurückgekehrt, um die Orte ihrer Untaten heimzusuchen und die Ehrlichkeit der Menschen auf die Probe zu stellen. Genau das wirst du in Foncebadón finden. Du hast heute gelernt, wie man mit ihnen umgeht.«

Ich konnte nicht verstehen, inwiefern es mich schützen sollte, wenn ich sie anknurrte.

»Das wirst du schon noch sehen, wenn du dort ankommst. Die Hunde und die Presse halten sich für die Meister der Wahrheit.«

Ich seufzte und sagte nichts.

»Noch eines«, fuhr John fort, »dein Interesse am Islam stammt aus deinen Erfahrungen auf dem Jakobsweg als junge Muslimin. Es ist eine gute Perspektive, um deine Sorgen angesichts des islamischen Fundamentalismus in der heutigen Welt zu prüfen.«

John der Schotte entwich meiner Traum-Vision. Ich lag auf dem Bett und dachte an tollwütige Hunde, tollwütige Presseleute und tollwütige Fundamentalisten: christlich, islamisch und sonst wie.

Der uralte Hass zwischen den Religionen bereitet mir tiefen Kummer. Ich habe die Prophezeiungen gelesen, die behaupten, der Islam werde in der Welt zu großer Zerstörung führen. Von Nostradamus über Edgar Cayce bis hin zu der Interpretation der biblischen Offenbarung wird die Anwesenheit des Islam mit dem Ende der Welt, wie wir sie kennen, in Verbindung gebracht. Ist das möglich? Und wenn ja, wie?

Werden sich die muslimischen Albaner irgendwann in der Zukunft gegen den Westen wenden? Der Islam ist die sich am schnellsten ausbreitende Religion der Welt, wird es folglich eine stumme Revolution innerhalb der christlichen Länder geben? Werden sich die muslimischen Länder gegen Israel verbünden und uns dazu bringen, Israel zu Hilfe zu eilen und somit das Weltende, das Armageddon einläuten? Werden China und der Iran sich vereinen und Nuklearwaffen gegen den Westen einsetzen, wie es einige Prophezeiungen vorhersagen?

Jede Religion scheint ihren eigenen Kreuzzug zu führen. Werden wir den muslimischen Kreuzzug auf eine Weise erleben, die das Ende der uns bekannten Welt bedeutet?

Ist all das Leiden in der Welt die Folge des Karma, das die menschliche Rasse sich selbst auferlegt hat? Ist das der Grund, warum wir in uns gehen müssen, um unsere wahre Identität in allen Zeitperioden zu finden? Wenn wir wissen, wer wir sind, kennen wir unsere ureigenste Freude und Leid. Sobald wir das anderen gegenüber zugeben, können wir die Fesseln des Karma lösen und uns weiterentwickeln.

Als ich über diese Fragen, auf dem Bett liegend, nachdachte, kam John wieder herein und hielt mir einen Vortrag über das Karma:

Die Erfüllung und die Auflösung des karmischen Gesetzes lautet wie folgt: Ein Tropfen Freude ist so kraftvoll, dass er Sorge in Mitgefühl verwandeln kann. Das ist die Fähigkeit, von dir selbst zu geben, in dem Wissen, dass alles, was du gibst, zu dir zurückkehrt und dein Leben und das der Menschen um dich herum verbessert. Ein Tropfen Freude plus Mut wird zu Leidenschaft, die dich befähigt, wirksam zu handeln, ohne nachzudenken. Ein Tropfen Freude plus Disziplin wird zu Mitgefühl, der Fähigkeit zu wissen, dass deine eigenen Emotionen und auch alle Emotionen um dich herum real sind und dies dein Gottesbewusstsein wieder-

herstellt. Wenn du dir den Energiegehalt aller Dinge klar machst, wirst du verstehen, dass Gott in allen Dingen wohnt. Das ist die Vereinigung der oberen und unteren Chakras, bei der du das Maskuline und das Feminine in dir selbst ehelichst – den Gott und die Göttin in dir. Das Gesetz des Karma ist nicht die Wiederkehr von Ereignissen, sondern vielmehr die Rückkehr zur eigenen Seele. Wenn du die Gotteserkenntnis erlangst, wird deine Fähigkeit, durch alles hindurchzuschreiten, erneuert. Deine Unfähigkeit, dich zu bewegen, ist die Definition von Trauer. Wenn du dich selbst aller Trauer entledigst, befähigst du dich, die nächste Ebene der Freude zu empfangen.
Der heilige Gral kann uns hier als Beispiel dienen. Er ist wie jeder andere Kelch, nur dass sein wahrer Wert in seiner Leere besteht. Freude stellt sich ein, wenn der Kelch der Trauer geleert wird. Daher liegen die Freuden der Trauer auf dem Jakobsweg in der Neuentdeckung deiner eigenen Seele... Die Menschheit hat also die moralische Pflicht, nach Freude zu streben.

John verschwand aus meinem Kopf, und so gut ich eben konnte, zeichnete ich auf, was er gesagt hatte.

Dann legte ich mich wieder hin und dachte darüber nach.

Ich spürte, dass der Mut, vorwärts zu gehen, sich irgendwo in meinem Herzen befand. Das konnte ich körperlich spüren. Das Gefühl des Mutes wohnte nicht in meinem Verstand. Es war ein Herzensgefühl, und es gab mir die Gewissheit, den Verstand, den Körper und den Geist zu besitzen, um alles zu tun. Und auch den Mut, der mich befähigte, mich vorwärts zu bewegen, indem ich in mich ging.

Ich musste an ein Haus denken, das lichterloh brannte, und ich befand mich darin. Der einzige Ausweg führte durch die Flammen. Ich erlebte diese Reise durch die Flammen. Eine wichtige Emotion war die Fähigkeit, Sorge zu verspüren. Wann immer ich Sorge empfand und dann nicht handelte, wurde ich wütend. Wenn ich den Beschluss fasste, in mich zu gehen, konnte ich die Wut in Mut verwandeln und somit vorwärts schreiten.

Die Menschen in den Autos auf der Landstraße, die »*Ultreya*!« riefen, gaben mir den Mut, in mich zu gehen. So bestand die wahre Disziplin nicht in der Konzentration des Willens, alles andere auszuschließen, sondern vielmehr in der Fähigkeit, in mich zu schauen und das zu empfangen, was bereits mir gehörte – FREUDE.

Ich dachte daran, wie ich hinter der Kameracrew den Berg hinaufgestürmt war. Der Berg verkörperte den Kristallisationspunkt meines wütenden Willens.

Symbolisch gesehen wird letztendlich alles vom Berg ins Tal hinunterrollen. Alles strömt ins Tal. Alles, was ich tun musste, war, ein Tal zu werden, um das zu empfangen, was bereits mir gehörte. Mit anderen Worten: Ich musste mich unterordnen – dem Wissen unterordnen, dass in mir selbst das Gleichgewicht von maskulin und feminin lag, dass in mir auch die Fähigkeit steckte, Freude zu finden in allem, was geschah. Das ganze Leben war eine Lektion in Selbsterkenntnis. Je mehr Wissen wir über uns selbst gewinnen, desto mehr sind wir in der Lage, mit allem umzugehen.

Die heutigen Führungspersönlichkeiten in dieser Welt sind ein gutes Beispiel dafür. Jeder von ihnen leidet an einem Mangel an Selbsterkenntnis. Aus diesem Grund handeln so viele von ihnen auf eine Art und Weise, die destruktiv ist. Sie sind in Wirklichkeit *selbst-zerstörerisch* und zerstören nicht nur sich selbst, sondern auch die Menschen, die sie führen – Clinton, Milosevic, Osama Bin Laden, die Mullahs im Iran, die chinesischen Führer und so weiter. Führende Persönlichkeiten, die eine Zeit lang im Gefängnis in Einzelhaft verbracht hatten – beispielsweise Gandhi oder Nelson Mandela – konnten so viele ihrer inneren Konflikte lösen, weil ihnen Isolation aufgezwungen worden war. Und sie alle sagten, es sei die wichtigste Zeit ihres Lebens gewesen. Heute nehmen sich viele nicht die Zeit für eine Innenschau, daher der Zustand der Welt, die am Rand der Katastrophe steht. Zweifelsohne haben die normalen Menschen überall auf der Erde nicht die Zeit für eine Innenschau, weil sie aufgrund des allzu üppig wuchernden Materialismus im Überlebenskampf gefangen sind. Die Menschen dieser Welt scheinen in einer Tretmühle des Überlebens gefangen; sie ignorieren die Freuden der Evolution, die nur dann entstehen können, wenn wir uns Zeit nehmen und in Erfahrung bringen, wer wir sind.

Ich wollte nicht, dass mir das noch länger so erging. Es war schon so, wie der Dichter Yeats gesagt hatte: »Die einzige Reise, die es wert ist, angetreten zu werden, ist die Reise nach innen.« Wenn die Reise nach innen offenbarte, dass ich zu unterschiedlichen Zeiten das Leben unterschiedlicher Menschen gelebt hatte, dann sollte es so sein. Zumindest stand mir alles zur Verfügung, was nötig war, um das persönliche Schicksal zu erfüllen, in das ich geboren worden war.

Ungefähr nach der Hälfte des Jakobsweges fiel mir auf, dass die *Refugios* nicht mehr ganz so voll waren. Gaben schon die ersten Pilger auf?

Die Leute wurden härter, aggressiver und respektierten einander weniger.

Drei Betrunkene folgten mir aus einer Bar, in der ich Orangensaft gekauft hatte. Ich drehte mich um und starrte sie einfach an. Sie gingen fort. Einige kleine Mädchen rannten mir nach und baten mich um ein Autogramm. Ich unterschrieb und zog meines Weges.

Auf den Straßen der Städte, die ich durchquerte, konnte man kaum etwas hören; zu viel Lärm von Autos, Unterhaltungen und Streitgesprächen.

Meine Hände waren eingerissen und rot, mein Gesicht schälte sich wegen eines Sonnenbrandes, und der Rucksack fühlte sich an, als ob er mindestens eine Tonne wog. Ja, es war schon besser, mit nichts zu gehen.

Wenn ich morgens etwas aß, war ich den ganzen Tag hungrig. Also aß ich meinen Joghurt, meine Nüsse und mein Obst erst am Nachmittag. In den Dörfern und Städten waren wegen der Siesta ohnehin alle Läden geschlossen.

In allen Dörfern waren die Brunnen stets malerisch und einladend. Ich füllte meine Wasserflasche in dem Wissen, dass ich bis zum nächsten Brunnen nun genug zu trinken hatte.

Ali nahm immer häufiger den Bus, und Carlos wurde

schwierig. Einmal bat ich Ali, meinen Rucksack zum nächsten Dorf mitzunehmen. Doch ohne das Gewicht auf meinem Rücken stolperte ich sofort, war nicht mehr zentriert und verlor mein Gleichgewicht. Ich hatte keine Kontrolle über mein Gehvermögen, und es fiel mir seltsam schwer weiterzuwandern. Ohne die Last des Rucksacks spürte ich die Freiheit, mir Wut auf einige Menschen in meinem Leben zu gestatten. Es gab unerledigte Angelegenheiten mit ihnen, auch mit einigen Familienangehörigen, und ich erlaubte mir, einige dieser Angelegenheiten unter die Lupe zu nehmen. Ich erkannte, auf welche Weise ich zu diesen Konflikten beigetragen hatte. Und mir wurde klar, dass jeder Mensch ein Spiegel und Lehrer für mich gewesen war, damit ich mich selbst besser kennen lernen konnte. Genau das tun Familienangehörige füreinander. Familien lassen jedem ihrer Mitglieder eine formelle Erziehung angedeihen, bevor diese die Welt betreten. Und ich glaube, dass jedes Familienmitglied sich die Familie, in die es geboren wird, *frei auswählt*, um die anderen zu unterstützen. Daran wollte ich von nun an denken, sobald ich wieder zu Hause war und es zu einem Streit voller Emotionen und unausgesprochener Gefühle kam.

Die Bauern entlang des Weges unterhielten sich entmutigt über den Preis für Weizen und den Mangel an Regen.

Ich spürte das Energiefeld des Jakobswegs, als ich von Belorado nach Villafranca wanderte. Schmetterlinge flatterten um mich herum. Sie waren lila und rosa und weiß und schwarz und orange und gelb. Ich musste daran denken, wie sie als Raupen herumgekrabbelt waren, bevor sie so frei und wunderschön wurden. Sie waren fröhlich und eröffneten allen, die sich für sie begeisterten, ein Bild der Schönheit. Ich fühlte mich dagegen immer noch wie eine Raupe. Wann würde ich zum Schmetterling?

Jeden Tag wanderte ich ungefähr 22 Meilen. Ich spürte eine sanfte Magie, fast zu sanft, um sie zu bemerken. Die Presse schien es müde, mir zu folgen. Ein Fotograf schoss ein Foto, wie ich meine Kleider aufhing, und verschwand.

Beim Wandern ging ich meine Show durch. Ich plante einen Begrenzungszaun für meine Ranch und dachte an neue Möglichkeiten, die Finanzierung von Filmen, in denen nicht Action, sondern Charaktere im Mittelpunkt standen, auf die Beine zu stellen. Ich würde etwas Geld in den Umbau meines Schlafzimmers investieren und vielleicht eine kleine Show am Broadway geben. Neben all den Gedanken über mein »Alltagsleben« war ich mir jedoch der neuen Welt in mir bewusst.

Ein Mann in einem Rollstuhl raste mit 25 Meilen pro Stunde an mir vorbei. Er war gelähmt, und später erfuhr ich, dass er davon abhängig war, dass die Menschen in den *Refugios* sich um seine Bedürfnisse kümmerten. Manchmal taten sie es, aber manchmal wurde er einfach ignoriert. Ich fragte mich, wie sein Karma wohl aussehen mochte.

Ich traf auch eine Frau namens Baby Consuelo, die mir schon einige Jahre zuvor in Brasilien begegnet war. Sie war Sängerin, und genau das tat sie beim Wandern. Sie war viel schneller als ich, und ich sah sie erst am letzten Tag wieder.

Dann kam ich nach San Juan de Ortega, und mir wurde klar, warum die Presse sich auf meinen letzten Etappen des Jakobswegs aufgelöst zu haben schien.

Zweihundert Pressevertreter warteten vor der Kirche auf mich, darunter auch Ali und Carlos. Carlos kam mir entgegen und erklärte, der Priester habe den

Journalisten ein Interview mit mir angeboten, wenn sie ihm eine Spende für seine Kirche zukommen ließen. Ich bat Carlos, ihnen zu sagen, dass ich das nicht für fair hielt. Bereitwillig tat er wie geheißen und verjagte alle, einschließlich des Priesters.

Der Priester bot mir Knoblauchsuppe an, die ich ablehnte. Ich wanderte weiter.

Irgendwo außerhalb der Stadt legte ich mich unter einen Baum und schlief mit dem Hut auf dem Gesicht ein.

John der Schotte kam zu mir. Er erzählte mir, dass ich einige der Priester während meiner Tage als Maurin gekannt hatte. Er meinte, sie seien in jenen Tagen Wirtsleute gewesen. Sie reisten den Weg auf und ab, klatschten und tratschten, boten den Pilgern Mahlzeiten und Unterhaltung an und verkauften ihnen religiöse Kultgegenstände, die die Pilger angeblich beschützen sollten. Die Pilger zahlten exorbitant hohe Preise für diese Gegenstände, die absolut nichts wert waren, aber es war ihnen zu peinlich, sie abzulehnen. Und diese Wirtsleute waren heute Priester!

John sagte, ich hätte Carlos und Ali auf dem Jakobsweg kennen gelernt. Ali sei eine Maurin gewesen, die aus echtem Glauben zur christlichen Religion konvertierte. Sie hatte ihre Eltern während der Kämpfe verloren, und er, John, habe sie aufgenommen und ihr Schutz geboten. Ich hatte ihr geholfen, nach Frankreich zu gelangen, wo sie das Mündel von Carlos wurde. Carlos schenkte ihr etwas Land. Er verliebte sich auch damals in sie, aber seine Pflichten gegenüber den anderen Christen verboten ihm, diese Beziehung zu leben. Sie blieben einander treu verbunden, und da jeder zu seinen alten Geistern zurückkehrt, trafen sie auch in diesem Leben aufeinander.

Dann meinte John: »Du hast es hier mit einem fortlaufenden Thema zu tun, das dir eigentlich auffallen sollte. Es ist das Thema der Liebenden, die aufgrund machtvoller Vorurteile nicht stark genug lieben. Diese Vorurteile mindern die Fähigkeit jedes Liebenden, in sich selbst Vollendung zu finden... das gilt auch für dich.« Das traf auf den König und später auf Palme zu.

John fuhr fort, dass der Mann im Rollstuhl ein deutliches Beispiel für fortgesetzten Wahnsinn sei. Er war in jedem Leben ein Krüppel und hatte gelobt, seine Hingabe an dieses Gebrechen in jedem Jahrhundert zu wiederholen. John meinte, er sei die christliche Version eines buddhistischen Mönches, der glaube, das Leiden sei der Weg zu Gott und vergrößere darüber hinaus das Mitgefühl anderer. Diese Wiederholung der Erfahrung eines Lebens glich ein wenig der Situation des Dalai Lama, der immer wieder geboren wird, um ein und dasselbe zu tun, als ob man ein wichtiges Buch immer wieder von neuem liest.

John meinte, dass Carlos eine Vereinigung der heiligen Pilgerwege, sowohl in Frankreich als auch in Spanien, unter dem Schutz der Tempelritter angestrebt hatte.

Anna sei im Land der Mauren meine Lehrerin gewesen, als ich noch sehr jung war, und jetzt spiele sie dieselbe Rolle für mich.

John erzählte mir auch, dass Madame de Brill, die schreckliche Frau zu Beginn des Weges in Saint-Jean-Pied-de-Port, das war, was er eine »Sündenfresserin« nannte. »Sie verschlingt die Sünden anderer Menschen, damit ihnen der Jakobsweg leichter fällt. Sie ist eine Wächterin an der Grenze zwischen Frankreich und Spanien. Das macht sie schon seit Jahrhunderten, und das ist auch der Grund für ihre negative Einstellung. Sie nimmt die Sünden anderer Menschen auf sich.«

John endete mit der Erklärung, ich würde in einigen Tagen eine verstörende Begegnung mit jemand in einem *Refugio* haben und ich sollte mich ruhig verhalten, wie ich wollte, er würde mir den Grund für diese Begegnung später mitteilen. Ich erkannte, dass John der Schotte mein wahrer Führer auf dem Jakobsweg war. So wie er es in der Vergangenheit bereits getan hatte. Ich konnte nicht erklären, wie oder warum es funktionierte. Auch das sollte ich erst später erfahren.

In Burgos trat ein Mann auf mich zu und bot mir einen neuen Wanderstab zum Geschenk. Dieser hatte je einen silbernen Ring an beiden Enden. Ich zögerte. Ich wollte meinen alten Freund nicht aufgeben.

Der Mann führte mich in ein großzügig aufgeteiltes *Refugio* mit einem Speisesaal. Er hatte für die Pilger, die an diesem Tag eintrafen, eine Mahlzeit bereitet. Jetzt wurde ich wachsam. Ich wollte nicht unhöflich sein, aber ich fragte mich, wo da der Haken war.

Carlos und Ali kamen herein, und wir setzten uns zum Essen. Die Knoblauchsuppe war öliger als sonst, das Brot drei Tage alt, der Wein sauer. Es gab Dosen mit Sardinen, die wir mit unseren Messern herauspuhlen mussten, weil wir keine Gabeln hatten. Ich fragte mich, ob es sich hier um einen Scherz handelte.

Der Mann trieb sich in der Nähe herum und beobachtete uns beim Essen. Ich brachte einfach nichts hinunter. Schließlich erklärte ich ihm, dass ich tagsüber nichts essen könne. Er runzelte die Stirn.

Ich musste eine Entscheidung über den neuen

Wanderstab fällen. Mein alter war so krumm wie der Zauberstab eines Hexenmeisters. Er war mir so vertraut geworden, dass es mir schien, als würde ich mit meinem freundlichen Großvater wandern. Aber ich wusste auch, dass der neue besser für meinen Rücken sein würde, weil er robust und gerade war. Ali hatte noch keinen Wanderstab, und Carlos besaß seinen eigenen.

Ich stand vom Tisch auf, ging mit beiden Wanderstäben durch den Saal und traf meine Entscheidung. Ich wollte meinen alten Stab dem Priester aus dem letzten Ort geben, vielleicht konnte er einen vertrauenswürdigen Freund gebrauchen. Andererseits wollte ich nicht den ganzen Weg zurück gehen.

Da hörte ich einen Tumult und sah nach draußen. Eine weitere Gruppe von Presseleuten hatte sich versammelt, darunter auch besagter Priester. Ich ging nach draußen und reichte ihm meinen alten Stab. Er drehte ihn nach allen Seiten, lachte und warf ihn weg. Es machte mich wütend, dass er nicht respektierte, was für ein Freund der Stab für mich geworden war. Carlos trat an meine Seite. »Er ist innerlich unaufrichtig.«

Ich blieb nicht stehen, um Fragen zu beantworten oder mich fotografieren zu lassen, und ging weiter. Meinen alten Freund, den Stab des Hexenmeisters, ließ ich zurück, was mir außerordentlich schwer fiel. Ich hatte zu vielen Dingen eine emotionale Bindung und fragte mich stets, ob ich sie in Zukunft nicht wieder benötigen würde. Dann fiel mir ein Traum ein, den ich einmal gehabt hatte. Ich war die Hüterin der Schriftrollen in einer gewaltigen Bibliothek. Häufig lieh ich diese Schriftrollen an Menschen aus, die sie studieren wollten. Als der oberste Leiter der Bibliothek mich einmal um eine exakte Inventarliste bat, fehlten die meisten Schriftrollen. Er war furchtbar wütend. Ich gelobte, dass sich dieser Vorfall niemals wiederholen sollte.

Nun wanderte ich also mit meinem neuen Stab und dachte über meine Beziehung zu Dingen und Gegenständen nach und wie ich mich wohl fühlen würde, wenn ich ein echter Flüchtling wäre, der nichts besitzt. Einerseits wäre da das Gefühl der Befreiung, andererseits würde ich mir beraubt vorkommen. Das Leben auf der Erde lag irgendwo in der Mitte – der mittlere Pfad, wie er bei den Buddhisten heißt, die ihn mit einer Harfe vergleichen. Sind die Saiten der Harfe allzu fest gespannt, kann man nicht auf ihr spielen; sind sie zu locker gespannt, hängen sie schlaff herab. Die Spannung, die den herrlichen Klang erzeugt, liegt in der Mitte.

Ich trug jetzt ständig meinen Hut, denn meine Haare waren gewachsen, und der Haaransatz unterschied sich vom Rest meiner gefärbten Haare, und das war mir peinlich.

Ali und Carlos stritten über seine Ehefrau. Oft waren sie sogar dann einer Meinung, wenn sie miteinander stritten... es ging darum, dass seine Frau fett war und niemand fette Menschen mag. Carlos verhielt sich Ali gegenüber wie ein Autokrat, und sie war übellaunig. Ali erklärte, sie habe ihre Uhr vergessen, und rannte zurück ins *Refugio*, um sie zu holen. Später kehrte sie zurück und meinte, die Uhr habe sich die ganze Zeit in ihrer Tasche befunden. Jeden Morgen, wenn ich ein *Refugio* verließ, war es auch meine Sorge, dass ich etwas Wichtiges vergessen könnte.

Riesige Regentropfen klatschten auf uns nieder. Ich entdeckte eine etwas abseits liegende Telefonzelle und rief meine Freundin Anne Marie in Kalifornien an. Sie erzählte, sie habe eine meiner früheren Nachrichten meiner Tochter Sachi vorgespielt. Sachi habe geweint, weil sie nicht verstand, warum ich das tat. Sachi hatte mich oder die Suche, auf der ich mich befand, noch nie verstanden. Na ja, dachte ich, wer konnte das schon verstehen.

Ein Sturm kam auf. Ich zog meinen gelben Poncho über. Der Jakobsweg war jetzt übersät mit Löchern und Ritzen und Steinen, die unter meinen Füßen wegrollten. Der Geruch nach Schweiß und Staub wurde durch die Regentropfen und den Wind noch verstärkt. Ich wusste nicht, wie sich mein Rucksack bei Wind und Regen verhalten würde. Es stellte sich heraus, dass er von einer Seite auf die andere geblasen wurde. Ich kam oft aus dem Gleichgewicht, liebte jedoch dieses Gefühl der Sicherheit unter meinem wasserdichten Poncho. Ich rutschte einen Abhang hinunter und sorgte mich ein wenig wegen der fehlenden gelben Pfeile. Ali trug einen von *Gucci* entworfenen Poncho, während ihre *Maxfield*-Schuhe mit Luftpolster den Schlamm bis zu ihren Knöcheln hochspritzten. Carlos marschierte mit seiner baskischen Entschlossenheit voran und brachte mich zum Kichern. Keiner von uns fiel hin. Und eine Zeit lang blieben wir von der Presse verschont.

Einige Stunden später stolperten wir in eine kleine Bar. Ich wusste nicht, wo wir uns befanden. Die Bar war überfüllt mit Männern, die rauchten und lautstark die ständig gegenwärtigen Fahrradrennen im Fernsehen kommentierten. Ich konnte mich nicht einmal denken hören. Die Besitzerin brachte uns Kaffee. Ali sah in ihre Tasse und schrie auf. Es schwamm eine Fliege darin. Ali war entsetzt. Carlos befahl ihr, nichts zu sagen, griff in die Tasse, entfernte die Fliege und setzte sie auf der Theke ab. Die Besitzerin war wie versteinert und reichte Ali eine neue Tasse.

Bei der anschließenden Unterhaltung sprachen Carlos, Ali und ich über die »gewöhnlichen« Leute. Ich war mir nicht sicher, wessen Seite ich ergreifen sollte. Carlos schien herrisch und Ali persönlich beleidigt. Carlos erklärte, er könne das Verhalten gewöhnlicher Leute nicht ertragen. Ich erzählte ihnen daraufhin von meiner Reise nach China, die ich 1973 unternommen hatte. Dort wurde die herrschende Elite, zu der er gehörte, aufs Land geschickt, um das Wunder und die Pracht einer heranreifenden Tomate zu lernen. Carlos erwiderte: »Tja, in allem findet sich etwas Positives.«

Da meldete sich Ali zu Wort. »Nun, ich bin nicht den ganzen Weg hierher gekommen, um diesen Bummel zu machen, der sich als so furchtbar erweist, und dann auch noch eine Fliege in meinem Kaffee zu finden.«

»Nein«, erwiderte Carlos, »es war nachlässig von dir, die Fliege in deinem Kaffee nicht zu sehen.«

»Ganz und gar nicht«, konterte Ali. »Die Besitzerin war nachlässig, weil sie die Fliege nicht entdeckte, als sie mir den Kaffee servierte.«

Ich war verwirrt. Die Fliege lag auf der Theke, und Ali hatte eine neue Tasse.

Carlos meinte: »Du trinkst den Kaffee mitsamt der Fliege, und schon ist sie einfach verschluckt.«

»Nein«, entgegnete Ali, »sie ist nicht einfach schon verschluckt. Das ist eben der Unterschied zwischen dir und mir.« Plötzlich musste sie würgen und gab der Fliege die Schuld an ihrer Übelkeit.

Mittlerweile war die Fliege im Mülleimer gelandet,

aber das hielt die beiden nicht auf.

»Letzte Nacht im *Refugio* bin ich beinahe erfroren, aber lieber wäre ich gestorben, als eine der Decken aus dem *Refugio* zu benützen.«

»Aha«, sagte Carlos, »ich habe dir meinen Schlafsack angeboten, aber den wolltest du auch nicht haben. Dann musst du eben frieren.«

»Alles ist so unsauber«, fuhr Ali fort.

»So schlimm ist es gar nicht«, erklärte Carlos. »Du musst lernen, dich wie ein einfacher Mensch zu benehmen und nicht wie ein verzogenes Kind.«

Jetzt war ich wirklich verwirrt. Keiner von beiden mochte die »gewöhnlichen« Leute, aber das war offensichtlich ein guter Vorwand für ihr Wortgefecht.

Der Streit um die Fliege und das gewöhnliche Volk setzte sich noch eine Stunde lang fort. Vielleicht hätten die beiden doch heiraten sollen. Insgeheim spürte ich, wie ich mit dem Finger auf sie wies – und mit den anderen drei Fingern auf mich selbst.

Ich ging nach draußen. Der Regenguss war vorüber. Die friedliche Stille strafte die Tatsache Lügen, dass es je einen Sturm gegeben hatte.

Mittlerweile hatte ich Blasen über Blasen. Ich hätte sie aufstechen und desinfizieren müssen. Ich brauchte eine heiße Dusche. Ich wollte einmal allein in einem Schlafzimmer übernachten. Ich sehnte mich nach dem Gefühl sauberer Haare. Ich wollte wieder in einen Spiegel schauen. Ich musste meine Kassetten ordnen und herausfinden, ob der Recorder überhaupt richtig aufnahm. Irgendwo in Burgos fand ich ein Hotel und nahm mir ein Zimmer. Ali und Carlos, die fest entschlossen waren, zu den einfachen

Leuten zu gehören, wollten sich ein *Refugio* suchen. Ich erinnerte mich an einen Satz des Theaterautors Clifford Odet, den er mir auf seinem Sterbebett gesagt hatte: »Du hast ja keine Ahnung, wie viel Vergnügen Dinge bereiten können, die nicht größer sind als das Auge einer Fliege.«

In dem Luxus meines kleinen Hotelzimmers spülte ich all meine Kleider in heißem Wasser aus, nahm eine ausgedehnte heiße Dusche mit echter Seife, wusch mir die Haare mit richtigem Shampoo, saß auf meiner eigenen Toilette und versorgte meine Blasen. Mir wurde klar, dass sie so schlimm waren, weil mein Gewicht sich durch den neuen Wanderstab verlagert hatte. In diesem Augenblick kam mir ein interessanter Gedanke: Weisheit wird durch das verkörpert, worauf wir stehen – unsere Füße. Aus diesem Grund ließen sich die Heiligen ihre Füße von anderen waschen, die sich noch im Anfangsstadium der Erleuchtung befanden. Die Füße nahmen die Energie der Weisheit von Mutter Erde auf und brachten uns mit unserem eigenen Gleichgewicht in Berührung. Hatten sich die Heiligen jemals eines Ochsenkarrens bedient, wenn sie über den Jakobsweg pilgerten? Ist die Reise im Bus die moderne Version eines Ochsenkarrens?

Ich dachte über die Tatsache nach, dass ich im Zeichen des Stieres geboren worden war. Ich bin ein Erdzeichen. Ein Astrologe hat mir einmal gesagt, dass Stier-Menschen gern mit Gewichten an den Knöcheln laufen, weil sie so auf die Erde fixiert sind. Stiere besitzen eine Weisheit, die sehr erdverbunden ist, obwohl sie auch von Liebe, Schönheit und Sinnlichkeit beherrscht werden, denn der Stier wird von der Venus regiert. Ich kam als Stier in dieses Leben, geboren Ende April, um mich mit den Fragen der körperlichen Liebe auseinander zu setzen und ein Gleichgewicht zwischen männlich und weiblich zu finden. Der Stier ist das schwerfälligste der Tierkreiszeichen, was bedeutete, dass ich eine urtümliche Identität erfahren wollte und mich deshalb auf der Erd-Ebene inkarniert hatte. Ich wählte ein schwieriges körperliches Leben, weil ich ein Stier war. Noch dazu war ich ein schottisch-irischer Stier. John der Schotte hatte gesagt, Schotten und Iren seien die Meister des Leidens. Wie meinte er das? Wir waren ganz sicher verrückt und aufwieglerisch. Wollten wir damit das Leiden abwenden? Und worauf basierten dieses Leiden? Ich sollte Leiden nicht mit Depressionen verwechseln. Das waren zwei verschiedene Gefühle.

Ich legte mich in der Privatsphäre meines weichen Bettes zur Ruhe, das tatsächlich frisch bezogen worden war, und schlief ein. John der Schotte besuchte mich nicht. Stattdessen hatte ich diesen immer wiederkehrenden Traum von einem Gorilla. Der riesige Gorilla verfolgte mich. Er jagte mich rund um den Globus, in verschiedenste Länder, Berge hinauf und hinunter, über Stock und Stein, bis ich mich schließlich am Rand der Erde wieder fand. Ich wusste, ich musste entweder in den Abgrund springen, um ihm zu entfliehen, oder mich umdrehen und mich ihm stellen. Ich entschied mich dafür, mich ihm zu stellen. Ich sah ihm in die Augen und sagte: »Was soll ich jetzt tun?« Er erwiderte: »Keine Ahnung, es ist *dein* Traum.«

War das Leben mein Gorilla? Und wollte es mir sagen: »Es ist dein Traum. Tu damit, was immer du tun willst?«

Ich wanderte durch San Juan de Ortega, die Stadt Burgos, Castrogeriz, Frómista, Carrión de los Condes und immer weiter bis nach Sahagún, manchmal zusammen mit anderen, manchmal allein. In jeden Dorf gab es wunderschöne und erfrischende Brunnen, an denen ich eine Rast einlegte, um zu trinken, nachzudenken und es mir gut gehen zu lassen. Es schien Absicht zu sein, dass John der Schotte mich nicht besuchte. Ich war ganz auf mich selbst konzentriert. Ali und Carlos hatten jetzt ebenfalls ihr eigenes Tempo gefunden, weit weg von mir. Ich fragte mich, wann ich mich für immer von ihnen verabschieden müsste. Es war mir noch nie leicht gefallen, Menschen zu verlassen. Ich fühlte mich schuldig, wenn ich andere zurückließ. Ich wusste, wir waren alle auf unserer eigenen Reise, aber zum Erfolg gehörte es, vorn zu stehen und andere hinter sich zu lassen. Mir fiel auf, dass sich die wohlhabenden Pilger stets schneller bewegten, weil sie zielorientierter waren. Sie schienen nicht zum Jakobsweg zu *werden*, nicht zum Weg unter ihren Füßen oder zu der Landschaft, nicht zum Himmel oder zu den Blumen oder dem Weizen oder den Wolken. Sie schienen niemals ganz im Augenblick aufzugehen.

Einige der Pilger meinten, unterscheiden zu können, ob ich in einer Herberge nächtigte oder nicht - an meinen vertrauten Kleidern an der Wäscheleine vor dem Haus.

Ein Arzt versorgte meine Blasen, und ich versuchte, ihm eintausend Pesetas zu geben. Er wollte das Geld nicht nehmen. Stattdessen zog er los und kam mit einem Strauß Blumen für mich zurück. »Wenn man für Gott unterwegs ist, sollte man nicht bezahlen müssen«, meinte er. »Man sollte belohnt werden.«

Vor einem kleinen Dorf ging ich auf einen hölzernen Obelisken zu. Es war ein Wort eingeschnitzt: ULTREYA.

Die Stadt Burgos ist überreich an Kunst und Geschichte. Vor den Toren der Stadtmauer befinden sich die uralten Ruinen des Hospital de San Juan Evangelista, und daneben steht ein stilles und tröstliches Benediktinerkloster. Ich überquerte den Stadtgraben auf einer winzigen mittelalterlichen Brücke und befand mich plötzlich in einer mittelalterlichen Stadt. Hier, in der großen Kathedrale, die ins 13. und 14. Jahrhundert zurückreicht, liegt das Grab des legendären El Cid. Ich schwelgte in dem ehrwürdigen Alter dieses herrlichen gotischen Gebäudes und dachte, dass ich wahrscheinlich schon Jahrhunderte zuvor hier gewesen war!

Zwischen Burgos und Castrogeriz durchquerte ich ein Gebiet, das dafür berüchtigt ist, einer der schwierigsten Abschnitte auf dem Jakobsweg zu sein. Ich kletterte in gleichmäßigem Tempo die Hügelkette hinauf, überquerte den oberen Teil eines Flusses, der von den Corrales de la Nuez, einer Ansammlung von Gehöften, kommt und erreichte die erste der Mesetas, der trockenen spanischen Hochebenen, ähnlich einer Wüste aus Weizenfeldern und überaus ärmlich.

Da wurde plötzlich meine Leidensfähigkeit erneut auf die Probe gestellt.

Mücken und andere Insekten donnerten im Sturzflug auf mich herab. Ich hatte ein Moskitonetz in meinem Rucksack, aber es geschah alles viel zu schnell. Noch während ich stehen blieb und den Reißverschluss meines Rucksacks aufzog, verwandelte sich mein Gesicht in ein menschliches Festmahl. Sie waren in meinen Haaren, meinen Augen, meinen Ohren, überall auf meinen Händen und prallten von meinen Leggings und meinen Schuhen ab.

Ich musste an die Nacht denken, die ich in dem Sarkophag in der Königskammer der Großen Pyramide in Gizeh verbracht hatte. Es heißt, wenn man im Sarkophag liegt, würde man wissen, was man klären und was man lösen musste. Einer meiner ungelösten Punkte waren die Stechmücken. Ich konnte sie nicht ertragen. Wenn ich mit anderen Menschen zusammen war, dann belästigten die Mücken manchmal nur *mich*. Ich zog das an, wovor ich mich fürchtete. Als ich damals im Sarkophag lag, war ich plötzlich von Moskitos förmlich bedeckt. Sie kamen aus dem Nichts. Ich lag dort und meditierte, dass sie verschwinden mögen. Aber meine Einstellung zu ihnen basierte auf Angst, also verschwanden sie nicht. Ich hatte noch nicht gelernt, mich zu fragen, warum ich mir Sorgen machte, und nicht, warum ich mich ängstigte. Es war eine furchtbare Nacht gewesen, gelindert nur durch die Kerze, die ich mitgebracht hatte und die nach Zitronen duftete.

Jetzt hatte ich dasselbe Problem. Die Stechmücken umschwärmten mich, bis es mir endlich gelang, das Netz um meinen Kopf zu schlingen – Gott sei Dank war kein Moskito darin eingeschlossen. Ich beobachtete sie, als sie versuchten, sich durch meine Ärmel und

Leggings zu fressen. Es war gut, in meinem Netzkäfig zu sein, dachte ich und ging schneller. Wieder kam mir der Gedanke daran, was mir wohl Sorgen bereitete? Es lag einfach daran, dass ich nicht an einem ihrer Stiche sterben wollte. Ich wusste, wie lächerlich das klang. Aber mir gefiel auch die Vorstellung nicht, dass sie mein Blut aussaugten. Ich musste lachen. Vielleicht hatte ich in einem früheren Leben eine Erfahrung mit einem Vampir gemacht.

Ein paar Kilometer weiter stieß ich auf zwei deutsche Männer, die sich von den Moskitos nicht stören ließen. Sie sagten, sie seien an diesem Tag 48 Kilometer (fast 30 Meilen) gewandert. Einer von ihnen sollte demnächst Vater werden, und er wollte auf dem Jakobsweg erfahren, ob er die Mutter seines Kindes heiraten sollte. Er erzählte, wenn er nicht heiratete und der Mutter etwas geschehen sollte, dann würde nach deutschem Recht der Staat das Baby in ein Waisenhaus geben. Der andere Deutsche hatte so viele Beziehungen zu Männern wie Frauen, dass er den Weg beschritt, um mit sich selbst ins Reine zu kommen.

Wir sprachen von Hingabe und Blasen und Wolle kontra Baumwolle kontra Kunstfaser, bis meine Moskitos fortflogen, um sich anderswo gütlich zu tun. Ich ging allein weiter.

Nach zwanzig Meilen traf ich in Frómista ein, wo sich Johns Prophezeiung bewahrheitete.

Das *Refugio* war sehr angenehm, mit einem Hinterhof und einer netten Wäscheleine. Ich wusch zwei meiner T-Shirts und hängte sie auf, damit sie über Nacht trocknen konnten; dann säuberte ich meine Stiefel und stellte sie sorgfältig unter das Feldbett, das ich für mich ausgesucht hatte. Außer mir befand sich niemand im *Refugio*.

Plötzlich kam eine Frau um die Ecke und kreischte, da seien Kleider auf der Leine. Sie riss sie herunter, warf sie auf den Boden und zankte aus Gründen mit mir, die ich nicht verstand. Ich wusste nicht, wer sie war oder ob sie überhaupt irgendetwas mit dem Gästehaus zu tun hatte. Ich sammelte meine nassen Kleidungsstücke ein, faltete sie, legte sie auf mein Feldbett und setzte mich. Sie stand vor mir und brüllte weiter. Ich wusste nicht, was ich tun sollte. Ein Pärchen kam herein. Die Frau schrie sie an. Die beiden drehten sich um und gingen. Ich saß auf meinem Bett und lauschte dem verrückten Ausbruch dieser Frau. Ihre Augen ähnelten denen eines wilden Hundes. Ich stand auf, versuchte, sie zu verstehen. Was hatte das zu bedeuten? Sie drehte sich zur Wand, brüllte diese an und ging.

Ich zitterte und musste weinen. Ich fühlte mich völlig allein in einer verrückten Welt. Ich konnte mit fast allem fertig werden, wenn ich es nur verstand. Aber Wahnsinn war nicht logisch. Ich wischte mir die Tränen ab. Ich musste mich wieder in den Griff bekommen. Also zog ich mich aus, hielt mein kleines Handtuch vor mich und suchte die Dusche. Vielleicht würde etwas kaltes Wasser helfen. Als ich gerade meine Spannungen unter dem kalten Wasser abwusch, riss jemand den Duschvorhang auf, und ein Fotograf trat in die Dusche. Er hielt mir sein Blitzlicht vors Gesicht und schoss Fotos. Ich schlug auf ihn ein, bis die Kamera aus seinen Händen ins Wasser fiel. Mit dem wenigen Spanisch, das ich sprach, brüllte ich ihn an und forderte ihn auf zu verschwinden. Draußen warteten noch mehr Fotografen. Ich schrie auch sie an, bis sie sich verzogen. Immer noch zitternd trocknete ich mich ab, kleidete mich an und ging nach draußen. Es war niemand da. Hatte ich mir alles nur eingebildet? Ich trug ein helles Paar Riemchensandalen, aber meine Füße schmerzten so sehr, dass ich kaum gehen konnte. Meine Arme fühlten sich an wie aus Blei. Mit dem Geldgürtel mit den Kreditkarten um meine Hüfte ging ich ins Dorf, wo ich ein Telefonhäuschen entdeckte und mit Hilfe einer Kreditkarte bei meinen Freunden auf meiner Ranch in New Mexico anrief. Als sie an den Apparat gingen und ich ihre Stimmen hörte, fühlte ich mich einen Augenblick lang sicher. Dann hörte ich im Hintergrund das Fernsehgerät. Ich vernahm die aufgeregte Stimme eines Fernsehreporters, der offensichtlich eine Verfolgungsjagd auf den Freeways von Los Angeles kommentierte. Jemand hatte seine Ehefrau ermordet und versuchte, nach Mexiko zu flüchten. Es war O. J. Simpson. Man hatte seiner Ehefrau und ihrem Freund die Kehle durchschnitten. War ich in der realen Welt? Und was war verrückter: das spanische *Refugio* oder die Stadt der Engel?

Am nächsten Morgen machte ich mich allein auf in das echte Meseta-Land. Ali und Carlos hatten es nicht bis Frómista geschafft. Die Straße war übersät mit kleinen Kieselsteinen, darum bestand meine Unterhaltung darin, zwei Steinen auszuweichen, die in meine Schuhe gelangt waren. Es nahm zu viel Energie in Anspruch, stehen zu bleiben und sie zu entfernen, also machte ich mir ein Spiel daraus, sie mit meinen Zehen herumzurollen, damit sie nicht für noch mehr Blasen sorgten. Eine Brise kam auf. Ich blieb stehen und entfernte die Steine, sicherte meinen Hut und ging weiter. In null Komma nichts waren noch mehr Steine in meinem Schuh. Ich konnte mir beim besten Willen nicht vorstellen, wie sie dort hinein gelangen konnten. Inmitten des Sturms versuchte ich mich darauf zu konzentrieren, welche Steine über den Rand meiner Stiefel hüpften und ihr scheinbares Schicksal erfüllten, Blasen zu verursachen. Der starke Wind blies Staub in mein Gesicht.

Ich hatte Freunde in den Staaten, die mit dem Stamm der Hopi Kontakt hatten. Die Hopi sagen, dass es im letzten Jahrzehnt des 20. Jahrhunderts und nach dem Jahrtausendwechsel für den Menschen nötig sein wird, sich »an einen Baum zu binden«. Mit anderen Worten: »Viel Wind«. Das Wetter werde unvorhersehbar und würde »viele Dinge mit Hilfe von Wind und Regen reinigen«. Sie sagen, wir müssen allesamt wieder Eigenversorger werden und unsere Lebensmittel wieder aus Mutter Erde erwachsen lassen. Und vor allem, so prophezeien die Hopi, muss der Mensch in sich gehen, um spirituell zu begreifen, was da geschieht.

Ihre Vorhersagen stimmen mit denen der Maya überein, und aus meinen Beobachtungen des Wetters schließe ich, dass ihre Prophezeiungen ziemlich korrekt sind.

Während ich wanderte, sah ich ganze Bataillone an Störchen. Sie nisteten auf hohen Bäumen und auf den Kirchtürmen der Dörfer. Hunderudel sammelten sich unter ihnen. Der Wind flaute ab.

Bienen, Schmetterlinge, Vögel und einige Mücken schwärmten über den Himmel und die Felder, die sich so weit erstreckten, wie mein Blick reichte. Ein Stachelschwein lag am Straßenrand, getötet, als es die Straße überqueren wollte. Das konnte ich gut nachvollziehen. Mein Oberkörper war als Folge der Gewichtsverlagerung mit dem neuen Wanderstab völlig wund. Ich hatte diesem Stab auch noch keinen Namen gegeben. Mein Engel Ariel hatte sich seit Wochen nicht gezeigt; John der Schotte schien den nach Vanille duftenden Engel ersetzt zu haben, aber auch er war nicht da. Ich wanderte wie in Trance, eine Meditation in Bewegung über mein Leben und die Zeit. Es war unmöglich, mir selbst zu entfliehen. Ich war alles, was ich hatte. Meine Beine taten mir jetzt ernsthaft weh. Mir war klar, warum manche Leute aufgaben. Genauer gesagt, exakt an dieser Stelle aufgaben. Ich sah unterwegs weggeworfene Schuhe, Hosen, Hemden und Bücher, und ich fragte mich, ob irgendjemand jemals den Müll entlang des Jakobswegs wegräumte.

Wann immer ich dachte, es sei so heiß, dass ich keinen einzigen Schritt mehr tun könnte, umwehte mich eine Brise. Irgendwie ein Geschenk Gottes. Wenn ich es bis zum 4. Juli nach Compostela schaffen wollte, würde ich mein Tempo verdoppeln müssen. Genau das tat ich. Ich war zweifelsohne die Tochter meiner Mutter. Sie pflegte sich immer auf eine Aufgabe zu konzentrieren, und nichts und niemand konnte sie ablenken. Ihr ganzes Leben lang steckte sie sich hohe Ziele. Ich pflegte ihr dabei zuzusehen, wie sie sich so lange in einen tranceartigen Zustand der Entschlossenheit versetzte, bis sie ihre Aufgabe bewältigt hatte - ungeachtet der Ablenkungen oder Konsequenzen. Seit ich zehn Jahre alt war, tat ich es ihr gleich. Bis ins Erwachsenenalter hinein konnte ich häufig feststellen, wie ich ihre Eigenschaft der Entschlossenheit sogar bis zu dem Punkt zur Schau stellte, an dem es meine Mutter ironischerweise schockte. Mehrmals kommentierte sie laut meinen Elan und meine strikte Weigerung, jemals aufzugeben. Und sie fragte sich, woher das wohl kommen mochte! Dann schüttelte sie verständnislos den Kopf.

Ein belgischer Radfahrer hielt an und behauptete, ich sei in einem früheren Leben seine ältere Schwester gewesen. Wahrscheinlich stimmte das. Er trug eine Baseballmütze und führte ein großes Gerät mit sich, das nach seiner Aussage jeden Hund und jeden Menschen lähmen würde, der ihn angriff. Er wollte über Gott und das Universum und die Bedeutung des Lebens reden. Ich aber nicht. Ich wollte Stille. Also erklärte ich ihm, es sei besser, allein und schweigend zu wandern. Er bat mich, ihn zu segnen. Das war mir extrem unangenehm. Ich wollte nicht als New-Age-Guru betrachtet werden. Aus diesem Grund habe ich auch aufgehört, meine Reiseseminare abzuhalten. Zu viele Menschen übertrugen ihre Kraft auf mich. Ich war nicht der Grund, warum sie etwas aus diesen Seminaren lernten, sie waren ihr eigener Grund. Und als die Menschen anfingen, mir sogar in andere Städte zu folgen, war mir klar, dass es an der Zeit war, aufzuhören. Ich wusste doch im Grunde nicht mehr als sonst jemand. Ich konnte ja nicht einmal erklären, warum ich diese Pilgerreise auf mich nahm, außer vielleicht, um eine Reise in mich selbst zu machen.

Ich befand mich auf einem Anstieg, als ich plötzlich in einer Sackgasse landete. Der Weg führte nicht weiter, und ich konnte weit und breit keine gelben Pfeile entdecken. Ich hatte mich wieder verlaufen. Ich ging ungefähr fünf Stunden lang zurück, bis ich an eine zerstörte Brücke kam. Mir war nicht klar, wie ich weitergehen sollte, aber ich hörte einige Autos, also folgte ich dem

Geräusch, bis ich an eine einsame Landstraße gelangte. Auf dieser Landstraße wanderte ich einige Stunden und hielt Ausschau nach den gelben Pfeilen. Es begann, in Strömen zu regnen. Ich zog meine Goretex-Jacke und meinen Regenponcho aus dem Rucksack. Es war eiskalt.

Ein Wagen hielt an. »Die Pfeile falsch«, sagte er in einem Mischmasch aus Spanisch und Englisch. »Brücke kaputt seit Monaten. Niemand repariert.«

»Welche Richtung muss ich dann einschlagen?«, fragte ich. Er wies natürlich nach Westen, die Landstraße entlang. Ich ging nach Westen. »*Ultreya*«, rief er, als sein Wagen verschwand.

Ich zog meinen Poncho enger um mich und wanderte weiter. Schließlich sah ich einen gelben Pfeil, der mich in die Berge führte. Ich folgte ihm. Mittlerweile hatte ich kein Wasser mehr und auch keine Möglichkeit, Regenwasser aufzufangen. Ich wanderte, bis ich mich in einer Art Militärstützpunkt wieder fand. Zwei Soldaten hielten mich an. »Nicht erlaubt«, sagten sie, »nicht erlaubt weitergehen. Pfeilen, Sie folgen, sind zwei Jahre alt.«

Oh mein Gott, dachte ich. Jetzt saß ich wirklich in der Klemme. Ich zog mich zurück und kehrte auf dem Weg zurück, den ich gekommen war. Ich war ziemlich durstig. Seit sechs Uhr früh wanderte ich bereits, und nun war es sechs Uhr abends.

Zwei junge Frau traten mit einer Flasche Wasser und einem Strauß Blumen auf mich zu. Ich sah ein kleines Puppenhäuschen, eingebettet zwischen den Bäumen. Die beiden lächelten und reichten mir die Blumen. »Wir Ihr Foto gesehen - *Ultreya*.« Sie traten zur Seite und zeigten wieder auf die Straße.

Ich ging in diese Richtung. Ich musste vor Einbruch

der Dunkelheit ein *Refugio* erreichen, und ich wusste nicht einmal, welches Dorf als Nächstes kam oder wo es lag. Als die jungen Frauen nicht mehr zu sehen waren, blieb ich stehen und setzte mich, um zu urinieren. Ich hockte in einem Ameisenhaufen. Die Ameisen krabbelten meine Beine hoch und bissen mich. Ich goss kostbares Wasser aus der Flasche über sie aus, um sie zu ertränken, und wanderte weiter.

Ich wollte keine Angst haben. Erst stellte ich mir vor, bei einem Abendessen in New York zu sein, dann schwamm ich im Pazifik. Ich saß in einem Wohnwagen in der Drehpause zwischen zwei Filmszenen. Ich trat auf der Bühne auf. Ich malte mir eine verschwommene Mischung aus Aktivitäten vor meinem inneren Auge aus.

Auf dem Weg kam ich an vier weiteren Schrauben vorbei. Ich hatte mich wirklich furchtbar verlaufen und wusste nicht, was ich tun sollte. Aus irgendeinem Grund musste ich daran denken, wie mein Vater über die vier Schrauben am Wegesrand gelacht hätte. »Diesmal hast du wirklich eine Schraube locker«, hätte er gesagt. Und dann fühlte ich mich ihm plötzlich nahe. Natürlich war er nicht da, aber ich spürte, dass seine Energie da war. Und plötzlich war meine Mutter neben ihm. Sie sagten nichts. Sie trösteten mich nur. Dann spürte ich, wie sie mich zu einem anderen, fast völlig zugewachsenen Weg drängten. Ich folgte ihm. Sie schienen neben mir zu gehen. Ich spürte, dass sie das erste Mal seit beider Tod zusammengekommen waren. Ich hatte auch das überaus starke Gefühl, dass sie sich auf der anderen Seite zusammengefunden hatten, um mich zu führen. Tränen wallten in mir auf. Dann sah ich eine Straße. Mittlerweile war ich ein trauriger Haufen an Emotionen. Ich wollte mit ihnen reden, fragen, wie es ihnen ging. Wie war es da drüben? Doch da hielt ein Lastwagen an. Der Fahrer bot mir an, mich mitzunehmen. Ich dankte ihm, lehnte jedoch ab. Er nickte und schien zu verstehen. Er zeigte mir den Weg zum nächsten Dorf und meinte, etwas weiter die Straße entlang würde ich einen korrekten Pfeil finden. Ich konzentrierte mich wieder auf Mom und Dad, aber sie waren weg... Sie waren für mich da gewesen, als sie noch lebten, und jetzt hatten sie dasselbe getan.

Ich fand den Pfeil und wanderte noch einige Stunden, dachte darüber nach, wie meine Eltern ihr Leben ihren Kindern gewidmet und darüber ihre eigenen Träume geopfert hatten. Ich fragte mich, wie mein Leben aussehen würde, wenn sie das nicht getan hätten. Und dann erreichte ich endlich ein Dorf und ein *Refugio*.

Ich ging ohne Abendessen zu Bett, trank nur etwas Wasser und dachte an meine Mutter und meinen Vater. Und ich spürte, wie sie auf mich herablächelten.

Der nächste Tag war völlig anders. Ein Dorf verschwamm mit dem anderen. Ich befand mich irgendwo in der Provinz Palencia. Wieder wanderte ich allein.

Der leuchtenden Sonne folgte ein Regenschauer. Doppelte Regenbögen tauchten über mir auf, spornten mich an. Wo sie den Boden berührten, wanderte ich durch ihr Farbspiel. Ich atmete die Luft ein, ließ sie durch meine Gehirnzellen laufen und atmete wieder aus. Mein Gehirn und mein Bewusstsein wurden zu Regenbögen. Ich dachte an die Farben des Regenbogens und daran, dass sie mit den Farben des esoterischen Energiesystems im menschlichen Körper übereinstimmen. Nicht viele Menschen im Westen verstehen das Chakrasystem in uns – oder haben überhaupt je davon gehört. Es gibt sieben Chakras, und jedes Chakra ist ein Energiezentrum, das uns buchstäblich unser Gleichgewicht und unser Bewusstsein gibt. Die Hinduisten und Buddhisten sind zutiefst vertraut mit der Bedeutung der Chakras, aber dieses wichtige Wissen ist in der Neuen Welt noch nicht gemeinhin anerkannt. Jedem Chakra wird eine Farbe und ein Lebensthema zugeordnet. Im Wurzel-Chakra, es sitzt an der Basis der Wirbelsäule, erfahren wir beispielsweise energetisch Flucht oder Kampf. Es hat die Farbe rot. Wenn man ein Stückchen weiter nach oben wandert, trifft man auf das nächste Energiezentrum: Es ist orange und ist zuständig für Kreativität und Sexualität. Das dritte Chakra ist gelb und wirkt auf die persönliche

Macht. Das vierte Chakra, der Farbe grün zugeordnet, ist das Herzchakra, durch das wir die Liebe erfahren. Das fünfte Chakra, blau, sitzt im Hals und formt den persönlichen Ausdruck. Das sechste, indigoblau, ist das Chakra der Visionen, und das siebte Chakra, lila, bildet das spirituelle Zentrum auf dem Scheitelpunkt des Kopfes.

Als ich zu den Regenbögen hochblickte, wurde ich wieder einmal daran erinnert, dass diese Farben genau mit den inneren Farben des menschlichen Chakrasystems korrespondieren. Wir sind unser eigener Regenbogen. In fortgeschrittenen spirituellen Kreisen führt man jeden Morgen einen Ausgleich der Chakras durch, weil man versteht, wie wichtig diese Übung für das eigene Glück ist. Eine schlechte Stimmung kann von einem Chakra herrühren, das nicht im Gleichgewicht ist, und wenn man über die Farbe der einzelnen Chakras meditiert, kann man die Energie verändern, die eine schlechte Stimmung begleitet.

Ich atmete ein und visualisierte jede Farbe des Regenbogens und wie sie durch mein eigenes Chakrasystem strömte. Alles, was ich brauchte, war in diesen Farben enthalten. Auf diese Weise erreichen buddhistische Mönche ihre Glückseligkeit.

Allmählich verließ der Schmerz meine Beine und Füße. Meine Schultern entspannten sich, und ich wanderte mit leichten und federnden Schritten. Der Rucksack wurde fast gewichtslos. Plötzlich rollte ich von den Fußballen ab, nicht von den Fersen. Ich erinnerte mich, wie ich Lamas im Himalaya gesehen hatte, die die Berge auf dieselbe Weise hinunterschwebten. Sie berührten mit ihren Fußballen den Boden so leicht, dass es aussah, als würden sie wirklich schweben. Ich hatte Lamas gesehen, die in Eiswasser eintauchten, und beim Meditieren stieg Dampf von ihren Körpern auf. Sie wussten um den Wert visualisierter Energie. Sie ist machtvoller als körperliche Energie; genauer gesagt durchdringt sie sogar die körperliche Energie. Die Lamas wussten, dass Bewusstsein Energie ist. Aus diesem Grund ist die tibetische Medizin auch so wirksam. Sie aktiviert das *Chi* (die Lebenskraft) in jedem Chakra-Zentrum und heilt so den Körper.

Die Bäume in den Bergen schienen zur Musik des Windes zu tanzen. Das war mein bevorzugtes Symphonieorchester. Eine Sturmwolke donnerte wie ein Schlagzeug. Dann krachte ein Blitz wie ein Beckenschlag, und Regen, der nach Violen und Celli und leisen Flöten klang, hüllte mich ein. Ich öffnete meine Goretex-Jacke und riss meinen Poncho herunter. Ich wollte vor meinem Orchester nicht beschützt sein.

Ich roch das Ozon in der Luft und wusste, dass es von weiteren Blitzen kündete.

Ich war absolut glücklich und Teil meiner Umgebung. Ich streckte meine Arme aus, hieß die Regentropfen willkommen und drehte mich immer wieder im Kreis. Der Kesselschlag des Donners erklang lautstark im Rhythmus zu meinen Drehungen, bis der Beckenblitzschlag mich mittendrin innehalten ließ. Ich sah nach oben und entdeckte die Sonne, die über dem Sturm strahlte. Ich spürte Wärme in meinen Augen. Und als ich nach oben zur Spiegelung der Sonne im Regen sah, entdeckte ich, dass zwei weitere Regenbögen sich über den Sturm krümmten. Dann klärte sich das Schlagzeug der Wolken, die Violinen der Brise wischten das Schauspiel der Wassermusik beiseite, und es herrschte pure Stille.

Die Bäume wiegten sich im Wind und verbeugten sich dankbar, als ob sie das Spektakel, an dem sie mitgewirkt hatten, bewundern würden. Ich hatte das Gefühl, die Dirigentin gewesen zu sein.

Das *Refugio* am Ende dieses magischen Tages war ekelerregend, als ob Gott mich daran erinnern wollte, dass es im Leben immer eine Dualität gibt.

Müll, Staub und Dreck bedeckten den Boden. Der Geruch war widerwärtig. Ich wusste nicht, wo ich war, und darauf kam es auch gar nicht an. Ich legte meinen Schlafsack auf ein Feldbett, an dem Ratten genagt hatten, dann zog ich den Reißverschluss auf und achtete sehr darauf, beim Hineinschlüpfen nichts zu berühren. Das Schnarchen und Husten der obdachlosen Reisenden um mich herum, die viel zu erschöpft waren, um auf die Umstände zu achten, hörte ich nicht. Ich schnäuzte meine Nase mit einem kostbaren Kleenex und behielt es bei mir, weil ich wusste, dass ich es am Morgen in der Toilette gebrauchen konnte. Eine einfache Plastiktüte oder ein Papiertaschentuch können so wertvoll wie Gold sein, wenn man lernt, nichts bei sich zu tragen. Während ich den Ratten lauschte, die über den Fußboden huschten, schlief ich ein und hoffte dabei, sie würden es nicht bis hinauf zu meinem Feldbett schaffen.

In dieser Nacht hatte ich einen Traum. Ich war in den Himmel gefahren, der in einem Flughafen lag. Meine Eltern waren dort, um sich mit mir zu treffen. Mein Vater stand aufrecht und blickte neugierig, als ich aus einer Art Flugmaschine ausstieg. Ich sah mich nach meiner Mutter um. Sie lehnte sich gegen die Mauern des Himmels. Ich konnte diesen Traum damals nicht deuten, aber ich glaube, heute verstehe ich ihn. Mein Vater ist sein Leben lang keinem geraden Weg gefolgt. Er achtete immer nur auf den Wegesrand. Zeit hatte ihm nie viel bedeutet, und aus diesem Grunde war er eigentlich nie ein richtiger Erfolgsmensch. Mutter sah für ihre Kinder immer zum Ende des Weges, wünschte sich, dass wir einfach dort ankamen. Vater hätte meine Wertschätzung des Sturmes verstanden. Mutter hätte gesagt: »Geh schneller und komm gut nach Hause.« Obwohl ich mehr für die Verwirklichung der Ziele meiner Mutter stand, versuchte ich, ein Gleichgewicht zwischen beiden Einflüssen zu finden. Der Prozess als solcher, der Weg selbst, war die Erfüllung und die Leistung.

Ali und Carlos trafen spät nachts ein. Ali hatte sich übel am Schienbein verletzt und weigerte sich, in dem Schmutz des *Refugio* zu nächtigen. Ich drehte mich um und schlief weiter.

Als ich wieder aufwachte, wischte Carlos eigenhändig den Schlafsaal. Ali sah zu und nahm noch eine *Advil*-Schmerztablette. Sie lebte mittlerweile von *Advil*, Wein und Beruhigungsmitteln. Trotzdem hatte sie keine Blasen an den Füßen.

Eine Engländerin schloss sich uns an. Sie erklärte, sie müsse zurück nach England und ihrem Ehemann zur Seite stehen. Irgendwie führte das zu einer Diskussion über Untreue. Sie sagte, sie sei ihrem Ehemann wirklich niemals untreu gewesen. Ich wandte mich daraufhin an Carlos und fragte ihn spontan, ob *er* seiner Ehefrau jemals untreu gewesen sei. Carlos lächelte und sagte: »Niemals, in 26 Jahren.« Ich erkundigte mich, warum er lächelte. Er erwiderte: »Weil du dich erdreistet hast, diese Frage zu stellen.«

Ali rollte natürlich mit den Augen. Sie glaubte ihm nicht. Ich war mir da nicht so sicher. Plötzlich schrie die Engländerin auf. Wir drehten uns alle zu ihr um, um zu schauen, was passiert war.

»Ich habe meinen Ehering verloren«, jammerte sie.

Ich konnte meine Kleider riechen und gelobte, sie am Ende der Reise zu verbrennen.

Ich war jetzt die dritte Woche unterwegs und befand mich auf der Strecke zwischen Carrión de los Condes und Sahagún, eine der anstrengendsten und Ehrfurcht gebietend monotonsten Erfahrungen, die ich je gemacht habe.

Ich wanderte über eine flache Meseta, Meile um Meile umgeben von Weizen- und Getreidefeldern. Wenn ich in dem hüfthohen Weizen und Getreide zusammengebrochen wäre, hätte es niemand je erfahren, außer vielleicht ein anderer Pilger, der wahrscheinlich über mich gestolpert wäre und nicht bemerkt hätte, dass dieses kleine Hindernis auf seinem Weg ein Mensch war.

Die schwer auszumachenden, fast unsichtbaren Steine ließen mich zwangsläufig an die Sportpsychologie der Olympiateilnehmer denken. Vor allem muss man entspannt und doch wachsam bleiben. Das erforderte alle asiatischen Disziplinen, von denen ich je gehört hatte. Mein neuer Schäferstab war freundlich, aber ich konnte mich nicht zu sehr auf ihn stützen, sonst schlug mir das schwankende Getreide ins Gesicht. Meine Schultern erinnerten mich daran, dass meine Haltung langsam die einer alten Frau war. Und meine Füße? Es waren Füße, die Frankenstein gehört haben könnten, voller Schwielen, wie Hufe.

Ich drängte jedoch weiter, wie in einem Traum. Wo blieb nur John der Schotte? Wo war Ariel? Und wo die Polo Lounge im Beverly Hills Hotel?! Immer weiter marschierte ich, zehn Stunden an diesem Tag, und langsam wurde mir klar, wenn ich mich selbst nicht verstand und nicht *akzeptierte*, was als Mensch in mir steckte, konnte ich auch draußen in der Welt nichts verstehen... nicht wirklich. Ich - wir, als Individuen, sind das Problem. Die Welt wäre ein glücklicherer Ort, wenn jeder von uns verstehen würde, wer wir sind. Wie oft musste mir das noch klar werden?

Meine Freundin Anna hatte ein Verhältnis mit einem Mann gehabt, der am Rand der Meseta lebte. Sie erzählte mir, er wohne in einem Haus mit einem roten Dach und einem Restaurant und einer Bar. Sie sagte, er würde mich mit offenen Armen empfangen und mir Orangensaft und Eis am Stiel anbieten.

Sein Name war César, und er war ihre Liebesaffäre auf dem Jakobsweg gewesen. Er lebte mit seinem Bruder zusammen und kümmerte sich um die Pilger, die es über die Meseta schafften.

Sie war auf ihrer Reise in einem der Weizenfelder zusammengebrochen und hatte eine einzigartige Erleuchtungserfahrung gemacht. Sie glaubte damals, sterben zu müssen, als sie fiel. Sie konnte nicht weiter und hatte kein Wasser mehr. Da sah sie ein Licht, das sie als Gott interpretierte. Daraufhin befahl ihr eine Stimme, aufzustehen und weiterzugehen. Sie sagte, von diesem Licht sei eine Liebe ausgegangen, die so inspirierend war, dass es sich einfach nicht beschreiben ließ.

Ich musste daran denken, wie mein Vater seinen Wagen

zu Schrott gefahren hatte. Er meinte, er sei unglücklich gewesen und hätte etwas getrunken. Er habe gespürt, wie er seinen Körper verließ und sehr schnell auf ein helles weißes Licht zueilte. Dieses Licht sei so ungeheuer liebevoll gewesen, dass er sich mehr als alles andere wünschte, sich ihm zu nähern. Es war reine Liebe. Doch dann habe er an die Menschen gedacht, die ihn brauchten. In dem Augenblick, als er diesen Gedanken hatte, befand er sich auch schon wieder in seinem Körper, rasend vor Schmerz. Aber er sagte: »Ich weiß, ich bin an diesem Tag gestorben, und es war so wunderbar, dass ich keine Angst mehr vor dem Tod habe. Meine Zeit war noch nicht gekommen, aber wenn sie einmal kommt, werde ich dieses Licht und diese Liebe wieder sehen.«

Anna beschrieb ihre Erfahrung auf dieselbe Weise. Natürlich hatte ich schon davon gehört, wie viele Berichte von Nah-Tod-Erfahrungen fast identisch sind. Oft hieß es auch, man habe verstorbene Verwandte und geliebte Menschen gesehen.

Suchte ich etwa danach? Ich sah kein Licht, aber ich führte Gespräche mit Menschen, die nicht länger in ihrem Körper waren. Vielleicht war ich in der Lage, ihre Lektionen verstandesmäßig zu akzeptieren, weil ich bereits von dem Licht und dem Fortleben der Seele wusste. Ich hatte gehört, wie Olof Palme und John der Schotte zu mir sprachen. Sie waren real. Sie waren zwar nicht körperlich, aber sie existierten wirklich. Wo waren sie jetzt?

Nach zehn Stunden auf der Meseta, gerade als ich kurz vor dem Zusammenbruch stand, sah ich das rote Dach. Und da stand César mit ausgestreckten Armen, genau wie Anna es mir gesagt hatte. Die Menschen, die am

Jakobsweg wohnen, wissen irgendwie um die Fortschritte der Pilger, an denen sie interessiert sind. Anna hatte ihn angerufen und ihn gebeten, nach mir Ausschau zu halten. Andere vor mir mussten ihn informiert haben.

Und da war er. Ich stolperte auf ihn zu. Er reichte mir ein Glas Orangensaft und führte mich ins Haus. Er war ungefähr 35, groß, dunkel und sah blendend aus. Anna hatte einen guten Geschmack.

Das Restaurant mit Bar war modern, ordentlich, sauber und einladend. »Kommen Sie herein«, forderte er mich in perfektem Englisch auf. »Was immer Sie wollen, es gehört Ihnen. Und wenn Sie möchten, dass ich für Sie etwas nach Hause schicke, werde ich das tun.« Ich fragte mich, ob ich einen Teil von mir selbst nach Hause schicken konnte.

Césars Bruder kam aus dem oberen Stock herunter. Andere Pilger saßen ermattet auf den Stühlen neben den Tischen. Vor Erschöpfung brachte keiner ein Wort hervor. Der Bruder brachte mir Salat und Brot. Er wusste, mehr als das konnte ich nicht essen.

»Sie erreichen bald das Ende des Jakobsweges«, meinte César. »Fassen Sie Mut. Hören Sie jetzt nicht auf!« Ich hätte nicht einmal dann aufhören können, wenn ich das gewollt hätte. Wie sollte ich hier zu einem Flugzeug kommen?

Der Bruder fragte mich, ob ich oben ein Nickerchen halten wolle. Ich lehnte ab, weil ich wusste, es würde meinen Rhythmus durcheinander bringen.

Sie setzten sich zu mir. Ich sah mir César genauer an. Anna hatte ihn drei Tage lang gekannt und sagte, diese Affäre habe ihrer Ehe sehr gut getan, denn es hatte sie um neue Erfahrungen bereichert. Außerdem vermittelte es ihr das Gefühl, der Anforderung gerecht worden zu sein, sich auf einem romantischen, weiblichen Weg zu verlieben. Dank César war sie mit sich selbst glücklicher.

Er fragte mich nach Anna. Ich erzählte ihm, wie sehr sie mir am Herzen lag und wie sie mir bei dieser unglaublichen Erfahrung geholfen hatte. Er nickte, meinte, sie habe auch ihm geholfen. Ich fragte nicht näher nach.

Ich verbrachte einige Stunden mit Reden und Ausruhen, mit den beiden Brüdern und mit anderen Pilgern. Sie waren so nett und zuvorkommend und wollten von mir kein Geld annehmen.

Hier waren zwei gut aussehende Brüder, die mitten in einer leeren, gnadenlosen Ebene lebten und den Pilgern auf jede erdenkliche Weise halfen.

Vielleicht waren sie gar nicht so isoliert. Ich bin sicher, viele weibliche Pilger auf der Suche nach dem Sinn des Lebens fanden bei ihnen ein oder zwei Tage lang die Antwort. Ich wusste, ich würde sie nie wieder sehen und war beeindruckt - nicht genug, dass es mich ins obere Stockwerk getrieben hätte... aber beeindruckt.

Ich verabschiedete mich von ihrer Oase in der Nähe von Calzadilla de la Cueza und dachte, dass Sex wie der Jakobsweg ist - ein Tanz zwischen dem, was man will, und dem, was man braucht.

Ein paar Stunden später sauste der verkrüppelte Mann im Rollstuhl in seiner ureigensten Art kosmischer Reisetrance an mir vorüber. Wann immer er in einem *Refugio* eintraf, kümmerten sich die Menschen im Allgemeinen um ihn, weil er ein unerschütterliches göttliches Vertrauen ausstrahlte. Er besaß kein Geld und war unfähig, sich allein zu versorgen. Doch das war egal. Gott war sein Copilot.

Auf dem Weg nach Sahagún hielt mich ein Mann auf einem Fahrrad an. Er richtete mir Grüße von Javier aus, der mich irgendwo auf dem Jakobsweg treffen wollte. Ich wunderte mich, doch dann erinnerte ich mich daran, was John der Schotte mir erzählt hatte.

Der Mann teilte mir auch mit, dass die Sängerin aus Brasilien blutige Füße habe und sie zwei Tage hinter mir sei. Ihr Ehemann wandere zwei Tage voraus. Ich hatte keine Ahnung, dass sie verheiratet war. Womöglich wusste es der Ehemann auch nicht.

Es war üblich, dass die Pilger einander Nachrichten in den Gästebüchern der *Refugio*s hinterließen. Auf mich wartete eine Nachricht von den jungen Irinnen. »Hüten Sie sich vor Javier. Er ist ein Sexbesessener und versucht, zu jeder Frau in die Koje zu krabbeln!!« So weit zu ihm.

Wir schrieben jetzt den 21. Juni, den längsten Tag des Jahres und den Tag der Sommersonnenwende.

Beim Wandern sah ich neue Farbschattierungen von Purpur und Lavendel, eingebettet in die Farben der Bäume und Gräser. Erst blinzelte ich mit den Augen, dann riss ich sie weit auf. Ich konnte die Farben, die ich sah, nicht zuordnen. Dann erinnerte ich mich an die Aussage der spirituellen Meister, man könne die göttlichen Schattierungen von Lavendel und Violett (die Farben des Scheitelchakras) sehen, wenn man sich auf die Realität der vierten Dimension einstimmt. Die dritte Dimension ist die körperliche Dimension der Realität, wie wir sie kennen. Die vierte ist die Dimension der Wahrnehmung über das Physische hinaus. Die Meister sagen, dass Violett und Lavendel deutlicher hervortreten, wenn ein Mensch erkennt, dass die spirituelle Dimension allem innewohnt, was lebt. Die spirituelle Dimension, so sagen sie, ist die eigentliche Realität. Sie lehren uns darüber hinaus, dass wir dazu programmiert wurden, unsere eigenen Probleme zu erschaffen – psychologisch, körperlich und sogar spirituell. Darum sind wir für den Frieden nicht bereit. Wir wünschen uns den Frieden nicht einmal wirklich, weil er keine uns vertraute Emotion ist. Die meisten Menschen, so sagen die Meister, würden Glückseligkeit und Frieden sogar langweilig finden. Aber wir müssen Bewusstheit nicht länger durch Schmerz und Aufruhr und Konflikte lernen. Die Zeit für ein neues Verständnis ist gekommen, ein Verständnis dafür, dass unsere Identität im Grunde spirituell und friedvoll ausgeglichen ist. Wir haben das einfach nur aus den Augen verloren. Außerdem, so sagen die Meister, sind wir im Grunde spirituelle Wesen, die in einer körperlichen Welt leben. Unsere Identität wird richtigerweise als Seelenwesen definiert, nicht als körperliche Wesen. Irgendwie haben wir das verdreht. Ich fragte mich, wie das geschehen konnte. In einigen Tagen würde ich es herausfinden.

Als ich Sahagún erreichte, rief ich Kathleen wieder an. Sie meinte, sie habe genügend Energie aufgebracht, um ein letztes Mal nach Paris zu fahren. Sie wusste, sie würde die Stadt nie wieder sehen. Sie erzählte, sie habe neue Farben in den Blumen, den Menschen, den Märkten, selbst in der Luft entdeckt.

»Alles erschien mir auf einmal so wunderbar. Warum habe ich diese Schönheit nicht gesehen, bevor ich wusste, dass ich sterben würde?«

»Aber du wirst nicht sterben«, erwiderte ich, »du wirst nur von uns gehen.«

»Wohin?«, fragte sie.

»Vermutlich zu deiner nächsten Erfahrung«, meinte ich. »Und ich glaube, du wirst es dort auch schön finden. Du hast doch bereits kurze Blicke in eine andere Dimension geworfen, nicht wahr?«

Sie zögerte. »Ja, das tue ich. Hast du *darüber* all die Jahre gesprochen?«

»Genau.«

»Hast du mir nicht erzählt, dein Vater habe unglaubliche Schönheit gesehen, als er starb?«

»Ja«, antwortete ich. »Und er erzählte mir davon, in seinem Traumzustand Verwandte gesehen zu haben, die schon lange von uns gegangen waren. Er wusste, dass sie dort auf ihn warteten.«

Es herrschte eine ausgedehnte Stille.

»O Gott«, sagte Kathleen. »Wenn ich dort Ken sehe, wird er mich dann wieder nach unten ziehen?«

»Ich wüsste nicht, dass es im Himmel ein Unten gibt. Wenn du erstmal dort bist, bist du dort.«

»Glaubst du, dass wir auf Erden das Paradies verloren haben?«, wollte sie wissen.

»Ja. Aber ich weiß nicht, wie das geschehen konnte.«
»Wirst du es am Ende deiner Pilgerreise wissen?«
Ich wusste nicht, was ich sagen sollte. Ich beschloss, ihr ein wenig von meinen Erfahrungen mit Ariel und mit John dem Schotten zu berichten, wie sie sich mit mir unterhielten und was ich daraus lernte. Dann erzählte ich ihr, dass ich zögerte, es jemand anderem zu erzählen, weil alle glauben würden, ich erfinde es oder ich sei verrückt. Man würde auch denken, ich sei eine kolossale Masochistin.

Am Ende meiner Erklärungen, die ich für sehr verstörend für sie hielt, meinte Kathleen: »Wenn du zu dem Schluss kommst, es jemand anderem zu sagen, tu es so, wie du es für richtig hältst. Es ist deine Wahrheit. Jeder hat sowieso seine eigene Realität. Meine Realität war immer sehr intellektuell. Ich muss erst sterben, um zu erkennen, dass es noch eine andere gibt.«

Sie sprach noch eine Weile länger. Dann sagte sie: »Mach dir keine Sorgen, ich werde hier sein, wenn du zurückkommst. Ich will mehr darüber hören, und ich bin sicher, es wird noch mehr geben.«

Wir hängten ein.

Kurz darauf trat ein Mann an mich heran. Er hatte seinen Hund bei sich und meinte, er wandere schon seit sieben Jahren!

In jedem Dorf beeindruckte mich der opulente Reichtum der Kirchen, während die Armen, die die Gottesdienste besuchten, ihr letztes Geld bei der Kollekte abgaben. Ein Priester verkaufte heilige Kerzen an die Bauern, die sie anzündeten, auf den Altar stellten und vor ihnen beteten. Als sie gegangen waren, verkaufte der Priester die Kerzen noch einmal. Die Leute hatten für das Privileg gezahlt, beten zu dürfen.

Ich sank in einer Baumgruppe auf die Knie und legte mich dann nieder. Irgendwo hatte ich eine Unterhose und ein Paar Socken zum Trocknen auf ein Fensterbrett gelegt und dort vergessen. Ich dachte daran, wie sehr ich sie vermisste und wie notwendig sie doch waren. Ich stieß eine Blase an meiner rechten Ferse auf und presste die Haut zusammen, damit sie nicht rieb. Anschließend legte ich mir meinen Hut übers Gesicht, und während ich lauschte, wie sich die Bäume über mir im Wind wiegten, schlief ich ein. Plötzlich wurde ich von Blitzlichtern geweckt und hörte, wie mir jemand Fragen stellte. Ich öffnete die Augen. Eine Gruppe von Journalisten beugte sich über mich. In diesem Augenblick stiegen zwei paramilitärisch gekleidete Männer von einem Motorrad, kamen auf mich zu und hielten mir ihre Kameras vor das Gesicht. Ich traf eine Entscheidung. Ich drehte mich einfach um und schlief weiter. Als ich aufwachte, waren alle verschwunden. Der passive Widerstand hatte funktioniert.

Ich wanderte weiter nach El Burgo Ranero. Das Dorf wirkte wie aus einem alten John-Ford-Film. Es war ein »Westerndorf« mit windschiefen Lehmbauten wie jene in Arizona und New Mexico. Es hatte sogar eine Bar im Westernstil, die mich denken ließ, jede Sekunde könnte John Wayne durch die Tür schreiten. Ich entdeckte einen Automaten mit Orangensaft und betrat die Bar.

Eine Frau kam auf mich zu und bot mir an, mir die Kleider zu waschen. Sie lud mich in ihre Wohnung über der Bar ein, wo ich mich vor ein Fernsehgerät setzte und einem Stierkampf zusah. Ich blätterte das Magazin *El Pronto* durch, während sie mir Minestra mit Kartoffeln und Zwiebeln zubereitete.

Sie schlug mir vor, meinen Rucksack am nächsten Tag in die nächste Stadt, Mansilla de las Mulas, zu bringen. Ja, es wäre ein Wunder, einmal ohne Gewicht zu wandern.

Ich dankte ihr und zog mich in das *Refugio* auf der anderen Seite der windschiefen Straße zurück.

Am nächsten Morgen saßen Vertreter der Presse in dem *Refugio*. Sie fragten die anderen Pilger nach mir aus.

Ich zog mich in meinem Schlafsack an und flüchtete durch das Hinterzimmer mit meinem Rucksack, der schwerer denn je schien, aber ich konnte nicht auf die Dame aus der Bar warten, die ihn für mich transportieren wollte.

Ich wanderte jetzt durch einen surrealistischen Traum, durch einige der ältesten und schönsten Städte Spaniens. Carlos und Ali hatte ich aus den Augen verloren. Als ich die Deutschen wieder sah, waren sie betrunken; der Belgier, der in einem anderen Leben mein Bruder war, wanderte mit seiner Baseballmütze weit vor mir, entschlossen, alle Rekorde zu brechen, und die jungen Irinnen waren schon lange verschwunden.

León ist die eindrucksvollste der alten Hauptstädte des christlichen Spanien aus dem 10. und 11. Jahrhundert. Es wurde im 8. Jahrhundert von den Mauren erobert, und seine mittelalterliche Geschichte ist voll von Schlachten zwischen Christen und Mauren. Die Stadt war im Grunde eine Festung mitten in der Ebene, umgeben von Stadtmauern. Es war die Stadt der Könige. Ich hatte das Gefühl, schon einmal dort gewesen zu sein. Im Hostal de San Marco, einer Klosterherberge, die noch aus dem Mittelalter stammte, gaben mir die Mönche eine einfache Mahlzeit – Brot und Käse und Wein. Ich saß in der Kirche und versuchte, mich auf die Vertrautheit einzustimmen, die ich empfand. Ich stand auf, und als ob ich geführt würde, erforschte ich die Straßen dieser alten Stadt. Ich sah in alle Schaufenster, als ob ich nach etwas suchte.

Dann entdeckte ich es. Es gab einen Juwelier, der antike Kunstgegenstände verkaufte. Langsam ging ich auf das Schaufenster zu. Dort, seitlich in der Auslage, befand sich ein kleines goldenes Kreuz. Ich betrat den Laden und erkundigte mich danach.

»Es ist maurisch«, erklärte der Verkäufer. »Es wurde jahrhundertelang weitergereicht. Interessant und sehr selten, denn es könnte sowohl christlich als auch maurisch sein. Es könnte aber auch nach einem altägyptischen Symbol für Glück gestaltet worden sein.«

»Wissen Sie, wem es gehörte?«, fragte ich ihn.

»O nein«, erwiderte er. »Wahrscheinlich vielen Menschen. Um diese alten Stücke ranken sich Legenden. Aber wir wissen, es stammt aus der Zeit Karls des Großen. Ich habe ein solches Stück nie zuvor gesehen.«

Tränen stiegen mir in die Augen. Ich war wieder auf dem Jakobsweg in der Vergangenheit. John der Schotte legte es um meinen Hals, als ich aus dem Wasser stieg, in das er mich hineingestoßen hatte. Ich erinnerte mich daran, wie ich das dünne Gold abtastete und mich fragte, warum es den Christen so viel bedeutete. Ich erinnerte mich auch, dass der maurische Riese es John gegeben hatte, bevor dieser es mir gab. Und jetzt, 1200 Jahre später, hatte ich es wieder gefunden?

»Darf ich es kaufen?«

»Natürlich«, meinte der Verkäufer. »Möchten Sie eine passende Goldkette dazu?«

»Nein, danke«, erwiderte ich. »Ich lege es einfach in meinen Geldgürtel.«

Ich erinnere mich nicht an den Preis. Ich zahlte mit einer Kreditkarte.

War es dasselbe Kreuz? Oder war es nur ein ganz ähnliches? Nein, so fühlte es sich nicht an. Ich hatte das deutliche Gefühl, genau das Kreuz in der Hand zu halten, mit dem John der Schotte mich getauft hatte, dasselbe Kreuz, das mich immer noch – jedes Mal, wenn ich es ansehe – an diese Erfahrung durch Zeit und Raum erinnert.

Ich spazierte durch die Straßen von León in einem Zustand des Wahrheitsschocks. Wie sollte mir das irgendjemand glauben? Dann dachte ich: Na und? Ich hatte gesehen, was ich gesehen hatte, und jetzt hielt ich auf der Erd-ebene einen Beweis aus der dritten Dimension in der Hand, einen Beweis für etwas, das ich 1200 Jahre zuvor erlebt hatte. Mit dem Kreuz in der Hand wanderte ich weiter.

Hinter León führt der Jakobsweg auf einer Brücke über den Fluss Bernesga. Ich kam an Schrotthaufen, Müllhalden und Lagerhäusern vorbei und wanderte schneller. Ich überquerte Flüsse, in deren Wasser ich meinen Kopf eintauchte. Im Rhythmus meiner Schritte sang ich »Ich bin kühl und friedlich«, nur für mich selbst. Ich sah Pilger, die in Taxis und Bussen an mir vorbeifuhren. Anna sagte, ich wäre am Ende in der Lage, 45 Kilometer (ungefähr 28 Meilen) am Tag zu marschieren. Ich sah ein spanisches Mädchen, das ohne Schuhe ging. Ich sah einige Gefangene, die die Wallfahrt machten und wegen guter Führung entlassen werden sollten, wenn sie den

Weg bis zum Ende gingen. Ich blieb an jedem Fluss stehen und nahm mir die Zeit, meine nackten Füße in das kalte Wasser einzutauchen, bevor ich sie wieder mit Vaseline einrieb. Wenn ich saß, starrte ich auf das Kreuz. Ich wollte mit John dem Schotten reden, aber er hatte mich verlassen. Ich sehnte mich nach ihm.

Ich kam an römischen Ruinen und der christlichen Kathedrale von Astorga vorbei. Mittlerweile war ich eine ehrfürchtige Touristin meiner eigenen Vergangenheit und versuchte, mich an diese Orte zu erinnern, ohne darauf allzu viel Zeit zu verwenden.

Ich wanderte durch Städte und Dörfer, mit meinem Kreuz als meinem Beschützer.

Meine Nächte bestanden darin, auf dem Boden in meinem Schlafsack zu schlafen oder neue Freundschaften im Traum zu durchwandern mit Menschen, die genauso empfanden wie ich. Wir alle hatten das Gefühl, schon früher hier gewesen zu sein. Wir fragten uns, wer wir damals füreinander waren. Dann trennten wir uns und zogen weiter, fragten uns, ob wir jemals wieder eine schicksalsträchtige Begegnung miteinander haben würden. Jeder Pilger war gefangen in seinem eigenen Kerker aus Ausdauer, Erschöpfung, Verwirrung und Schmerz und trug die Sehnsucht nach Offenbarung und Erleuchtung, die allem einen Sinn geben würden, in sich. Wir sprachen von den Tempelrittern früherer Zeiten und ihrem leidenschaftlichen Schutz für die Pilger, die einfach nur nach dem Gott in sich suchten und es nicht verdienten, von Banditen ausgeraubt und geängstigt zu werden. Wir waren dankbar, dass heute die spanische Regierung die Pilger schützte.

Ich erzählte jedoch niemandem von meinem Kreuz.

Ich mochte diese fremden Pilger in der Vergangenheit gekannt haben, aber heute kannte ich sie nicht. Ich würde mein Kreuz um jeden Preis beschützen. Bedeutete das, eine christliche Missionarin zu sein?

Überall, wohin ich kam, standen Skulpturen des heiligen Jakobus von Santiago, dem Schutzheiligen, der die Christen vor den Mauren bewahrt haben soll. Auf welcher Seite stand ich heute?

Ich kam am Hospital de San Francisco vorbei, in dem angeblich der heilige Franziskus von Assisi auf seiner Wallfahrt behandelt worden war. Also hatte auch er körperliche Probleme gehabt?

Römische Hauptverkehrsstraßen führten in die Städte und aus ihnen hinaus in das Maurenland. Während ich durch die Landschaft und durch die Dörfer und Städte wanderte, tauchten wieder einige Bilder aus meinen Traum-Visionen vor mir auf. Ich kannte diese Orte; ich kannte das Gelände und den Jakobsweg, bevor sie im Laufe der Zeit ihre heutige Gestalt erhalten hatten.

Viele Kirchen am Pilgerweg waren von den Tempelrittern erbaut worden. Eine in Rabanal war der Santa María geweiht und wies noch die Überreste ihrer ursprünglich romanischen Architektur des 12. Jahrhunderts auf. Hier in Rabanal, so will es die mittelalterliche Legende, ehelichte einer der Ritter Karls des Großen die Tochter des maurischen Sultans. Ich sah die Hochzeit vor meinem inneren Auge. Ich kannte die Frau, wusste aber nicht, woher. Karl der Große und seine Armee gingen auf Befehl »von oben« auf diese Wallfahrt. Ich sah ihn wieder mit mir an seiner Seite, wie er über Gott und die Sterne sprach und darüber, was der christliche Papst im Namen der Christenheit von ihm wünschte. Ich erinnerte mich, dass der Jakobsweg alle menschlichen Emotionen und Verwirrungen verstärkt, um dadurch zu ihrer Klärung beizutragen. Bei den Konflikten unter den Menschen geht es immer um die Interpretation Gottes. Was ist Gott? Was wünscht er sich von uns? Zu wem spricht er wirklich? Sind die Moslems Heiden und die Christen Ungläubige?

Bevor ich wusste, wie mir geschah, befand ich mich in dem *Refugio* vor Foncebadón, dem verlassenen Dorf der wilden Hunde. Und der Jakobsweg führte direkt hindurch.

Von den Pilgern in diesem *Refugio* kannte ich keinen. Es war, als ob ein neues Team an Spielern meine Bühne betreten hätte. Da wurde mir klar, wie notwendig Freunde sind.

Ich saß allein, fühlte mich einsamer denn je, seit mich Anna in Pamplona verlassen hatte. Ich hatte mehr als die Hälfte Nordspaniens durchwandert; ich hatte Erleuchtungserfahrungen gemacht, über die selbst ein großes Medium staunen würde, und ich hatte Berge, Ströme, Wüsten und die Presse überlebt. Doch jetzt saß ich da und hatte Angst vor einem Rudel Hunde. Ich versuchte, mich zu beruhigen. Ich fürchte mich vor der Rudelmentalität. Sie macht mir Angst. Ich erinnerte mich an den riesigen schwarzen Hund, vor dem Anna einfach gebetet hatte. Ich erinnerte mich auch daran, welch blutigen Begegnungen sich andere Pilger hatten stellen müssen. Hatten sie ihre Geschichten einer guten Erzählung zuliebe übertrieben?

Die fremden Pilger um mich herum schienen sich der Gefahr in dem vor uns liegenden Dorf nicht bewusst zu sein. Vielleicht wussten sie nichts davon. Möglicherweise war es besser, unwissend zu sein – »Nichtwissen ist ein Segen« oder etwas in der Art.

Ich drehte und wendete das Kreuz in meiner Hand. Dann hörte ich draußen vertraute Stimmen. Ich rannte zum Eingang. Carlos und Ali stiegen aus einem Bus aus. Auch ein betrunkener deutscher Wanderer. Ich umarmte sie alle.

Meine Freunde waren gekommen, um mit mir die Angst zu durchwandern.

Ali und Carlos erweckten den Eindruck, ein altes Ehepaar zu sein. Der Deutsche hielt eine Flasche Bier in der Hand, aus der er immer wieder ein paar Schlucke trank.

Wir sprachen darüber, dass wir geglaubt hatten, uns niemals wieder zu sehen, und doch waren wir nun hier. War das unsere Verabredung in Samarra? Sollte Foncebadón unsere Brücke von San Luis Rey werden? Darüber sprach ich nicht mit ihnen.

Aber ich brachte die Hunde in dem vor uns liegenden Dorf zur Sprache. Alle drei taten die Gefahr einfach ab. Ach so? Na gut.

Ali setzte sich, cremte ihr Gesicht ein und wickelte ihre Haare auf die Lockenwickler. Carlos beschäftigte sich mit seiner Kamera, und der Deutsche trank sein Bier.

War ich hier die Einzige, die die Angst spürte?

Ich warf mich ruhelos in meinem Schlafsack hin und her (was nicht ganz leicht war), und als ich aufwachte, spürte ich eine Art schützender Präsenz. Sie wurde von dem Duft nach Vanille begleitet. Ich sah mich um, ob jemand Parfüm auflegte. Nein. Das war hier nicht der Ort dafür. Die Leute zogen sich an und unterhielten sich flüsternd und verschlafen.

Der süße Duft nach Vanille wurde stärker. Es war Ariel!

Ich holte einen Becher Joghurt aus meinem Rucksack und aß ihn. Ali kämmte ihre Locken. Sie sah ganz entzückend aus. Carlos machte gutmütige Witze über ihre Eitelkeit. Sie wischte es schüchtern beiseite.

Und ich - ich beobachtete diese Realität, die mich umgab, und spürte, dass ich mich irgendwie außerhalb befand. Ariel war immer noch bei mir.

Um sieben Uhr morgens wanderten wir los. Die anderen im *Refugio* waren schon aufgebrochen. Es tat gut, Carlos mit seinem lila Rucksack, den Bermudashorts und den roten Socken zu sehen. Ali stützte sich auf einen Wanderstab. Eine Neuerwerbung, dachte ich. Ich fragte mich, ob sie sich mit ihrem Stab angefreundet hatte. Wir marschierten einige Stunden und unterhielten uns dabei leise. Dann überkam uns eine Art sechster Sinn.

Wir sahen das Dorf Foncebadón vor uns, das unheimlich im Morgennebel lauerte und allen Special Effects aus Hollywood spottete, die ich je erlebt hatte. Ich spürte eine Welle der Angst und umklammerte mein Kreuz. Plötzlich sagte Ariel: »Bleib ruhig. Zieh das Chaos nicht an.« Ich entspannte mich ein wenig. Ich schaltete mein Diktiergerät ein, doch dann fürchtete ich mich hineinzusprechen. Also wanderte ich schweigend. Die anderen ebenfalls. Wir erreichten eine Hügelkuppe und sahen nach unten. Dort sahen wir es: Eine Rauchsäule erhob sich aus einer Hütte. Angeblich lebte dort eine alte Hexe, allein bis auf ihre Hunde.

Wir näherten uns Schritt für Schritt dem Dorf, und plötzlich waren wir mitten darin. Es herrschte völlige Stille. Eingefallene Gebäude und die Überreste abgerissener Häuser erhoben sich wie Markierungen der Vergangenheit im Licht der Morgensonne. Was war hier geschehen? Ich hörte von fern Kuhglocken und musste darauf achten, nicht in Kuhfladen zu treten, die zuhauf auf der ausgetretenen gepflasterten Straße lagen.

Ich sah mich in unserer Gruppe um. Carlos und Ali wanderten getrennt. Carlos ging mit dem Deutschen voraus, der an diesem Tag noch nichts getrunken hatte.

Ich befand mich in der Mitte, und Ali bildete die Nachhut. Plötzlich hörte ich das Bellen eines Hundes. Es klang leise und unbedeutend, wie ein kleiner Hund aus der Nachbarschaft. Mein Herz begann zu rasen. »Ganz ruhig«, sagte Ariel. Ich ging weiter, umklammerte mit einer Hand meinen Wanderstab und mit der anderen mein Kreuz. Wegen dieses Ortes, wegen dieses Augenblicks hätte ich meine Pilgerreise beinahe abgesagt. Dann fiel mir das Hopi-Mittel wieder ein, um Hunde zu beruhigen. Ich formte vor meinem geistigen Auge ein wunderschönes rotes Herz. Dieses Herz stattete ich mit so viel Liebe aus, wie ich aufbringen konnte, und schickte meine Visualisierung los. Ich spürte, wie das Herz zu den Hunden eilte, die ich noch nicht sehen konnte. Plötzlich bellte ein anderer Hund. Ich verstärkte das Herz für den immer noch unsichtbaren Hund. Eigentlich sah ich überhaupt nichts, was sich bewegte, außer Carlos und dem Deutschen und der Rauchwolke aus einer Bruchbude vor uns. Wohnte dort die Hexe?

»Geh weiter«, sagte Ariel. Ich gehorchte. Dann hörte ich Ali niesen. Ich drehte mich um. Ali lächelte. Carlos und der Deutsche waren immer noch vor mir, wanderten ungestört. Ich konnte jetzt die Kühe sehen, wie Farbtupfer auf den umliegenden Hügeln.

»Geh weiter«, wiederholte Ariel. »Du fürchtest nichts als die Furcht. Du selbst schaffst diese Furcht. Furcht an sich existiert nicht. Das weißt du. Das weißt du.«

Ja, ich wusste das. Ich wanderte weiter und schickte das Bild des Herzens hinaus, wachsamer denn je... Dann hörte ich gar keinen Hund mehr, und mir wurde plötzlich klar, dass das verlassene Dorf nun hinter mir lag. Das war es? Davor hatte ich mich gefürchtet? Ich schickte immer noch das Bild des Herzens aus, während ich einen Hügel hinaufwanderte.

Plötzlich hörte ich Ali aufschreien. Mein Herz erstarrte. Ich drehte mich um und sah sie an. »Mein Wanderstab«, schrie sie, »mein Wanderstab ist mir aus der Hand gefallen. Und überall sind Fliegen und Insekten.«

Fliegen? Insekten? Erstaunlich. Mir wurde klar, dass mich überhaupt keine Insekten belästigt hatten. Ich hatte sie nicht einmal bemerkt.

Sie rief wieder: »Ohne meinen Wanderstab kann ich nicht weiter. Ich bin außer Atem und kann nicht laufen.« Sie lehnte sich gegen ein verlassenes Gebäude, umgeben von Kuhfladen.

»Geh weiter, Ali«, brüllte ich. »Tritt über den Kuhfladen und geh einfach weiter.«

»Ich kann nicht«, gellte sie. »Jemand muss mir helfen. Du weißt, ich ertrage das nicht!«

Plötzlich ärgerte ich mich ungemein über sie. Sie rief nach Carlos. Er drehte sich um, sah sie an und wanderte weiter.

»Deutscher«, brüllte sie, »kommen Sie zurück, und helfen Sie mir.« Der Deutsche gehorchte.

Ich stand nun zwischen einigen Kühen und Ali und Carlos. Plötzlich fingen die Hunde wieder an zu bellen. Ihr Bellen wurde lauter. Ich geriet in Panik. Was würde jetzt geschehen? Ich überlegte kurz weiterzugehen, aber ich konnte auf dem Hügel keinen gelben Pfeil entdecken.

Ich rief Ali laut zu: »Geh doch einfach weiter, verdammt.« Sie sah zu mir den Hügel hinauf.

»Los mach schon!«

Langsam trat sie über den Kuhfladen. Der Deutsche bewegte sich auf sie zu.

»Aber ich brauche meinen Stab«, rief Ali ihm zu.

»Ja«, erwiderte er, »ich hole ihn. Wo haben Sie ihn fallen lassen?« Jetzt rannte er auf sie zu.

»Irgendwo da hinten«, sagte sie.

Noch mehr Hunde fielen in den kläffenden Chor ein. Die Kühe auf dem Hügel bewegten sich in Richtung Dorf. Plötzlich sah ich ein Rudel Hunde, die hinter den Kühen auftauchten und in Richtung Dorf jagten.

Ali stolperte auf Carlos zu. Er brüllte sie an: »Wann lernst du endlich, dein Gehirn zu gebrauchen?«

Die Hundemeute war nun zu einem monsterhaften Rudel angewachsen. Ich verlor den Deutschen aus den Augen und schickte das größte, mit Liebe gefüllte Herz aus, das ich zusammenbringen konnte.

Ali erreichte Carlos, und im Laufen begannen sie, sich lauthals zu streiten.

Ich konnte den Deutschen nicht entdecken. Dafür waren nun die Hunde im Dorf angelangt. Ich sandte ein weiteres, noch stärkeres Herz-Bild aus. Dann entdeckte ich den Deutschen. Er stand auf einem Hügel oberhalb des Dorfes, Alis Stab hoch über den Kopf erhoben, bereit zum Kampf. Er war in Sicherheit. Die Hunde änderten die Richtung und rannten auf Carlos und Ali zu, die sich der anwachsenden Meute nicht bewusst waren, weil sie so heftig stritten. Mein Herz-Bild folgte den Hunden. Plötzlich schienen sie verwirrt und sahen zu meinem

Hügel herauf. Dann schauten sie wieder zu Carlos und Ali, die in diesem Augenblick die Hauptstraße oberhalb des Dorfes erreichten. Sie waren in Sicherheit, wie auch der Deutsche. Ich eilte den Hügel entlang, um ebenfalls zur Hauptstraße zu gelangen.

En masse machten die Hunde kehrt und liefen zurück ins Dorf. Ich konnte nicht sehen, ob sie die Furcht eines anderen Pilgers auf die Probe stellen wollten oder ob sie zu den Kühen zurückkehrten. Während ich weiterwanderte, hörte ich das wilde Gebell in der Ferne verklingen, und ich fragte mich, ob jemand anderes eine Lektion über seine eigene Angst bekam. Völlig außer Atem blieb ich stehen. Ich ließ das Herz-Bild los und dankte Ariel, aber der Engel war verschwunden. Ich steckte mein Kreuz in die Tasche. Was ich am meisten gefürchtet hatte, war nun vorüber. Und ich hatte meine Angst besiegt, indem ich ihr mit liebevoller Imagination begegnete.

Ali und Carlos stritten sich weiter. Ich traf danach noch mehr bösartige Hunde auf dem Jakobsweg, aber stets ging ich einfach weiter und sandte mein Herz-Bild aus. Die Hunde bellten, fletschten die Zähne und verteidigten ihr Revier, aber nun war der Weg auch mein Revier, auf das ich meinen Anspruch erfolgreich erhoben hatte.

Danach wanderte ich mit großer Ruhe auf dem Jakobsweg, und ich kam deshalb auch schneller voran. Manchmal schaffte ich 45 Kilometer am Tag, genau wie Anna es vorhergesagt hatte.

Hinter Foncebadón trennte ich mich wieder von Ali und Carlos. Ich stellte fest, wie viel ich beim Wandern tun konnte. Ich aß beim Wandern, ordnete den Inhalt meines Rucksacks beim Wandern, trank mein Wasser beim Wandern, wechselte das Band in meinem Kassettenrecorder beim Wandern, stellte beim Wandern meine Kamera ein und fotografierte beim Wandern. Mittlerweile wanderte ich mehr auf den Ballen der Füße, weil ich mich dadurch leichter fühlte. Disteln schnitten in meine Schenkel und meine Beine, aber es tat nicht weh. Ich verfiel in eine Art spirituellen Marsch, bei dem der Rhythmus meiner Schritte zum Echo meines Atems wurde. Meine Schuhe drängten vorwärts, und meine Arme schwangen im Einklang mit den Bewegungen meines Rucksacks. Hin und wieder reckte ich meine Arme über den Kopf, damit ich keinen Krampf in den Händen bekam. Wann immer ich stehen blieb, lauschte ich den Klängen der Natur. Ich lernte, die Geräusche zu *sehen* und die Farben zu *hören*.

War das Freiheit? Nein, das war es noch nicht. Wahre Freiheit wäre es, ohne Schuhe und ohne Rucksack zu wandern, ohne einen Wanderstab, ohne Essen und Wasser und größtenteils auch ohne zu denken.

Die Gedanken rufen den Schmerz und die Angst und das Leiden hervor. Ich erinnere mich, dass Jiddu Krishnamurti, der große Mystiker des 20. Jahrhunderts, einmal sagte, er freue sich immer sehr, wenn er den Punkt erreiche, an dem er ohne einen einzigen Gedanken in seinem Kopf durch die Wildnis gehen konnte. Er erklärte, er habe sich dann völlig Gott unterworfen. Wie die Pilger alter Zeit wanderte er in völliger Hilflosigkeit und wusste, dass er die Freiheit gefunden hatte. Wenn die Heiligen wanderten, sahen sie Engel und bewirkten häufig Wunder – und sie behaupteten, nur wegen ihrer beständigen Liebe zu Gott in der Lage zu sein, all dies zu erleben. Sie sprachen von dem ehrfurchtgebietenden Zustand, sich in Gott zu verlieben. Ich fragte mich, wenn ich mich völlig unterwarf und Gott liebte, würde ich mich dann noch vor *irgendetwas* fürchten? Und würde ich dann überhaupt noch *denken* müssen? Die französische Schriftstellerin Simone Weil schrieb einmal über die spirituelle Suche von uns Menschen, dass uns nur die Sicherheit weiterbringt; jedwede Unsicherheit sei Gottes nicht wert. Sollte ich mir also dessen, was ich auf meiner eigenen Suche sah und erlebte, »sicher« sein? Oder sollte ich an meinen Visionen zweifeln? Ist das, was wir Imagination nennen, in Wirklichkeit der Konflikt zwischen Glaube und Realität? Wenn die »Realität« sich durch die Wahrheit der fünf Sinne definiert, was soll man dann von meinen Erlebnissen halten? Gibt es einen Unterschied zwischen dem Gehirn und der Seele?

Die Definition der »Wirklichkeit« hat sich mit der Quantenphysik verändert. Die großen Denker der Quantenmechanik wissen, dass sowohl die Wissenschaft als auch die Religion, wie gegensätzlich diese beiden auch immer sein mögen, einfach zwei Methoden darstellen, mit denen das Geheimnis Gottes erklärt werden soll.

Möglicherweise gibt es ja zwei Realitäten: die materielle Realität des Gehirns und die göttliche Realität der Seele. Die göttliche Realität ist die Landschaft der Seele, die keine physikalischen Gesetze kennt und ihnen folglich auch nicht gehorcht.

Die Realität meiner Seele schien mit mir und meinem Gehirn kommunizieren zu wollen, wollte verstanden und anerkannt werden, wollte mein heutiges Leben bestimmen. Meine Seele flehte mich sogar an, endlich zu begreifen, dass sie der Aufbewahrungsort all meiner Erfahrungen im Laufe der Jahrhunderte war und dass sie mir diese Ereignisse bei meiner Wanderschaft auf dem Jakobsweg ins Wachbewusstsein rief.

Ich spürte, dass mein Gehirn und meine Seele verschmolzen und zu einem Medium für mein Begreifen geworden waren. Meine Seele klopfte an die Tore meines Gehirns, sehnte sich danach, als Besitzerin des Wissens jenseits meines Verstehens anerkannt zu werden. Öffnete mein Gehirn allmählich seine Pforten?

Irgendwie hatte ich das Gefühl, nach Westen an den Rand der Welt zu wandern. Und ich fragte mich: Wanderte ich zum Beginn der Welt, wie wir sie heute kennen? Würde ich den Jakobsweg dort beenden, wo alles begonnen hatte? Und wie würde dieser Ort aussehen? Das Ende der »bekannten Welt«, wie es hieß, lag dort, wo auch der Jakobsweg endete – in Finisterre. Was hatte dort geendet? Gab es eine Welt vor dieser, die irgendwie ein Ende gefunden hatte? Nannte man das Ende des Jakobsweges am Rand des Atlantischen Ozeans in Spanien »Finisterre«, weil es mehr war als das Ende des Festlandes? Hatte dort etwas anderes geendet? Warum sprach man allgemein von der »bekannten Welt«? Wie hatte die unbekannte Welt ausgesehen? Da kam mir eine Idee: Warum nannte man dieses Meer den Atlantischen Ozean?

Als mir klar wurde, dass ich über die »bekannte Welt« hinausdachte, wusste ich, dass ich den Rest des Jakobsweges in einem anderen Bewusstseinszustand beenden musste.

Ich beschloss, mich von Ali und Carlos für immer zu verabschieden. Wir waren einander behilflich gewesen, wie immer unsere Beweggründe dafür auch ausgesehen haben mochten. Vielleicht war ich verrückt, aber jetzt ging es für mich um mehr, als ich mir je vorgestellt hatte.

Ich sprach mit ihnen über meine Gefühle. Sie verstanden. Wir tauschten Adressen und Telefonnummern aus. Carlos bat mich um ein Autogramm für seine Tochter. »Ich weiß, wir werden uns niemals wieder sehen. Ich bin nicht daran interessiert, nach Amerika zu gehen. Es war sehr angenehm, dich kennen gelernt zu haben, und ich weiß, unsere Wege werden sich niemals wieder kreuzen. Danke.«

Ich fragte Ali, ob sie in der Lage sein würde, allein zu wandern. »Nein«, sagte sie. »Ich fürchte, ich werde hin und wieder den Bus nehmen, aber ich werde mit Carlos wandern, wenn ich kann. Ich weiß, du bist gekommen, um mit Dingen in dir in Berührung zu kommen, während ich nur eine leichte Wanderung machen wollte. Also musst du jetzt allein weitergehen und das tun, wozu du gekommen bist.«

Wir umarmten uns. Ich spürte, dass ich gleich weinen würde, also drehte ich mich um und marschierte in die Berge. Kaum hatte ich mich verabschiedet, kehrte Ariel zurück. Der Geruch nach Vanille umgab mich. Ich sprach den Engel an. »Wer bist du?«, fragte ich. »Kenne ich dich aus einer anderen Zeit, von einem anderen Ort?«

Es gab keine Antwort, nur einen noch intensiveren

Geruch, als sei der Duft die Antwort. Ich fragte weiter. »Bist du wirklich ein Engel?« Der Duft wurde stärker. »Haben wir alle Engel, die uns leiten?« Der Duft wurde immer süßer.

Dann spürte ich eine Präsenz um mich herum – vor mir, hinter mir, zu meinen Seiten, bis ich das Gefühl hatte, Teil dieser Präsenz zu sein. Ich musste lachen und kichern. Ich erinnerte mich, wie der derzeitige Dalai Lama manchmal aus keinem ersichtlichen Grund in Lachen und Kichern ausbrach. Es war eine Art verstohlenes Lachen in den unerwartetsten Augenblicken, als ob er in seiner Seele etwas von den Göttern hörte.

Wir hatten 1992 anlässlich der ECCO-Konferenz fast zwei Wochen zusammen in Brasilien verbracht. Brasilien – ach ja, viele Dinge hatten für mich in Brasilien begonnen. Der Dalai Lama war eine ungeheuer fröhliche Person. Er konnte aus dem Stegreif stundenlange Vorträge halten, und immer durchdrang dieses verstohlene, ansteckende Lachen seine weisen Worte. Und er flirtete gern. Ein großer spiritueller Meister, der auf fast wissende Weise flirtete, obwohl klar war, dass Sexualität hier nicht zum Flirt gehörte. Es war ein spiritueller Flirt. Mir gefiel das – ein Flirt des Geistes.

Ich marschierte über einen Bergpfad mit Ariel an meiner Seite. Dann näherte ich mich einem kleinen Dorf mit einem Fluss und einer Schwimmstelle. Ich blieb abrupt stehen. Ich spürte, wie die Schwingungen einer neuen Erinnerung zu mir drangen. Konnte es denn sein? Ich erkannte den Ort wieder. Es war der Fluss, in dem John der Schotte mich untergetaucht und »getauft« hatte. Ich erkannte die Berge und den Wasserfall und das Gelände, das offenbar die Jahrhunderte überdauert hatte. Ich ging darauf zu und spürte, wie mich die Erinnerung überflutete. Aber nun plantschten junge Leute im Wasser. Ich befand mich in zwei Dimensionen. Einige der jungen Leute erkannten mich. O Gott, dachte ich, am liebsten würde ich noch einmal erleben, was bereits einmal geschehen ist. Ich wünschte mir so sehr, dass mich jemand in einer Hommage an John untertauchte. Mir war furchtbar heiß. Ich zögerte, dann fällte ich eine Entscheidung. Ich legte meinen Rucksack an derselben Stelle am Fluss ab, an der ich meiner Erinnerung nach gestanden war. Die jungen Leute hörten auf zu lachen und starrten mich an. Würde ich oder würde ich nicht? In neuer Freiheit und alter Erinnerung zog ich mich bis auf meine Unterhose aus, sprang ins Wasser und tauchte unter. Es war dieselbe Kälte, an die ich mich erinnerte. Die Taufe kam mir wieder in den Sinn. Ich spürte Johns Präsenz. Es fühlte sich wie ein Tonikum an, eine Erinnerungsmedizin. Die Energie von John und dem Wasser rauschte durch mich hindurch. Diese Erinnerungen waren ein Teil von mir, ich fühlte mich eins mit ihnen. Ich blieb unter Wasser. Der Wasserdruck brachte in der Stille alles wieder zu mir zurück. Dann, als ich spürte, dass Vergangenheit und Gegenwart verschmolzen waren, kam ich an die Oberfläche, atmete tief die klare Luft ein, und mir war, als könnte ich jetzt Arabisch sprechen.

Ich sah mich um, erwartete, John über mir zu sehen, Taufsprüche murmelnd, und christliche Soldaten, die mich lüstern anstarrten. Stattdessen sah ich die jungen Leute. Eine Menschenmenge hatte sich eingefunden. Einige von ihnen applaudierten, andere winkten. Ich tauchte unter und schwamm und tauchte und schwamm.

Ich wurde zu der Kälte und zu der Feuchtigkeit und zu der Sonne darüber. Ich lachte und kicherte und spuckte Wasser. Als ich genug hatte, kletterte ich aus dem Fluss, wobei ich nur Unterhosen trug. Die Menge applaudierte erneut. Ich sah mich prüfend um. Es waren keine Journalisten darunter. Ich trocknete mich ab und zog meine Kleider wieder an. Einige Leute traten auf mich zu und baten mich um ein Autogramm. Ich kam dem nach. Einer bot mir eine frische Flasche Wasser an. Ich trank und dankte ihm. Ich fühlte mich meiner selbst völlig sicher. Es wäre mir auch egal gewesen, wenn die Presse da gewesen wäre. Ich hatte mich selbst in eine neue Freiheit und zu einem neuen dimensionalen Verstehen getauft. Und mir war egal, was andere dachten.

Ich wanderte weiter nach Ponferrada, wo sich mir wieder die »reale« Welt in ihrer Dualität präsentierte.

Ein Pressefotograf in einem weißen Auto verfolgte mich und hätte mich beinahe überfahren. Ich regte mich nicht auf. Er wurde unterstützt von einem jüngeren Mann, wahrscheinlich sein Sohn. Dieser sollte mich aus der Reserve locken, indem er mich anbrüllte und mit Gegenständen nach mir warf. Ein Foto von mir, wie ich wütend auf ihn losging, hätte viel Geld gebracht.

Ich spielte mit den beiden. Ich duckte mich und eilte über die Straße, wo ich in einem Laden verschwand. Der Ladenbesitzer sah den Tumult, erkannte mich, bot mir Orangensaft an und fuhr mich zu einem Platz in der Stadt, von dem aus ich diesen Aasgeiern entkommen konnte. Er wusste nicht, wo das *Refugio* lag, aber mir war es egal, an welchen Ort oder in welche Stadt er mich fuhr, solange es nur in Richtung Westen ging.

Er setzte mich an einer netten Herberge namens Hostel San Miguel in Ponferrada ab. Die Eigentümerin gab mir ein kleines Zimmer, wo ich eine heiße Dusche nahm und mir die Haare und meine Unterwäsche wusch. Plötzlich bekamen meine Hände einen Krampf, und ich konnte die Wäsche nicht beenden. Die Krämpfe arbeiteten sich über meine Handgelenke in meine Arme vor. Ich stieg aus der Badewanne, bekam mit den Ellbogen ein Handtuch zu fassen und ging zum Bett. Mittlerweile hatten sich die Krämpfe auf meine Schultern ausgebreitet und auch auf meine Beine, die unter mir nachgaben.

Ich litt unter einem schweren Kaliummangel.

Als ich auf dem Bett lag, fühlte ich mich wie eine gelähmte Mumie. Ich sah aus wie Ellen Burstyn in der Heilungsszene von *Auferstehung*.

Bald schon fiel ich in eine Art Wachtraum. Plötzlich geschah es. John der Schotte kam wieder zu mir. Er lächelte, seine Augen funkelten in seinem rotbackigen, sommersprossigen Gesicht.

»Na, mein Mädchen«, fing er an, »du hast dir selbst eine ganz schöne Tauferfahrung beschert, stimmt's?«

»Ja«, erwiderte ich. »Es war herrlich. Wo warst du denn all die Tage?«

»Ach«, meinte er, »ich war bei dir, aber es war besser, dass du das erst jetzt erfährst, da du dich selbst getauft hast.«

»Warum?«

»Du musstest dir selbst ohne mich begegnen«, antwortete er. »Außerdem hattest du doch deinen Engel, oder etwa nicht?«

»Doch.«

»Und du hast deine Eltern besucht, richtig?«

»Ja.«

»Und du hast mit deinem roten Herzen der Liebe deine Angst besiegt, richtig?«

»Ja.«

»Na also.«

»Ja.«

»Gefällt dir dein Kreuz?«

»O ja«, sagte ich, »ist es dasselbe Kreuz, das du mir gegeben hast?«

»Eben jenes«, erwiderte er.

»Es ist unglaublich«, entfuhr es mir.

»Warum?«

»Nun ja, weil es einfach nur ein Kreuz sein könnte, das genauso aussieht.«

»Hast du nicht den inneren Zwang verspürt, das Juweliergeschäft aufzusuchen, in dem es auslag?«, fragte John.

»Doch«, antwortete ich.

»Du musst lernen, Führung zu akzeptieren. Es gibt keine Zufälle im Leben. Alles ist harmonisch und hat einen Sinn und folgt dem Gesetz von Ursache und Wirkung.«

»Dann ist es also wirklich dasselbe Kreuz?«

»Mein Kind, du musst lernen, weniger misstrauisch zu sein, insbesondere bei dem, was du gesehen hast. Das tut dir nicht gut.«

Ich zögerte. »Warum sollte ich nicht misstrauisch sein? Es gibt so viele Scharlatane in der Welt.«

John ließ mich kaum ausreden.

»Meine Liebe, damit sagst du nur, dass *du* der Scharlatan bist, denn die Führung, der du misstraust, stammt von dir selbst. Alles kommt aus deinem Innern. Wenn du der Harmonie *misstraust*, dann ist es *deine* Harmonie, die sich nicht im Gleichgewicht befindet. Verstehst du das?«

»Dann kommt das, was du sagst, womöglich auch aus *mir*?«

»Ganz genau. Du erschaffst dir deine eigene Wahrnehmung der Wirklichkeit aus deinem Innern.«

»Dann erschaffe ich dich also?«

»Aber gewiss. Du erschaffst die Welt, die dich umgibt, und die Menschen darin. Du erschaffst die Welt in dir und die Menschen darin. Du trägst die Energie Gottes in dir und bist Mit-Schöpferin. Das ist dein Traum, und du erschaffst alles darin. Alles. Aus diesem Grund kann man mit Recht sagen, dass wir alle eins sind. Jeder von uns *ist* alle anderen. Also, willst du zynisch sein und deinem eigenen Traum misstrauen?«

»O Gott«, schoss es mir durch den Kopf. Ich wusste nicht, was ich denken sollte. Der Jakobsweg war real, die anderen Menschen waren real, mein Körper war real, mein Schmerz war real, mein Leiden war real, meine Verwirrung war real.

»Meine Liebe«, sagte John, als ob er meine Gedanken lesen könnte, »keines deiner Beispiele ist im objektiven Sinn real. Sie verkörpern das, was du für dich geschaffen hast. Und das weißt du auch. Du hast sogar mich als deinen Führer geschaffen. Warum solltest du dem, was du geschaffen hast, nicht vertrauen, nicht daran glauben?«

»Und was ist Gott?«, wollte ich wissen.

»Gott ist die liebevolle Energie, mit der du erschaffst. Macht es dich glücklich, der liebevollen Energie zu misstrauen?«

»Nein, natürlich nicht.«

»Möchtest du Freude?«

»Ja.«

»Dann denke daran, dass ein Tropfen Freude, den du

erschaffst, ganze Ozeane der Negativität verwandelt. Wenn du deinem Traum misstraust, ist das negativ. Zeige Verantwortung für deinen Traum. Dein Leben ist der Traum, den du erschaffen hast. Ich, den du erschaffen hast, bin ein Werkzeug, das dir das Wissen vermittelt, das du bereits besitzt. Glaube an die Wahrheit, dass du bereits alles Wissen besitzt. In dieser Wahrheit bist du eins mit Gott, das weißt du. Dein Kreuz ist das Symbol für das Gleichgewicht in alle vier Richtungen. Wer immer es hält, verankert sich auf der Erd-Ebene der physischen Dimension, um die Freuden und die Trauer des Lebens zu erfahren. Das Kreuz verkörpert die Auflösung aller Fragen der Erd-Ebene. Das ist auch die Symbolik der Kreuzigung. Jesus war der Meister dieser Auflösung, und als er am Kreuz ›starb‹, glich er die Fragen aller Menschen auf Erden zu jener Zeit aus. Er nahm bei dieser Kreuzigung das kollektive Karma der Menschheit auf seine Schultern, darum war es für ihn auch so schmerzlich. Er initiierte das Bewusstsein menschlichen Lebens neu in die Schwingung der Liebe. Deshalb sagt man, er sei für die Sünden der Menschheit gestorben. Genauer gesagt, reinigte er das Karma der Menschheit, das sich bis zu diesem Moment angesammelt hatte. Er ermöglichte der Menschheit sozusagen einen völlig neuen Anfang. Er war ein wahrer Meister, und er sagte: ›Ihr werdet die Werke auch tun, die ich tue, und noch größere als diese.‹ Er sagte auch, dass das Königreich Gottes und des Himmels inwendig in uns selbst ist.«

»Ist das die Gottesenergie, von der du gesprochen hast?«, erkundigte ich mich.

»Ja, man spürt sie als Schwingung der Liebe. Du hast sie während deines geliebten Musiksturmes in der Natur erfahren, nicht wahr?«

»Richtig. Ich habe dich also erschaffen, um mir all das zu sagen, weil ich es bereits wusste?«

»Zweifelsohne«, erwiderte er.

»Dann führe ich gerade einen inneren Dialog mit mir selbst?«

»Genau. Vertraue dem einfach. Es ist im Grunde alles sehr unkompliziert. Die Leute sagen: ›Ich wünschte, ich könnte das glauben.‹ Nun, wenn sie es glauben wollen, dann können sie es. Wenn wir wirklich im Einklang mit der göttlichen Schwingung der Liebe in unserem Inneren sind, dann sind wir immer sicher, friedlich und an genau dem richtigen Ort.«

Er schwieg, und ich fragte mich, ob ich nun eingeschlafen und mein »Traum« beendet sei.

Doch dann fuhr John fort. »Ich schlage vor, dass wir jetzt darüber reden, warum du auf dem Jakobsweg bist.«

»Ja«, erwiderte ich, »bitte.«

»Der Jakobsweg führt dich nach Westen zum Ende der bekannten Welt, richtig?«

»Ja. So will es die Legende.«

»Ich werde dir jetzt zeigen, warum du zu der ›unbekannten Welt‹ wanderst.«

Wieder herrschte einen Augenblick lang Stille.

Dann meinte John: »Du musst dich entspannen, denn ich werde dich zurück in eine andere Zeit führen, an einen Ort, der herrlicher ist als alles, was du dir jetzt vorstellen kannst.«

Ich wartete. Plötzlich war ich nervös.

»Du musst dein Bewusstsein loslassen«, sagte er. »Sorge bitte dafür, dass dir dein Bewusstsein nicht im Weg steht. Lass los.«

Langsam entspannte ich mich innerlich.

Noch mehr Zeit verstrich. Plötzlich wurde mein Unterbewusstsein aktiv, als ob ich seine Stimme in einer anderen Schwingungstonart hörte, und ich wurde eins mit seiner Stimme. Es lässt sich nur schwer beschreiben, was mit mir geschah. Eigentlich war das gar nicht ich. Nicht das Ich, das ich kannte. Bei allen anderen Kognitionen hatte ich das Gefühl, noch irgendwie ich selbst zu sein. Aber diese Identität schien nur von mir abzugleiten...

Lieber Leser, liebe Leserin,
ich möchte nun versuchen, all das aufzuzeichnen, was mir während meiner Erfahrung passiert ist. Es war Ehrfurcht gebietend und in Sachen »Realität«, wie wir sie kennen, sogar bizarr. Mein Herz wurde allmählich immer weiter, als ob die Erinnerung an das, was geschehen sollte, in mir lebte. Ich spürte eine Art Seelen erschütternden Herzschlag in meiner Brust. Mein Körper schien sich an irgendetwas Neues anzupassen. Ich hörte das Echo von Johns Stimme.

Dann sah ich ein Symbol wie dieses:

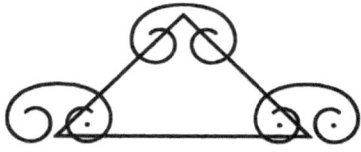

Und John sagte: »Der erste Schaden, den die Menschheit nahm, entstand durch die körperliche Trennung von Gott und Geist, als die Seele die Welt der Materie betrat. Der erste karmische Akt war die Angst.«

Ich betrachtete das Symbol, und er fuhr mit seiner Erklärung fort.

»Das Dreieck symbolisiert die Dreiheit, das Gleichgewicht von Verstand, Körper und Geist beziehungsweise von Gott, Göttin und dem Kind. Es verkörpert den Weg zurück zu Gott. Jede Spirale symbolisiert das Gleichgewicht von Yin und Yang, weiblich und männlich, in Verstand, Körper und Geist. Die Energien falten sich zur Mitte der Dreiheit, die Gott ist. Ich werde Gott von nun an als das Göttliche bezeichnen, denn dieses Wort sagt nichts über das Geschlecht aus.«

John fuhr mit seiner Erzählung fort: »Im ersten Paradies auf Erden lebten die ersten Menschen in einem Zustand der Vollkommenheit. Das heißt, jede Seele war sowohl männlich als auch weiblich. Diese Menschen entwarfen eine körperliche Form, in der sie gleichzeitig Männlichkeit und Weiblichkeit erleben konnten – die Zweigeschlechtlichkeit. Diese körperliche Form spiegelte auf vollkommene Weise ihre Seele wider – eine Zwitterseele. Jeder Mensch lebte androgyn, in einem Zustand der Zweigeschlechtlichkeit. Diese Zeit nannte man Lemuria. Mythologisch gesehen ist es als Garten Eden bekannt. Der spirituelle Seinszustand dieser Menschen spiegelte sich in einer vollkommenen Ausgeglichenheit der körperlichen Form wider. Die Energie jedes Individuums faltete sich in sich selbst, wie das Symbol erkennen lässt, und wies zur Mitte der Dreiheit. Die lemurische Gesellschaft überdauerte viele

Äonen. Doch als die Seelenform abenteuerlustiger wurde und eine größere Körperlichkeit erfahren wollte, wurde eine Entscheidung gefällt. Man entschied sich, das Yin vom Yang, das Männliche vom Weiblichen zu trennen. Sie teilten sich selbst auf. ›Aus der Rippe [des Adam] wurde Eva gebaut.‹ Diese Geschichte in deiner Bibel ist vollkommen richtig«, teilte John mir mit, »sie erzählt symbolisch, was man als Trennung der Geschlechter bezeichnet. Das kennzeichnete das Ende der lemurischen Gesellschaft und den Beginn der atlantischen Gesellschaft, und das ist auch die Verbindung«, sagte er, »nach der du gesucht hast. Mit dem Akt der Aufspaltung der Geschlechter, der viele Äonen dauerte, teilte sich die Menschheit in zwei Hälften auf. Aus dieser Erkenntnis wurde die Angst geboren: Die Angst vor Isolierung, vor Einsamkeit und vor noch mehr Distanz vom vollkommenen Seelengleichgewicht, welches das Göttliche widerspiegelte. Du wirst jetzt erleben, was damals geschah, denn du bist durch eine der frühesten sexuellen Teilungen gegangen. Bitte fürchte dich nicht. Denke daran, du erlebst nur neu, was du bereits einmal durchlebt hast.«

Mein Herz wurde noch weiter.

Mir war bewusst, dass ich bei meiner Entspannung Hilfe bekam. Die Zeit verstrich. Dann sah ich mit meinem Herzen, nicht mit dem Verstand, eine Verschmelzung von Farben. Die Farben strömten und wogten in den Kanälen meines Herzens, als ob sie kleine Bäche auf der gewaltigen flüssigen Leinwand meines Herzens seien. Anfangs waren die Farben in erster Linie grün, blau und violett. Dann nahmen sie die Form fester Gegenstände an, die in tiefen Gelb-, Orange- und Rottönen leuchteten. Anschließend formten sich die Farben zu beweglichen Objekten, bis ich innerlich verstand, dass ich ein prachtvolles Bild aus einer vielfarbigen Baum-, Blumen- und Pflanzenwelt sah. Es waren Obstbäume, die sich in wohlgepflegten Gärten und vielfarbigen Parkanlagen in einer sanften Brise schaukelten. Fontänen aus blaugrünem Wasser schossen zum Himmel, und das Sonnenlicht wurde von Nebel gemildert. Bogenförmige orientalische Brücken über gurgelnden heißen Flüssen verbanden einen Garten mit dem anderen. Neben den Gärten befanden sich Pyramiden, einige aus Stein, andere aus Kristall. Mosaikbilder schmückten ihre Wände, und Hieroglyphen umrahmten die Mosaiken.

Als ich mir meiner Umgebung deutlicher bewusst wurde, fiel mir auch auf, dass eine sanfte, aber umfassende Stille herrschte. Ich hörte die Geräusche kleiner Tiere und das Rascheln und die Bewegung der Flora und Fauna, aber das war auch schon alles. Dennoch konnte ich »fühlen«, wie die Menschen miteinander kommunizierten. Ich sah hinüber zu einem der vielfarbigen Gärten. Über eine Brücke kam ein großer, stattlicher Mensch auf mich zu. Seine Haut war golden-orange, und seine Augen hatten eine violette Färbung. Er war sehr groß – annähernd zwei Meter zehn – und hatte lange, blonde Haare. Weder sein Gesicht noch seine Arme waren behaart. Er trug Sandalen und etwas, das wie eine Dschellaba aus dem Nahen Osten aussah. Leise glitt er über den Boden, als er auf mich zukam.

Beim Näherkommen sagte er nichts in einer gesprochenen Sprache, aber als Gedankenbild kommunizierte er: »Hallo, ich bin John der Schotte in einer früheren Inkarnation.« Er lächelte. Ich erkannte die Stimme in meinem Inneren und lächelte ebenfalls. »Willkommen in deinem ursprünglichen Zuhause«, teilte John mir mit, »ich werde dir helfen, dich wieder einzugewöhnen.« Ich versuchte zu antworten, konnte aber keinen Laut von mir geben. Plötzlich wurde mir bewusst, dass John telepathisch in einer Art visuell-emotionaler Sprache kommunizierte. »Denke einfach, was du fühlst«, meinte John, »ich werde deine Kommunikation schon verstehen.«

Ich konzentrierte meine ganze Aufmerksamkeit auf die Frage: »Sprechen alle hier so miteinander?« Ich formte die Worte in meinem Verstand, und dabei war ich mir mehr der emotionalen Intensität hinter meinen Worten bewusst als der einzelnen Worte an sich. Plötzlich nahmen meine Gefühle in meinem Kopf tatsächlich visuelle Gestalt an. John lächelte. »Ja, ich verstehe«, sagte er. Gut.

»Unsere größte Leistung«, fuhr John in meinem Kopf fort, »ist die völlige Einheit des Denkens. Wir sind nicht voneinander getrennt. Wir verstehen kollektiv die individuellen Bedürfnisse des Einzelnen. Wir denken wie mit einem einzigen Geist an das Wohlbefinden jedes Individuums. Denn jeder nimmt gleichzeitig alle anderen wahr.«

Zusammen gingen wir weiter. Mir wurde klar, dass ich mich als sehr viel leichter wahrnahm. Ich sah nach unten und erkannte, dass wir auf einem Kristallweg liefen. »Der Kristall«, sagte John, »ist ein Gedankenverstärker. Wir bauen viele Gebäude aus Kristall, denn Kristalle verstärken die Gedankenwellen auf dieselbe Weise wie die Kristalle in euren Radios die Schallwellen verstärken.« Während John seine Erklärungen auf telepathische Weise kommunizierte und wir zusammen weitergingen, kamen zu beiden Seiten andere Wesen an uns vorbei. Sie trugen entweder Roben oder Lendenschurze und Sandalen wie John und waren ebenso groß wie er.

Ich betrachtete die Umgebung. Sie vibrierte vor Farben und Leben – vielfarbige Blumen, Obstbäume, üppige Tropenpflanzen, jede nur erdenkliche Flora und Fauna –, und alles Pflanzenleben schien auf derselben Wellenlänge zu schwingen wie die Menschen. Ich spürte eine gegenseitige Verflechtung von Energieströmen, fast als könnte ich verstehen, was die Tiere und Blumen fühlten und was die Früchte tragenden Bäume dachten.

»Wir sind mentale Gärtner«, sagte John. »Du weißt in deinem gegenwärtigen Leben ja selbst, dass deine Pflanzen Gefühle besitzen. Menschliche Gedanken und Aktivitäten beeinflussen sie. So ist es auch in Lemuria. Wir stehen in völliger Harmonie mit den molekularen Eigenschaften der Pflanzen und Tiere, und durch Geistprojektionen nähren wir sie, wie wir einander nähren.«

Beim Weitergehen griff John in einen Baum und pflückte eine reife rosen-farbige Frucht. Die Äste ließen die Luft wie nach Parfüm duften. Ich hörte Kinderlachen wie Vogelgezwitscher in der Ferne. Dann vernahm ich, wie ein Vogel antwortete. Ich sah hinauf zu dem Obstbaum und lächelte. Ich war mir sicher, die Äste beugten sich mir entgegen.

»Unsere Ernährung besteht in erster Linie aus dieser Frucht«, sagte John, während wir beide die saftige Frucht verzehrten. »Du kennst sie als Mango. Die Mango hat vollkommen ausgeglichene Yin- und Yang-Eigenschaften. Wenn man sie richtig verdaut, stimuliert sie das passende Muster für die Projektion der Telepathie. Da unser Zweck auf Erden darin besteht, die mentale Harmonie zu entwickeln, lassen wir uns von der Mango helfen.«

Ich ging in Gedanken versunken weiter. Der parfümierte Duft in der Luft schien meinen Gedanken zu folgen.

Beim Gehen waberte er mit meinen eigenen Schwingungen. Ich spürte allmählich, wie mich die Harmonie von Lemuria streichelte. Lemuria *war* ein echter Garten Eden. Plötzlich verstand ich die symbolische Beschreibung von Eden in der Bibel: Völliger Friede, völlige Schönheit, völlige Harmonie. Ich musste an Adam und Eva und die Versuchung der Früchte am Baum der Erkenntnis denken. Was genau war der Apfel?

Gerade als ich diesen Gedanken dachte, antwortete John mir. »Ich werde dir den Untergang des Garten Eden später erklären, denn du warst Teil davon. Es wäre besser für dich, wenn du es noch einmal erlebst, als es durch Worte neu zu erfahren, aber das hat noch Zeit. Du musst dir zuerst einiges ansehen.«

Unterwegs sahen wir andere Wesen, die einen Meter über dem Boden der Kristallwege schwebend meditierten. »Einige dieser Wesen sind Priester«, erklärte John, »sie tragen Kristallkopfstücke für eine noch intensivere Gedankenverstärkung.« In und um die üppigen Gärten befanden sich Pyramiden, die aus Kristall oder Stein gefertigt waren. Einige der Pyramiden waren mit Juwelen besetzt: Smaragde, Rubine, Saphire und Jade. Die Edelsteine besaßen Eigenschaften, die die elektromagnetischen Felder der Erde widerspiegelten, weil sie durch den natürlichen Erddruck geformt worden waren. »Sie sind ungeheuer wertvoll«, sagte John, »denn sie heilen auch und helfen darüber hinaus bei der Gedankenverstärkung.« Zahlreiche leuchtend grüne Weinreben rankten sich um die Basis jeder Kristallpyramide.

John führte mich durch die dunstigen, üppigen Tropengärten und sprach zu meinem Geist. Er erklärte, dass Lemuria fünfzig Millionen Seelen in den vorherrschenden

Rassen hatte (die Rassen, die wir heute kennen, plus zwei weitere – die mit golden-orangefarbener Haut und violetten Augen und die mit violetter Haut und violetten Augen). Die Hauptstadt hieß Ramu und lag dort, wo sich heute die hawaiianischen Inseln befinden. Lemuria war in sieben Staaten aufgeteilt, vereint unter einer einfachen monotheistischen Religion und einem einzigen Gedankensystem. Die Durchschnittstemperatur betrug 23 Grad Celsius; sie fiel nie unter 16 Grad und stieg nie über 39 Grad. Es war im Grunde eine tropische Region, ohne Gebirge, aber mit Hügelketten und sanft fallenden Ebenen. Alle Gebäude wurden so konstruiert, dass sie die elektromagnetischen Frequenzen der natürlichen Erdkräfte manifestierten und somit den Menschen eine höhere Form der Energie zukommen ließen. Lemuria war keine Agrar- oder Gartenbaugesellschaft, sondern eine ökologische Zivilisation. John erzählte mir, dass die Lebensspanne eines Menschen in Lemuria nicht zu berechnen war, denn der physische Körper war aufgrund seiner harmonischen Eigenschaften unsterblich. Wenn die Seelen ein hohes Alter erreicht hatten, entschieden sie sich einfach, den physischen Körper aufzulösen und auf die Astralebene zurückzukehren. Der Sinn ihrer Existenz bestand darin, völlige Harmonie auf einer körperlichen Ebene zu manifestieren, und sobald das erreicht war, konnten sie weiterziehen.

Als John mit seinen Erklärungen fertig war, verstand ich allmählich die Grundfesten des lemurianischen Lebens. Ihre Überlegenheit gründete nicht auf Technologie. Es waren Wesen, die Harmonie mit allem Leben anstrebten. Und diese Harmonie wurde durch Einheit erreicht. Denn alle Dinge wirken aufeinander ein. Die höchste Einheit war die Einheit mit dem Göttlichen, denn die

Lemurianer hatten erkannt, dass die positivste und zuverlässigste Wissensquelle der kosmische Geist war.

Ich folgte John. Dabei konnte ich spüren, wie ich durch die Macht der Telepathie mit den Bäumen und Blumen kommunizierte, und ich konnte sie antworten hören. Selbst die Tiere am Wegesrand - kleine Pferde, Hunde, Katzen und die Einhörner aus der Fabel, die sich auf der Stirn Hörner als telepathische Hilfsmittel wachsen ließen - reagierten auf meine Gedanken, als wir an ihnen vorüberkamen. Einige berührten mich körperlich, andere stellten sich auf ihre Hinterbeine. Meine Zuneigung wuchs. Ich erinnerte mich, wie ich solche Wesenheiten geliebt hatte, als ich noch dort lebte. Ich berührte das Horn eines Einhorns. Es bestand aus glattem kristallinem Protein, das als sensible Antenne agierte. Das Einhorn rieb sein Gesicht an meinem Arm.

John führte mich in einen Tempel des Lernens. Dieser hatte die Form einer Pyramide und war aus Kristallen erbaut.

»Wir können uns mit Hilfe des Pyramidenkristalls auf die kosmischen Eigenschaften unseres eigenen Geistes einstimmen«, erläuterte John. »Bei uns gilt das Ansammeln von Wissen als spirituelle Erfahrung. Wissenszuwachs wird mit Hochachtung betrachtet. Aus diesem Grund haben wir Tempel des Lernens errichtet; das sind Universitäten, vor dem Zahn der Zeit geschützt, in denen wir das angesammelte Wissen des Göttlichen bewahren. Wir kennen etwas, das du religiöse Zeremonie nennen würdest, und es dient zweierlei: Zum einen beten wir dabei stumm das Göttliche an, und zum anderen geben wir unser Wissen untereinander weiter.«

Ich sah mich unter den anderen Studierenden um.

Einige hatten kurze Haare auf dem Scheitel und lange Haare im Nacken, zu verschiedensten Zöpfen geflochten oder in offener Lockenpracht. Leuchtend bunte Federn wurden entweder als Haarschmuck verwendet oder als Schmuck um Hals oder Taille.

John gab mir mit Handzeichen zu verstehen, ich solle mich in der Meditationshalle umsehen. Ungefähr fünfzig Studierende saßen in einem Kreis in tiefer Meditation und schwebten ungefähr einen Meter über dem Boden. Der Raum war in einem rauchblauen Farbton gehalten. Es gab keine Geräusche und keinen Lehrer. Die Studierenden schienen kollektiv miteinander zu kommunizieren. Ich konnte das Vibrieren ihrer Aura sehen. Ich schaute genauer hin, und entlang der Wirbelsäule jedes Studierenden sah ich, dass die Chakras mit Licht vibrierten.

John lächelte. »Sie haben gewissermaßen ihre Hausaufgaben gemacht«, sagte er und lachte in sich hinein. »Das Schweben ist allerdings eine primitive Entwicklung der dimensionalen Fähigkeiten.«

John drehte mich zurück zu dem offenen, luftigen Flur und führte mich dann in ein Studierzimmer. Es befanden sich in diesem Raum keine Möbel, wie ich sie kannte. Stattdessen gab es Plattformen in unterschiedlichen Höhen. Und dünne Matten, auf denen man meditierte. Weiße Marmorsäulen schmückten diese Plattformen. Ich fühlte mich friedlich, als ich mich umsah. John bedeutete mir, mich mit gekreuzten Beinen auf eine der dünnen Matten zu setzen.

»Einiges von dem, was du neu erfahren wirst«, sagte John, »wird unangenehm sein. Aber du bist hier, weil du nun reif genug bist, deine eigene Wahrheit neu zu durchleben. Verstehst du das?«

Ich nickte.

»Wenn wir meditieren«, sagte John, »dann tun wir das vorzugsweise kollektiv, weil auf diese Weise jeder von uns mehr elektromagnetische Energie von der Gruppe erhält. Ich kann gar nicht genug betonen, dass wir spirituell so hoch entwickelt sind, weil wir *gemeinsam* kommunizieren und das auf allen Ebenen. Wir teilen unser Denken nicht in einzelne Gedanken auf. Wir alle sind ein Geist. Wir streben nach der totalen Harmonie aller Individuen. Harmonie ist *Liebe*, und Harmonie bringt Frieden.«

Ich saß völlig entspannt da und dachte über mein Leben im 20. Jahrhundert nach. So wenig davon war der kollektiven Harmonie gewidmet. Im Gegenteil, ich schien mich absichtlich auf meine individuelle Trennung konzentriert zu haben, auf individuelle Konkurrenz, auf individuelle Privatsphäre, auf individuelle Bedürfnisse und Sehnsüchte und auf mein individuelles Glück. Mit meinem modernen Verstand konnte ich die Prinzipien der kollektiven Harmonie kaum begreifen. Es schien für mich oder die Gesellschaft, in der ich lebte, nicht einmal attraktiv. Die westliche Gesellschaft des 20. Jahrhunderts nahm Spiritualität nicht ernst. Selbst die menschliche Seele wurde nicht als Tatsache anerkannt. Und mit Sicherheit würde im Westen die Vorstellung einer Prä-Existenz der Seele im Grunde als Häresie angesehen werden. Die Seele wurde im Lauf des modernen menschlichen Lebens Tag für Tag spirituell vergewaltigt. So weit es die meisten Menschen im Westen betraf, existiert die Seele nicht. Wenn man sich in der Moderne auf die Bevölkerung bezog, dann meinte man fünfzig Millionen Menschen. Hier in Lemuria waren es fünfzig Millionen *Seelen*. Nur wenig in der modernen Welt war für die friedvolle Stärkung der Seele gedacht. Mir kam der Gedanke, dass selbst unsere Musik den Geist der Harmonie vergewaltigte. Sie war laut, disharmonisch und oftmals sogar verstörend. Vielleicht wandten sich aus diesem Grund so viele Menschen den Drogen zu, aus der Sehnsucht nach einer ultra-dimensionalen Erfahrung, von der sie spürten, dass sie Teil ihrer spirituellen Wahrheit und ihres spirituellen Wissens war. Musik ist nichts weiter als eine Ansammlung vibrierender Klangwellen, warum also verwendete man sie nicht dazu, zu heilen oder zu beruhigen? Warum benützte man sie nicht für eine Gruppentherapie der Harmonie anstatt für Dissonanzen?

Mein Geist trieb in freier Assoziation. Gleichzeitig mit meinen Gedanken über die Musik hörte ich das Geräusch von Streichinstrumenten, auf denen leise Akkorde gezupft wurden. John sprach in meinem Geist.

»Wir verwenden Musikakkorde zur Heilung«, erklärte er. »Alles im Leben ist eine Frage der elektromagnetischen Frequenzen. Die Schwingungen und Frequenzen musikalischer Akkorde besitzen eigene Heileigenschaften... eine Art Klangtherapie. Musik spielt in der Gesellschaft eine wichtige Rolle – sowohl im Positiven wie im Negativen. Du hast bereits einige der negativen Folgen dissonanter Musik in der modernen Welt mit ihren Drogen, den weit verbreiteten Unruhen und der Gewalttätigkeit gesehen. Harmonie in allen Dingen ist das wünschenswerte Ergebnis, denn das ist positiv. Disharmonie produziert entsprechende Krankheiten, und das ist nicht friedvoll. Der moderne Mensch hat seine uralte Vergangenheit vergessen, dennoch sehnt er sich danach, sie neu zu erschaffen.«

Ich saß und lauschte dem harfengleichen Instrument. Seine Musik war beruhigend und schien mir leise von weit entfernt zu kommen. Ich spürte, wie John weiter zu mir sprach.

»Hier hängt jeder vom anderen ab«, sagte John. »Wenn eine einzige Person hinterherhinkt, dann sinkt die ganze Gemeinschaft auf das Niveau dieser Person, um deren Wachstum zu fördern. Die Gruppe konzentriert sich so sehr auf die Bedürfnisse dieses Individuums, dass sie in Hinblick auf andere Informationen buchstäblich fast eine Amnesie erleidet, um sich um die Bedürfnisse der Person zu kümmern, die in Schwierigkeiten steckt. Die Gemeinschaft wird zu einem einzigen Geist, bis die bedürftige Einzelperson Verstehen erlangt. Jeder ist der Hüter seines Bruders. Jeder ist für jeden verantwortlich. Niemand darf wünschen oder bedürfen. Es herrscht eine fortwährende Dynamik des gemeinschaftlichen Ausgleichs, weil es eine Freude ist, spirituelle Fortschritte zu machen. Fortschritt ist hier keine Last. Da wir keine Ego-Strukturen kennen, sind wir in höchstem Maße optimistisch in unserem Glauben an die Macht des positiven Denkens.«

Plötzlich fühlte ich mich sehr hungrig. Es gab so vieles, was ich nicht verstand, und doch fühlte sich alles vertraut an. Ich sah zu John auf, dessen Augen geschlossen waren. Ich spürte, wie John den Gedanken des Hungers empfing. Immer noch meditierend, streckte John seine Hand aus, und indem er sich auf die molekularen Eigenschaften einer Mango konzentrierte, materialisierte er sie vor meinen Augen. Er reichte mir die Frucht. »Durch spirituelles Verständnis bleiben keine Wünsche offen«, sagte John.

Ich erinnerte mich, wie Jesus die Fische und die Brote für die Massen vermehrt hatte. Ich erinnerte mich auch, wie Manna für die Israeliten, die in der Wüste hungerten, vom Himmel gefallen war. Ich biss in die saftige Mango und dachte, dass spirituelles Wissen dasselbe sein muss wie wissenschaftliches Wissen. Ich fragte mich, was Einstein von dieser Reise zurück in die Zeit gehalten hätte.

John fiel in noch tiefere Meditation. Ich spürte, wie ich mich ebenfalls mehr entspannte.

»Die Meditation ist die beste Ausbildungstechnik«, erklärte John.

Ich spürte, wie mein Bewusstsein in einen Zustand höchster Bewusstheit überging. Ich war völlig entspannt und deswegen offen für äußere Reize, dennoch wollte ich schnellstmöglichst lernen und empfand den überwältigenden Drang, die großen Fragen zu verstehen. »Wie hat das Leben begonnen?«, wollte ich wissen. Ich konnte kaum die Woge an Fragen zurückhalten, die sich in meinem Kopf ansammelten: »Was bedeutet das alles?« »Was ist das Leben?« »Was ist eine Seele?« »Wer bin ich?« Fragen, die eine Antwort haben mussten, da war ich mir sicher.

Ich spürte, wie John mich geduldig bremste. »Ich verstehe deine Ungeduld«, sagte John. »Ja, ich will versuchen, dir zu mehr Verständnis zu verhelfen, aber du musst unbedingt neu erlernen, was du bereits einmal erfahren hast.«

»Was habe ich denn erfahren?«, fragte ich.

»Ja«, sagte John, »ich will mich bemühen, dass du es genauer begreifst.«

Ich spürte, wie ich tiefer atmete und darauf achtete, alles Kohlendioxid aus meinem System zu bekommen, wenn ich ausatmete. Ich fiel in einen noch tieferen Zustand der Meditation und hatte nur Johns Stimme als Begleiter.

»Damit du noch mehr verstehst«, sagte John, »musst du noch eine Reise unternehmen, die dich weiter in die Zeit zurückführt. Wir müssen Zeit und Raum verlassen, dahin, bevor Raum und Zeit existierten, bevor es Bewegung gab. Zurück ins Nichts, wo in der gewaltigen Einsamkeit und im Nichts nur ein einziger Geist existierte – den man als das Göttliche kennt.

Am Anfang gab es ein Bewusstsein, einen Geist, eine Kraft, eine einzige Einheit. Umfangen in diesem Einssein war die Energie, die später alle Dinge zusammenfügte, alles Leben, alle Gedanken, alle Taten, alles, alles... und *alles eins* machte.

Aus der Einsamkeit bewegte sich der Eine Geist in sich selbst. Dieser Eine Geist setzte große Wunder und Schöpfungen in Bewegung. Ein Pantheon an Wasserstoffgasen wirbelte in sich und um sich, bis es sich in Sonnen verwandelte. Licht und Dunkelheit und gasförmige Substanzen kombiniert mit nuklearer Aktivität schufen eine leuchtende Kraft, bis das Licht zu Farbe wurde. Ultimative Masse und ultimativer Geist interagierten, als der Kosmos geboren wurde, schufen Universen in Universen, Welten in Welten, Dimensionen in Dimensionen. Dennoch gab es nur einen einzigen Geist, eine Energie, ein Gesetz, das alle Dinge in Bewegung setzte, alle Systeme miteinander verband, sie in sich vollständig und ganz machte. Und alle Schöpfung war harmonisch, gleich einer Symphonie, eine Schöpfung der Sphärenmusik.

Trillionen an Galaxien wirbelten und entflammten in sich und um sich und voneinander weg, während Sonnen explodierten und starben und andere geschaffen wurden. Die kosmische Leere des Nichts wurde aktiv. Der große Gedanke hatte gehandelt. Das Göttliche bewegte sich durch sieben großen Phasen, und nach der siebten Phase ruhte das Göttliche.

Nun war das rohe Universum stabil und harmonisch. Es herrschte völlige Harmonie, völliger Friede. Aber es gab auch eine Unvollständigkeit. Es gab eine Ruhe innerhalb des großen Geistes, ein Alleinsein im Einssein... eine Stille... ein tiefes Bedürfnis. Das Göttliche spürte das Bedürfnis, das Gefühl von sich selbst im Selbst zu erfahren. Es spürte das Bedürfnis, eine Un-Leere zu werden. Es spürte das Bedürfnis zu *fühlen*. Es spürte, dass seine Schöpfungen wenig oder nichts bedeuteten, ohne ein Gefühl in sich selbst. Das Göttliche liebte seine Schöpfungen und sah, dass sie gut waren, aber um in seinem Einssein nicht allein zu sein, wandte es sich in sich und sagte: »Siehe, ich will die größte Schöpfung von allen erschaffen. Ich will das Leben erschaffen, und das Leben wird nach meinem Bilde sein.« Und so wurden individuelle Seelen im Zustand göttlicher Vollkommenheit und Essenz geboren. Trillionen von Seelen nach dem Bild der göttlichen Gottheit, ein reines weißes Licht, ausgebreitet durch das Universum, dann auseinander gebrochen und zu Paaren geformt. Die Seelenpaare streckten sich zueinander aus, alle in der Lage, sich miteinander zu verflechten und zu verweben, ohne dabei ihr Gefühl für ihr Paarsein zu verlieren.

Der Große Geist schuf die Paare zu Seelenpartnern. Jedes Individuum eines solchen Paares wurde sowohl männlich als auch weiblich geschaffen und war daher in sich selbst vollständig. Jede individuelle Seele bestand aus beiden Geschlechtern, daher war keine vorherrschend, keine dominierte die andere oder war ihr nicht gleichberechtigt. Der Große Geist, der sich seiner eigenen

Vollkommenheit bewusst war, wünschte sich, dass seine Kinder voneinander erfüllt seien, dass sie als Seelengefährten einander Zeugen waren. Somit schuf er sie zu Zweierpaaren und band sie von Anbeginn der Zeit zusammen und würde sie in alle Ewigkeit zusammenbinden. Gemeinsam waren sie so leuchtend wie tausend Sonnen, jedes von ihnen ein getrennt leuchtendes Selbst... Kinder des Lichts... Kinder des Göttlichen. Und die Seelengefährtenkinder des Göttlichen wurden mit Polaritäten in sich selbst erschaffen, Polaritäten aus positiv und negativ, Yin und Yang, nicht unähnlich den natürlichen Kräften, die im ganzen Universum walteten und alle Aktivitäten regierten. Denn ohne Polarität - männlich/weiblich, positiv/negativ, hell/dunkel, auf/ab - gäbe es keine Bewegung, keine wirkenden Kräfte und somit keine Schöpfung. Nur in der Polarität liegt die Schöpfung, liegt das Leben... sei es spirituell, wissenschaftlich, philosophisch, mathematisch oder materiell. So wurden also die Seelenkinder des Lichts geschaffen, um einander Gefährten zu sein, während sie gleichzeitig als Gefährten des Göttlichen dienten, das ihr Schöpfer war. Und der Große Geist band alle Dinge zusammen.«

John fuhr fort: »Im Laufe von Jahrmilliarden entwickelten sich diese Seelen, aufgeladen von dem Göttlichen, immer weiter. Sie wurden zu Mit-Schöpfern des physikalischen Lebens - Trillionen Seelenpaare wogten und wirbelten und kreisten durch den Raum, bis einige auf den Planeten Erde kamen, während andere spiralförmig zu anderen Planeten in der Galaxie schwebten, um ihren Pflichten auf anderen Welten nachzukommen. Einige blieben im göttlichen Zustand und dienten ausschließlich dem Willen des Großen Geistes - unter ihnen die

Seelen namens Michael, Ariel, Raphael und Gabriel. Sie kommunizierten in hochentwickelten Schwingungen aus Licht und Helligkeit. Sie waren ausgereift, vollentwickelt und göttlich in ihrem Willen, dienten nur dem Großen Geist, der sie schuf, transparente Wesen aus reinem Licht. Sie hatten elektromagnetische Schwingen und Wirbelsäulen aus sieben leuchtenden Lichtern in einer vertikalen Linie, die man als Chakras oder die Organe der Seele kennt. Die Erzengel wachten über die Seelen, die der Erde zugeteilt wurden. Sie beobachteten die Seelenwesen, jedes einzigartig füreinander geschaffen, in eigenen Lichttönen, Farbspektren und elektrischen Oszillationen, die sich in ungebrochenen Kreisen bewegten, wie sich die Planeten bewegen; Yin und Yang bildeten dabei die Polarität für ihre zyklische Bewegung. Yin war der weibliche Aspekt jeder Seele und Yang der männliche, Yin war die anziehende Energiepolarität und Yang die aktive Energiepolarität. Beide waren gleichgestellt, denn ohne das andere gäbe es keine Aktivität – kein Leben. Also war mit jeder Seele der ganze Kreis komplett, denn jede Seele war androgyn.

Und jedes Paar an androgynen Seelengefährten hatte seine eigene einzigartige elektromagnetische Frequenz, an die sie beide gebunden waren.

Ihr Zweck lag darin, Zeuge zu sein für das Göttliche und dem göttlichen Willen zu dienen, der wiederum ihrem höheren Selbst diente. Dafür gab das Göttliche den Kindern des Lichts das größte Geschenk von allen – den freien Willen: Die Fähigkeit, frei zu sein und sich den eigenen Meister zu suchen.

Mit der ersten Welle an Seelen, die auf diese Erd-Ebene kamen, geschah eine Metamorphose. Als ihr Licht auf die

Erd-Ebene verlagert wurde, nahmen ihre Kristallgestalten die magnetischen Frequenzen der Erde an. Als sie auf die Erd-Ebene und zu deren uralten Sümpfen und Dschungeln wogten und schwebten, entwickelten sie sich zu ausgereiften engelsgleichen Wesen mit elektromagnetischen Schwingen, welche die elektromagnetischen Linien der Erde widerspiegelten. Ihnen wurde die Kontrolle über den Planeten Erde im Sonnensystem gegeben. Sie sollten Mit-Schöpfende der Lebensformen auf Erden sein und auf diese Weise ihre eigene Individualität zum Ausdruck bringen. Das göttliche Licht hatte den Prozess der Lebenszyklen eingeläutet, und seine Seelenkinder des Lichts waren nun hier, um diesen Prozess in der Materie zu individualisieren. Es stand ihnen frei, über alle Lebensformen zu herrschen. Sie waren hier, um neue Spezies zu schaffen und bei der Evolution des Lebens, das sie kreierten, zu helfen.

Und so schufen die Seelen des Lichts das Leben. Ein Tag wurde zu tausend Jahren. Die Zeit hatte keine Bedeutung für die Seelenkinder. Sie konzentrierten sich kollektiv mit all ihren elektromagnetischen Frequenzen auf ihre Kreaturen, bis die Objekte der physikalischen Schöpfung mit eigenem Leben reagierten. Eine Echse beispielsweise wuchs und wurde größer. Vielleicht entwickelte sie Schwingen, gemäß dem Willen ihrer Schöpfer. Dann tauchten langsam irisierende Federn auf. Aus Jahrtausenden wurden Äonen. Der Kopf der Echse drehte sich nach oben, und schließlich schlug sie in einem gleißenden Schöpfungshöhepunkt mit den Federflügeln, und die gigantische, gefederte, vielfarbige Echse hob in die Lüfte ab – eine vollendete Kreation der unsichtbaren Seelenkinder des Göttlichen. Obwohl sie sich der Zeit oder des Raumes noch nicht bewusst waren, waren wohl Zehntausende von Jahren vergangen.

Hunderttausende von Geschöpfen entwickelten sich auf diese Weise. Durch die Bewegung von Zeit und Raum, durch die Evolution ihrer Arbeit auf der Erd-Ebene waren die Seelen, die der Erde zugeteilt waren, zunehmend von der Körperlichkeit fasziniert. Sie kamen der körperlichen Ebene allzu nahe. Weil das Göttliche sie zu Mit-Schöpfenden erwählt hatte und weil sie göttliche Eigenschaften besaßen, ließen sie Lebensformen entstehen, und diese Lebensformen waren für sie von faszinierendem Interesse. Da sie neugierig waren und einen freien Willen besaßen, verliebten sie sich in ihre eigenen Schöpfungen. Sie wurden mit all den universellen göttlichen Energien, die ihnen zur Verfügung standen, schöpferisch tätig. Das Leben wurde zu einem bunten Spielfeld. Sie schufen Wesen, die nur Yin-Energiefrequenzen besaßen, sie schufen nur Yang-Energiefrequenzen, sie schufen Mischungen aus Yin und Yang und positiv und negativ. Sie schufen ein Meer der Vielfalt. Dann wurden sie von den herrlichen Schöpfungen ihrer eigenen Hände verführt und glaubten, dass sie auf vielerlei Weise größere Schönheit geschaffen hatten als der Große Geist. So wurden sie von Natur aus rebellisch, bewegten sich immer mehr auf ihre physischen Werke zu und immer weiter weg von der göttlichen Gottheit, bis sie sich schließlich von ihren physikalischen Schöpfungen unwiderstehlich angezogen fühlten und buchstäblich aus der Gnade heraus und hinunter auf die physikalische Ebene fielen – gefällt von eben jenen schöpferischen Kräften, die sie selbst in Bewegung gesetzt hatten. Sie wurden eins mit ihren Schöpfungen, anstatt im Zustand des Einsseins mit der göttlichen Gottheit zu bleiben. Einige der Kreaturen, welche die Seelenkinder schufen, waren schön und harmonisch und spiegelten ihre jeweiligen Schöpfer wider; andere waren so hässlich und bizarr (und spiegelten jene wider, die sich zu schnell bewegten), dass sie zurückentwickelt werden mussten. Einige der Seelen wurden trunken angesichts ihrer Fähigkeit zu materialisieren und wollten einfach nicht langsamer werden; ihre Schöpfungen spiegelten ihre Disharmonie wider und gerieten außer Kontrolle.

Die Erzengel Michael, Ariel, Raphael und Gabriel sahen enttäuscht zu, wie sich dieses Ballett aus verzerrter Evolution entfaltete. Sie beobachteten ihre Seelenbrüder, die außer Kontrolle geraten waren und sich in eben jene Wesen verwandelten, die sie doch eigentlich hätten kontrollieren sollen. Das war der eigentliche Sündenfall. Ihr Sündenfall war so umfassend, dass sie zu dem wurden, was sie geschaffen hatten. Sie vergaßen ihre Göttlichkeit und erlebten zum ersten Mal Schmerz und Angst auf einer körperlichen Ebene. Sie verloren ihr Bewusstsein, Kinder des Lichts zu sein, und stürzten hinab auf die materielle Ebene, wo sie nicht nur Schmerz, sondern auch Sinnlichkeit erlebten.

Man sprach später von der Rebellion des Luzifer oder dem luziferischen Einfluss. *Luzifer* bedeutet ›Lichtbringer‹, was diese Seelen der göttlichen Gottheit ursprünglich waren, doch dann vergaßen sie das Göttliche und stürzten aus eigenem freien Willen in den Sündenfall, wodurch sie ihr eigenes moralisches Schlachtfeld in sich selbst erschufen. Das Konzept des Bösen bestand eigentlich in dem Akt, sich aus freiem Willen von der göttlichen Gottheit zu entfernen. Der Luzifer-Einfluss stammte nicht von einem bösen Wesen, sondern war ein kollektiver Fehler, den die ursprünglichen Seelen begingen. Sie vergaßen, dass sie geschaffen worden waren, um dem Göttlichen mit göttlicher Liebe in allen Dingen zu dienen.

Nun trat zum ersten Mal Gewalt in Erscheinung. Gewalt gegen die göttlichen Gesetze. Die Seelen stritten und zankten sich untereinander, als sie immer mehr und immer groteskere und verzerrtere Wesen schufen, die ein Spiegelbild ihrer selbst waren. Sie erschufen riesige, nutzlose und fast hirnlose Kreaturen wie die Dinosaurier. Der Kampf um das Überleben der Stärksten begann, und zum ersten Mal trat auf der Erde das Gesetz von Ursache und Wirkung in Kraft beziehungsweise das Gesetz des Karma, denn alle Energie kehrt immer zu sich selbst zurück. Die Kreaturen schienen dämonische Kräfte in ihrem Wesen zu bergen, aber sie kämpften in Wirklichkeit nur gegen sich selbst. Dabei vergaßen sie, einander zu erkennen.

Unter den frisch inkarnierten Seelen, gefangen in der dichteren Physikalität der tierischen Formen, brach das Kämpfen und Abschlachten aus, was ihnen große Qualen bereitete. Die Erzengel beobachteten all dies voller Enttäuschung, hielten sich jedoch auf Distanz.

Das also war die Frucht ihrer Arbeit, das waren die gefallenen Engel. Die Erzengel mussten mitansehen, welche Ergebnisse der freie Willen erzielt, wenn er die Grenzen des göttlichen Willens überschreitet. Aber sie griffen nicht ein. Sie wussten, dass die große Schöpfergottheit sie alle liebte. Die Gefallenen mögen sich verstoßen gefühlt haben, ausgegrenzt von der göttlichen Gottheit, aber nicht für alle Zeit. Es gab noch andere Wesen in anderen Welten, in anderen Formen, mit anderen Fertigkeiten, mit anderen Technologien – andere Brüder, die sich stärker an den Weg des Großen Geistes hielten. Und da waren wieder andere, die Ähnliches erlebten wie die auf Erden, und sogar einige, die das Schlimmste erfuhren. Doch in jedem Fall bestand die Aufgabe der Seele jedes Individuums darin, sich an seine eigene göttliche Natur zu erinnern und dorthin zurückzukehren.

Die Große Gottheit und die Erzengel verstanden, dass dieses Chaos, das die Seelen geschaffen hatten, gebändigt werden musste. Dem sich ständig weiter entwickelnden Wahnsinn, der sich eine Zukunft auf Erden erbaute, musste Einhalt geboten werden. Die schlichteren Lebensformen, die mittlerweile vor Angst und Verwirrung in Panik geraten waren, mussten entfernt werden. Man schnitt die Lebenskraft von diesen Wesen ab, was ihre Art zu einem Ende brachte. Daher das Aussterben der gewaltigen Tiere, die man als Dinosaurier kennt. Nicht das so genannte Eiszeitalter war der Grund für ihr Verschwinden, das war nur das Mittel, durch das sie verschwanden. Denn ihnen wurde von den Erzengeln die Lebenskraft entzogen, die eine vollkommenere Umgebung für ihre Seelenbrüder schaffen mussten, damit diese Abbuße leisteten.

Es musste ein Hilfsmittel für die Buße ihrer Seelen auf der körperlichen Ebene gefunden werden. Und so erschufen sie aus dem Staub eine neue Kreatur, die sich zur Menschheit entwickelte... die Primaten.

Die niederen Primaten entwickelten sich zur Vorstufe des Menschen. Um die Ordnung wiederherzustellen, mussten die Erzengel eine perfekte Form schaffen, damit die Seelen in ihre Göttlichkeit zurückkehren konnten. Aber Form und Seelen mussten sich gemeinsam *entwickeln*. Die verlorenen Seelen befanden sich nunmehr in einem unbewussten Zustand, waren sich ihres göttlichen Ursprungs nicht bewusst und ebenso wenig ihrer Macht und ihrer Fähigkeiten. Dieser Zustand wurde später als Hölle bezeichnet. Es war die Hölle, in völlige Dunkelheit geworfen zu werden. Es war die Hölle, von der Erleuchtung der göttlichen Gottheit abgeschnitten zu sein. Die Hölle war eine Form der spirituellen Amnesie. Dieser Zustand trat als Ergebnis dessen auf, überhaupt erst auf die physikalische und materielle Ebene gefallen zu sein. Die Seelen erhielten ihre Intelligenz in gewissem Maße zurück, aber nicht ihre Spiritualität, daher standen sie nicht im Kontakt mit dem göttlichen Willen.

Und so wurden die niederen Primaten zu dem ursprünglichen Hilfsmittel für die Evolution des Menschen und die Rückkehr zum Göttlichen, der erste Schritt der Buße. Gleichzeitig entwickelten sich in angrenzenden Galaxien in anderen Teilen des Universums andere Wesen. Manche hatten eine höhere Spiritualität entwickelt, andere höhere Technologien, einige beides. Die Außerirdischen, wie man sie später nannte, entwickelten große Fähigkeiten, über alle Planeten hinweg. Sie reisten in gewaltigen Maschinen und brachten ihre Kultur, ihre Vorstellungen und ihre eigenen weit entwickelten Ideen mit sich. Sie wollten die Arbeit der großen Schöpfergottheit weitertragen, beobachteten die Situation auf dem Planeten Erde und bemühten sich, den Prozess der Evolution voranzutreiben. Sie besaßen große Kenntnisse auf dem Gebiet der Gentechnik und des genetischen Codes und wussten, wie lange der Prozess der evolutionären Buße dauern würde, wenn man ihn allein den Primaten überließ. Daher trugen die Außerirdischen dazu bei, die evolutionären Muster zu beschleunigen, indem sie sich der Kristalltechnologie, der Gentechnik und der körperlichen und psychischen Verschmelzung mit den Primaten bedienten. Dieser Einsatz ist das fehlende Bindeglied in der Evolution auf Erden. Als Folge der körperlichen und geistigen Einflüsse tauchte plötzlich der Mensch auf, obwohl es keine Verbindung zu den Primaten, die ihm vorausgingen, zu geben scheint. Als Ergebnis des außerirdischen Beitrags wurden die Seelen mittels Schock in die Bewusstheit zurückgebracht. Je bewusster sie wurden, desto vollständiger wurden sie. Die Göttlichkeit der Seelen nahm ihre Körperlichkeit in einer Gestalt an, welche die frisch erwachte göttliche Seele selbst widerspiegelte, ein physischer Körper, der das vollkommene Gleichgewicht von männlich und weiblich, Yin und Yang, positiv und negativ ausstrahlte, eben die Essenz des Göttlichen.

Die adamische Rasse wurde geschaffen, und im Laufe von Millionen von Jahren entwickelte sie sich immer weiter. Sie bildete rudimentäre Gemeinschaften, Gebräuche, Gesetze und Überzeugungen, bis sich eine erste Zivilisation zu formen begann. Und mit Hilfe einer zweiten Welle an Außerirdischen wurde die Wiege der ersten blühenden Zivilisation der Menschheit geboren. Diese Zivilisation wurde Lemuria genannt, und wenn die Bibel vom Garten Eden spricht, dann meint sie damit Lemuria. Nun war der lemurianische Mensch das Werkzeug für die Rückkehr zum Göttlichen. Die Außerirdischen hatten das evolutionäre Muster der Erdenmenschen beschleunigt.«

John legte eine Pause in seinem Vortrag ein. Er hatte von der Erschaffung der Seelen in meinem Kopf gesprochen, so lebendig, dass ich tatsächlich das Gefühl hatte, es selbst erlebt zu haben. John hatte Ereignisse geschildert, die in unseren Geschichtsbüchern nicht zu finden sind. Er hatte von unserem Sündenfall gesprochen, unserem Gefühl der Unvollständigkeit, der Erbsünde. Er hatte von dem fehlenden Bindeglied in der Evolution gesprochen und gesagt, der psychische und genetische Eingriff der Außerirdischen aus dem Weltraum sei dafür verantwortlich. Mein Verstand wirbelte. Ich fühlte einen Hauch des Verstehens.

Während seiner Rede im lemurianischen Tempel des Lernens spürte ich, dass jede Zelle und jedes Atom in meinem Körper zum Leben erwachten. Ich fühlte mich frei, als ob mir meine Ängste genommen worden wären. Ich spürte, dass ich mich selbst völlig losließ. Ich war mir nicht sicher, was genau ich da losließ, bis ich merkte, dass ich ungefähr einen Meter über der dünnen Matte auf dem Fußboden schwebte. Ich spürte, wie John lächelte. Ich fühlte mich eins mit John. Ich fühlte mich eins mit dem Göttlichen. Ich fühlte mich eins mit mir selbst. Ich fühlte mich frei. Spruchweisheiten, Sprichwörter und Redensarten schossen mir durch den Kopf. »Erkenne dich selbst.« »Die Wahrheit wird euch freimachen.« »Liebe Gott mit all deinem Herzen und mit all deiner Kraft, und liebe deinen Nächsten wie dich selbst.« All das waren früher nur Worte gewesen, jetzt erlangten sie eine Bedeutung. Mein Geist assoziierte frei.

Mir fiel wieder ein, wie betroffen es mich gemacht hatte, als ich im Buch Hesekiel und in anderen Büchern der Bibel ganze Passagen las, die offenbar eine Beschreibung von Raumschiffen und Wesen von anderen Welten (oder dem Königreich des Himmels) darstellten. Und nun hatte John erklärt, was das zu bedeuten hatte.

Ich spürte, wie ich in der Luft vibrierte, spürte einen inneren Frieden, der größer war als alles, was ich je empfunden hatte.

»Dann beobachten also Besucher aus dem Weltraum seit Millionen von Jahren diesen Planeten?«, fragte ich John.

»Ja. Das ist nicht ungewöhnlich. Das passiert auf jedem Planeten, darum muss man den Außerirdischen keine Überlegenheit zusprechen. Ich will das erklären. Es gibt viele Rassen von Außerirdischen, einige spiritueller als andere. Und *alle* Seelenwesen sind Kreaturen der großen Gottheit, mit denselben Aufgaben, nämlich mit ihren Seelen zu dem Göttlichen zurückkehren – im Austausch dafür, das Geschenk des Lebens erhalten zu haben. Das gilt auch für die Außerirdischen, auch wenn einige von ihnen eine höhere Spiritualität und eine höhere Technologie besitzen mögen. Als sie beispielsweise mit der zweiten Welle ankamen, um der lemurianischen Zivilisation weiterzuhelfen, da brachten sie zwar Kunst, Kultur, Mathematik und eine höhere Technologie und Spiritualität mit sich, aber sie beharrten auch darauf, als Götter verehrt zu werden – als überlegene Wesen. Sie verstießen gegen die Gesetze des Großen Geistes von Demut und Gleichheit. Fälschlicherweise stellten sie sich als Götter dar, und das Nebenprodukt ihres Verhaltens war falsche Götzenverehrung. Die für diese Galaxie zuständigen Erzengel waren nicht glücklich mit den spirituellen Lügen der Außerirdischen und ordneten eine spirituelle Hände-Weg-Vorgehensweise an, die am Höhepunkt der lemurianischen Zivilisation zum Einsatz kam. Den Erzengeln wurde klar, dass es für die Menschheit besser war, sich ihre spirituelle Identität selbst zu erarbeiten, bis sie allein einen reineren

Zustand der Göttlichkeit erlangten.«

»Wir sind in einem kritischen Moment in der lemurianischen Zeit eingetroffen«, fuhr John fort. »Atlantis, das im heutigen Atlantischen Ozean lag, war eine fortschrittliche Kolonie der Lemurianer. Seine Einwohner zogen es vor, Atlanter genannt zu werden und ihre eigene moderne Zivilisation zu entwickeln. Sie wollten sich von Lemuria, dem spirituellen Mutterland, lossagen, weil die Atlanter in starkem Maße von der modernen Technologie jener Außerirdischen beeinflusst waren, die dort den kulturellen Austausch vollzogen hatten.«

Die Außerirdischen waren technologisch hoch entwickelt, und die Atlanter ließen sich von deren Technologie verführen – von ihren großen Raumschiffen, ihren fortschrittlichen Naturwissenschaften, von ihrer Gentechnik, ihrer Kunst und ihrer Kultur und von dem, was sie für eine beachtliche Weiterentwicklung der angewandten Sozialwissenschaften hielten. Die Außerirdischen selbst versuchten subtil, die Atlanter zu warnen, nur ja vorsichtig zu sein, wenn sie die Richtung ihrer eigenen spirituellen Grundfesten änderten, doch sie hielten sich an ihre Politik der Nichteinmischung. Die Atlanter schenkten der Warnung allerdings kaum Beachtung. Bald schon begannen sie mit dem Prozess, Gedankenmuster voneinander zu trennen – das Ergebnis der Anbetung von Technologie und materieller Werte. Das Mutterland, Lemuria, machte sich große Sorgen, dass die neuen technologischen Vorstellungen die Spiritualität der Atlanter auflösen und Uneinigkeit und Streit zwischen Lemuria und Atlantis verursachen könnten. Sie wussten, diese Vorstellungen würden letztendlich Lemuria beeinflussen, das Heim der menschlichen Spiritualität.

Einige der Atlanter, die die neuen Werte praktizierten, kehrten nach Lemuria zurück, setzten sich für ihre neuen Ideen ein und zeigten verlockende Beispiele außerirdischer Technologie, Kunst und Kultur auf.

John beschrieb, was er in Lemuria als Folge der neuen Ideen, die von Atlantis herüberkamen, gesehen hatte. Er sagte, die atlantischen Ideen hätten zu einer Aufteilung des kollektiven Bewusstseins geführt, was schließlich eine radikale Veränderung in den lemurianischen Kommunikationsmustern zur Folge hatte, bis die meisten Individuen in einen Zustand des Ungleichgewichts und der Verwirrung gerieten. Sie verloren ihre Identifikation mit der Einheit und ihre Identifikation mit dem Ganzen. Sie traten in einen Zustand der Entfremdung und der Einsamkeit ein. Aus diesem Zustand der Entfremdung heraus, so John, entwickelte jedes Individuum das Ego - jenes Gefühl von »Selbst« und »Selbstsucht«.

»Das«, sagte John, »ist dir unter dem Begriff ›Erbsünde‹ bekannt.«

Er meinte, die Weiterführung solcher »selbst«-verliebter Werte habe sodann zu einer Entwicklung eines Gefühls der Überlegenheit geführt. Und aus diesen Gefühlen der Überlegenheit heraus versuchte ein Teil der Menschen die anderen zu versklaven. Die Sklaventreiber kontrollierten mental jene, deren Grad an Wachstum und Synthese mit der Gesellschaft noch nicht groß genug war. Ihnen wurde eine weniger wichtige Position in der Gesellschaft zugewiesen, es kam zur Evolution einer herrschenden Klasse. Als das geschah, vollendete sich die Zerstörung der Harmonie für *alle*.

John sagte, weil das kollektive Bewusstsein zerstört wurde, das zuvor in der Natur selbst verwurzelt war, trat eine große Katastrophe ein. Die Erde ist ein lebender Organismus, der in direktem Verhältnis auf das kollektive Bewusstsein der Menschheit reagiert – nicht anders herum. Das kollektive spirituelle Bewusstsein der Menschheit schmiedet und orchestriert die ökologischen Bewegungen der Natur. Die spirituelle Energie des Menschen ist mächtiger als die Natur. Das Göttliche machte die Seelen zu Mit-Schöpfern des Lebens, mit Herrschaft über alle Lebensformen. Die Erde selbst lebt so organisch wie eine Pflanze oder ein Tier. Sie ist lebendig, hat Gefühle und Reaktionen und emotionale Verhaltensmuster – und als sich damals die Seelen verzerrten, disharmonisch und verstört wurden, geschah das auch mit der Erde.

»Also musste ich mitansehen, wie Lemuria in den Wellen versank«, schilderte John voller Trauer. »Das hast du auch. Die verzerrte elektromagnetische Energie der Menschheit störte das natürliche Gleichgewicht und den Fluss der harmonischen Natur. Und die Natur reagierte entsprechend. Ich kann nicht in Worte fassen, wie traurig und hilflos mich das machte. Ich hörte so viel Millionen Seelen um Hilfe rufen, weil sie nicht verstanden, was sie getan hatten. Vulkane entlang des Rands der Kontinentalplatte unter der Oberfläche von Lemuria wurden aktiv, und ich wusste, dass Lemuria untergehen würde.«

Ich hörte mit einer Art sehnsüchtiger Erinnerung zu. Ich wusste, ich war dort gewesen, als es geschah, und ich war mir im Innersten bewusst, dass das Versinken von Lemuria eine persönliche karmische Reaktion in meinem eigenen Leben auslöste, die ich im Laufe der Zeit aufarbeiten musste – bis ich alles verstand.

Doch was genau musste ich verstehen? Warum wurde ich jetzt zurück nach Lemuria gebracht?

»Ja, du warst mit mir dort«, sagte John. »Du warst damals meine Schülerin. Du gehörtest zum...«

Plötzlich hörte ich lautes Klopfen. Johns Stimme in meinem Kopf wurde leiser. Ich wusste nicht, was geschah. Ich konnte ihn nicht mehr hören... nur noch ein Echo. Das Klopfen wurde lauter.

Als ob ich mich durch einen schützenden Tunnel bewegte, spürte ich plötzlich, wie ich in die Gegenwart raste, bis mir auf einen Schlag wieder bewusst war, dass ich auf dem Bett im Hotel San Miguel im spanischen Ponferrada lag.

Jemand klopfte hartnäckig an meine Tür. Ich wusste zuerst nicht, wo ich mich befand. Ich war schweißgebadet. Die reale und gegenwärtige Welt war für mich ein Schock. Mein Körper war mir fremd und ungewohnt. Der Lärm der Bauarbeiten auf der Straße tat meinen Ohren weh.

Ich ging durch das Zimmer und versuchte, mich zurecht- zufinden. Ich fühlte mich eingesperrt und allein und sehr verwirrt.

Was war gerade mit mir geschehen? Hatte ich den gewaltigsten Traum der Menschheitsgeschichte geträumt? Und was hatte er zu bedeuten? War er real? *Was auf dieser Erde war schon real?* Hatte meine Seele zu mir gesprochen? Hatte ich eine spirituelle Erleuchtung? War ich am Ende zuallererst meine Seele, wie ich es zu Anfang gewesen war? Und wurde ich allmählich zu einem größeren »Ich«?

Langsam ging ich zur Tür, vor der die Eigentümerin der Herberge stand, zusammen mit einem Mann, der Englisch sprach. Sie meinte, ich wolle vielleicht mit ihm unten zu Abend essen, damit er die Presse ablenken konnte, die ebenfalls unten saß.

Ich dankte den beiden, sagte, ich würde später nach unten kommen, und schloss die Tür.

Mehr als alles andere wollte ich zuerst verstehen, was mir gerade widerfahren war. War es ein Traum? War es meine Einbildung? Was war denn noch real? Erfand ich eine Vergangenheit mit einem so dramatischen Inhalt, wie ihn sich nicht einmal der Dichter John Milton hätte ausdenken können? Und was war überhaupt Einbildung? Was war die Quelle, die Motivation, der Vorläufer der Einbildung? Begann die Einbildung im Augenblick der Kreativität oder basierte sie auf früheren Erfahrungen und einer Art vergessenem Wissen, das meine Seele meinem Verstand mitteilen wollte? Während ich mir Notizen machte, musste ich an ein Zitat aus dem *Taoteking* denken, das mich beeindruckt hatte. »Wer weiß, redet nicht. Wer redet, weiß nicht.« Sollte ich mit jemand darüber sprechen? Nein, noch nicht, dachte ich. Vielleicht niemals.

Ich zog mich an und schloss mich dem Mann an, der Englisch sprach, nahm mit ihm ein Abendessen ein, an das ich mich nicht erinnere, versuchte dafür zu zahlen, was man mir nicht erlauben wollte, und überlegte mir, wie ich der Presse am Morgen aus dem Weg gehen und dabei mitten in der Stadt den gelben Pfeil finden sollte. Gleichzeitig suchte ich herauszufinden, ob ich an einer Art psychologischer Verwirrtheit litt. Und meine Umgebung war einer Bewertung meines seelischen Zustands nicht gerade förderlich! Ich musste aus der Stadt heraus. Ich hatte nur noch wenige Tage vor mir.

War die Vergangenheit, die ich gesehen hatte, jetzt ein Teil von mir? Ich wusste, meine Zukunft würde ihr eigenes, unvorhersehbares Schauspiel liefern, aber meine Gegenwart war ein komplettes Durcheinander.

In diesem Zustand der Verwirrung schlief ich ein. John, der Schotte, kehrte nicht zurück. Ich warf mich ruhelos hin und her, wusste nicht, was Traum, was Vision war und was real. Doch irgendwie begriff ich, dass ich selbst die Schöpferin all dieser Gedanken und Gefühle war. Ja, dachte ich, ich hatte Lemuria erschaffen, den Sündenfall, die Erbsünde und meine Trennung vom Göttlichen. War das die Botschaft? Hat jeder von uns alles erschaffen, was uns zustößt, *und* auch das, wovon wir *glauben*, dass es uns zugestoßen ist?

Am nächsten Morgen versuchte ich, für meine Unterkunft zu zahlen, aber die Eigentümerin wollte kein Geld annehmen. Sie führte mich durch eine Hintertür, fort von der wartenden Presse.

Zwei einfache spanische Wirtschafterinnen begleiteten mich zu dem gelben Pfeil, und bald schon hatte ich die Stadt durchquert und konnte sie verlassen.

Ich wanderte gerade durch einen Obstgarten, als mich aus heiterem Himmel ein monströser schwarzer Hund aus einer Wellblechhütte heraus ansprang. Er hatte es auf meine Kehle abgesehen, konnte sie aber nicht erreichen. Er lag an einer langen Leine, die ihn mitten in der Luft abfing. Die Überraschung hatte den Beigeschmack des Todes. Ich gewann meine Haltung zurück und wanderte weiter. Zumindest *ihn* hatte ich nicht dazu erschaffen, um mich zu beißen.

In Cacabelos blieb ich vor einem kleinen Laden stehen. Der Besitzer kam heraus und bot mir Wein und Lebensmittel an. Ich nahm ein paar Kirschen. Dann stellte er mir anheim, alles zu verschicken, was mir zu schwer geworden war. Ich gab ihm einige Kleidungsstücke und meine kostbaren Filmrollen, bezahlte ihn und ließ auch noch eine kleine Spende für die Kirche der Stadt da. Anschließend dankte ich ihm und dachte, wie nett die Landleute doch zu den Pilgern sind... Ich habe weder die Kleidungsstücke noch die Filme jemals wieder gesehen. Aber welcher Film konnte dem, was ich in meinen Visionen gesehen hatte, auch nur annähernd gerecht werden?

Ich begann den Abstieg von den Bergen nach Villafranca del Bierzo. Es heißt, wenn ein Pilger es bis nach Villafranca schafft, dann werden ihm alle Sünden vergeben. Ich fragte mich, ob das fünfzehn Millionen Jahre an Lebenszeiten einschloss.

Eine halbe Stunde später bekam ich Durchfall von den Kirschen. Ich blieb stehen, zog meine Shorts herunter und kauerte mich nieder. In diesem Augenblick tauchte ein großer, dünner Mann zwischen den Bäumen auf. Er wünschte sich ein Autogramm. Ich versuchte, ihn zu verscheuchen, aber er merkte wohl gar nicht, was ich da gerade tat, und wollte sich unterhalten. Ich ignorierte ihn und fuhr mit meinem Geschäft fort. Schließlich besaß er den Anstand weiterzugehen. Berühmtheiten sind wirklich privilegiert – sie haben absolut keine Privatsphäre.

Das nächstgelegene *Refugio* war eine ehemalige Lagerhalle mit einer Plastikplane als Dach. Die Innentemperatur betrug 40 Grad. Der Mann, der das *Refugio* leitete, weigerte sich, mich das Badezimmer benützen zu lassen.

Ich fragte ihn, ob ich meine Kleider waschen dürfe. Er sagte nein. Ich entdeckte einen Trockner und meinte, ich wisse, wie man ihn benützt. Er sagte nein.

Ich wanderte in die nächste Stadt. Der Jakobsweg folgte an dieser Stelle einer viel befahrenen Nationalstraße. Beinahe hätte mich ein großer Lastwagen erfasst.

Mittlerweile konnte ich nicht länger als eine Stunde still sitzen. Also wanderte ich weiter. Durch Bergland mit schäumenden Flüssen und kaskadenförmigen Wasserfällen. Ich war einsam und schlecht gelaunt. Es war mir egal, ob ich mich verirrte oder nicht. In den Zeitebenen hatte ich mich ohnehin verlaufen. Ich wollte nur noch verstehen, was mit meiner Realität geschah. War das der Grund, warum Menschen aller Epochen die Pilgerreise antraten? Hatte irgendeiner von ihnen dasselbe erlebt, was ich erlebt hatte?

Die Wasserfälle schienen direkt aus den Felsen zu schießen, als ich an ihnen vorbeikletterte. Ich kam an Pilgern vorüber, die erschöpft waren und am Wegesrand schliefen. Was mochten sie träumen?

Jedes Mal, wenn ich dachte, den Gipfel eines Berges erklommen zu haben, streckte er sich noch höher hinauf. Mein Gott, wie im wahren Leben. Ich rutschte auf Kothaufen aus und fragte mich, ob sie von Tieren oder von Menschen stammten. Ich fragte mich auch, was wohl mit den ganzen Abwasserkanälen passierte, wenn die Menschen nur Mangos aßen.

Von oben schaute ich den Berg hinunter, entdeckte jedoch keine Pilger, die mir folgten. Viele waren in Busse und Taxis umgestiegen. Kein Wunder.

Als ich mir die Strecke ansah, die ich gewandert war, drehte sich mir der Magen. Sollten wir niemals wissen, was hinter uns oder was vor uns liegt? Sollten wir es einfach gut sein lassen? Ich war nicht die, die ich zu sein glaubte. Ich hatte erfahren, wer ich früher war, bevor ich Ich wurde.

Ich kam an noch mehr Schuhen und Socken und Hosen vorbei.

Auf dem Berggipfel befand sich ein Dorf. Ich sah einen Brunnen. Als ich darauf zuging, griffen mich zwei weitere Hunde an. Ich ignorierte sie. Meine Aufmerksamkeit galt allein dem Wasser. Die Hunde ließen mich in Ruhe.

Ich trank das süße Wasser und tauchte meinen Kopf ein.

Auf dem Weg nach Villafranca fragte ich mich, ob ich einen Ablass für meine Sünden aus früheren Lebenszeiten bekommen würde.

Die gelben Pfeile führten mich entlang der Calle del Agua, wo die Kirche San Francisco zu Ehren des heiligen Franziskus von Assisi und seiner Reise nach Compostela errichtet worden war. Ich fragte mich, ob seine Seele gerade irgendwo auf dieser Welt am Leben war.

Es heißt, man solle den Wein aus Villafranca nur mäßig trinken, weil er brennt wie eine Kerze, die deine Seele versengt. Ich konnte so viel trinken, wie ich wollte, denn meine Seele war bereits versengt worden.

Ich wanderte in verwirrter und schmerzlicher Tagträumerei. Würde ich meine Traum-Visionen jemals einem Menschen erzählen können, ohne dass er mit den Augen rollte? Ich war im Grunde eine Frau, die »mit beiden Beinen auf dem Boden der Tatsachen« stand. Die meisten Menschen wissen, dass ich vielen Dingen gegenüber skeptisch und analytisch bin – warum passierte all das ausgerechnet mir? Konnten die Ley-Linien solche Erinnerungen hervorrufen? Vielleicht konnte ich eben deshalb, weil ich so bodenständig war, die Geschichte der Erde, ihre Erfahrungen hören. Hörte und sah ich die Erfahrungen der Erde so lebendig, dass ich schon nicht mehr von dieser Welt zu sein schien? Ich musste mich schon sehr anstrengen, um angesichts meiner Erlebnisse nicht selbst mit den Augen zu rollen!

Ich wanderte bis zum Sonnenuntergang, und es kümmerte mich nicht, ob ich ein dörfliches *Refugio* fand. Es war mir egal, ob mir die Presse wieder in einem Hinterhalt auflauerte. Ich blieb in einem Feld an einem einsamen Fleck unter einigen Bäumen stehen und rollte meinen Schlafsack auf. Ich legte mich hinein und sah zu den Sternen auf. Ich konnte das Siebengestirn und den Orion sehen und erinnerte mich an die Stelle in der Bibel, an der von dem lieblichen Einfluss des Siebengestirns und dem Gürtel des Orion die Rede ist. Hatten die Autoren dieses »Buch Gottes« um den außerirdischen Einfluss auf die Menschheit gewusst? Ich starrte so lange, bis ich das Gefühl hatte, zwischen die Teilchen der Luft sehen zu können. Was machten die Lebewesen auf anderen Sternen jetzt, in diesem Augenblick? Starrten sie auf die Erde? Wurde ich von ihnen womöglich auf telepathische Weise beeinflusst? Ich wusste, wir konnten nicht das einzige Leben in den Abermilliarden Galaxien über mir sein. Welche Rolle hatten die Außerirdischen bei unserem Marsch durch die Zeit gespielt? Oder erschuf ich sie mir selbst, wie die Wissenschaft es behauptete?

Und woraus bestanden die Seelen? Aus dem Stoff, aus dem Gott gemacht war, wie es die Bibel sagt? Was genau war ein Mann, und was war eine Frau? Wenn jede Seele sowohl männlich als auch weiblich war, warum dann die Trennung? Sobald mir dieser Gedanke kam, schloss ich die Augen, und John erschien wieder. In einem Rausch an Energie wirbelte ich durch die Zeit zurück wie durch einen Tunnel aus Licht. Immer weiter, bis ich mich wieder im Tempel des Lernens auf Lemuria befand. Ich saß neben John auf derselben dünnen Meditationsmatte. Ich hörte dieselbe Musik wie zuvor, und wir befanden uns mitten in unserer Unterhaltung und seiner Abhandlung über Lemuria. Er ging auf die Störung nicht ein, auch nicht darauf, dass wieder ein paar Tage vergangen waren. Unsere Unterhaltung schien als Ereignis außerhalb der Zeit zu existieren, als ob sie in ihre eigene Realität eingebrannt wäre. Selbst seine Worte waren dieselben wie damals, als wir durch das laute Klopfen an die Zimmertür der Herberge in Ponferrada unterbrochen worden waren.

»Du warst dort mit mir«, sagte John. »Du warst damals meine Schülerin. Du gehörtest zum Programm für Verbesserung. Wir brauchten dich. Wir brauchten jeden, der dazu beitragen konnte, die Disharmonie in Atlantis zu beenden und die Auswirkungen zu beschränken, die das auf das Mutterland Lemuria haben konnte. Folge mir.«

Ich gehorchte John. Wir verließen den Tempel des Lernens und gingen auf die Straße. Leuchtend bunte, gefiederte Echsen huschten über den Kristallweg. Drei Bürger saßen in der Lotus-Position entlang des Weges in einem tiefen Meditationszustand, andere übten sich in Levitation und schwebten. Ein irisierender Pfau breitete seinen vielfarbigen Schwanz aus und streckte drei lange türkisfarbene Federn einem Priester entgegen, der neue Schmuckfedern für seine Brustplatte wollte. Der Priester bedankte sich mit einer Verbeugung. Der Pfau stolzierte weiter. Kinder spielten, und ich spürte ihr Lachen und hörte ihre Freude.

John nahm mich am Arm. »Komm«, sagte er, »wir müssen die Erfahrung durcharbeiten.«

Er brachte mich in eine Pyramide aus Kristall, in der sich mehr oder weniger bekleidete Menschen bewegten. In ihren stummen Gedanken spürte ich einen Hauch von Verehrung.

»Dies ist der Ort, an dem das Leben beginnt«, erklärte John. »Das ist unser Alpha – unser Anfang. Es ist unser Portal des Lebens. Das sind unsere Geburtshallen.«

Ich sah mich um. Blaues Licht erleuchtete die Eingangshalle. Am Ende der Halle befand sich eine große Geburtskammer.

»Komm«, sagte John. »Wir wollen uns vorbereiten.«

Die Geburtskammer leuchtete in einem tieferen Blauton. »Eine heilende Farbe«, erläuterte John. Überall in der geräumigen Kammer befanden sich riesige Becken aus Kristall, eingelassen in Marmorblöcke. Die Kristallbecken waren in Form einer Gebärmutter gefertigt. In ihnen befand sich eine goldfarbene Flüssigkeit.

»In den Becken werden die Kinder geboren«, erklärte John.

Ich sah, wie Wesen auf der anderen Seite der Kammer aus den Becken auftauchten und ihre Kinder an sich drückten, während sie sich bewegten. Helfer kamen, um sich um sie zu kümmern und die Mütter und ihre Kinder sorgfältig abzutrocknen. Dann tasteten sie die Kinder mit großen Kristallen ab.

»Sie suchen nach körperlichen Defekten«, meinte John, »um die man sich, sollte man sie finden, sofort kümmern wird.«

John führte mich direkt zu einem bestimmten Becken. Darin schwebte friedlich ein Wesen. Seine Haare waren kurz geschnitten, der Umriss des schwangeren Bauches war fest und voll. Die Beine wirkten stark, die Hinterbacken fest und der Rücken aufrecht und gerade – eine klassische Gestalt, so vollkommen wie eine griechische Statue, aber sowohl maskulin als auch feminin.

John drehte mich vom Becken weg.

»Das ist unser Anfang«, sagte er. »Dein Erbe. Die Geburt ist einer der heiligsten Momente im lemurianischen Leben – und du sollst diese Geburt miterleben. Wir kennen keine Scham, daher werden wir, wie es in Lemuria Brauch ist, unsere Kleidung ablegen.«

Als ob er einem Ritual folgte, einer festgelegten Zeremonie, entfernte John seine Kleidung. Ich tat es ihm gleich. Anmutig zog John seine weiße Robe über den Kopf. Zuerst blieb ich ungerührt, doch dann starrte ich ihn plötzlich erstaunt und mit großen Augen an. John entfernte langsam, ohne jede Befangenheit, all seine Kleidung. Er hatte Brüste, weibliche Brüste. Das verstand ich nicht. Ich sah nach unten. Mein Mund klappte auf. John besaß androgyne Genitalien. Ich sah an mir selbst herab, als ich mich auszog. Zu meinem Erstaunen war ich ebenfalls zweigeschlechtlich, die Genitalien bewiesen das. Ich sah wieder zu John auf. Ich wusste nicht, was ich denken sollte. John lächelte verständnisvoll.

»Siehst du«, meinte er, »wie zu Beginn, als die Seele weder ein Bewusstsein von männlich noch weiblich hatte, so war es auch bei der lemurianischen Rasse. Alle Seelen waren und sind androgyn und im reinen Zustand des Göttlichen. Daher wurden die Körper entsprechend geformt.«

Verblüfft und immer noch mit offenem Mund drehte ich mich um und sah in das Becken. Das Wesen, das gleich gebären sollte, wandte sich zu mir, zeigte mir seinen Bauch, seine Brüste und die androgynen Genitalien. Alle weiblichen und männlichen Teile waren vorhanden.

»Dieses Wesen wird jetzt die Wehen bekommen«, verkündete John. »Diese neue Mutter wird ein Kind manifestieren.«

Ich starrte das Mutterwesen an. Außer den Zuckungen im Bauchbereich gab es keinen Hinweis auf Geburtsschmerzen. Sie/er befand sich in einem tiefen Schlaf, den es selbst herbeigeführt hatte. Dann sah ich, dass der Bauch ausgeprägter wurde. Der Ablauf der Zeit schien sich zu beschleunigen, und der Bauch wurde immer größer und voller, während die Wehen zunahmen, bis das Wesen, das gebären sollte, eine fast vollständig weibliche Form angenommen hatte. Die Brüste waren voll. Der Ausdruck auf seinem/ihrem leicht bläulichen Gesicht war gelassen. Er/sie schwebte friedlich in der goldenen Flüssigkeit. Die Beine öffneten sich, und die Geburt eines Kindes durch den Gebärmutterhals und die Vaginalöffnung wurde eingeleitet. Das neue Wesen tauchte in seiner neuen körperlichen Welt auf. Das Baby war ebenfalls androgyn, wenn auch in Miniaturform. Es schwebte in der goldenen Flüssigkeit. Hebammen begaben sich in das Kristallbecken und durchtrennten die Nabelschnur. Jetzt wurde mir klar, dass alle um mich herum zweigeschlechtlich waren. Sie liebkosten das Baby und versorgten es.

Ich beobachtete die Mutter. Sie/er schwebte nicht länger, sondern sank auf den Boden des Beckens. Ein Helfer eilte zu einem breiten Regal, nahm einen Kristall herunter und trug ihn zurück zum Becken. Er hob den Kristall und tastete durch die Beckenwand den Körper der androgynen Mutter ab, auf der Suche nach der Lebensaura. Es gab keine. Die androgyne Mutter war gestorben. Ich schrie auf und fing an zu schluchzen. Ich versuchte, mich zusammenzureißen und zu verstehen, was da so schrecklich schief gelaufen war.

»Sieh dir das Gesicht des Wesens genau an«, forderte John mich auf. Ich gehorchte und starrte durch das Becken in das Gesicht der toten androgynen Mutter. Plötzlich raste meine Erinnerung durch Äonen und Äonen der Zeit. Ich stolperte in der Zeit nach vorn. Und dann verstand ich. Das Gesicht war das des Menschen, der einst Karl der Große und dann Olof Palme werden würde.

Ich fiel auf die Knie. »Warum?«, flehte ich John an. »Warum musste diese Seele sterben?«

John berührte meinen Kopf. »Kind, dieses Wesen war deine Zwillingsseele und hatte einen karmischen Defekt, der im göttlichen Zustand ausgearbeitet werden musste. Diese Seele hat sich selbst freiwillig verabschiedet, was kurzfristig gesehen ungerecht erscheinen mag, aber langfristig notwendig war. Damit du es verstehen kannst, war es nötig, dass du das noch einmal miterlebst, so wie du es damals miterlebt hast.«

Ich sah wieder in das Gesicht. Ich konnte die Tränen auf meinem Gesicht spüren, sie auf meinen Lippen schmecken.

»Du bist dieser Seele auf dem Jakobsweg begegnet«, fuhr John fort. »Und du hast sie in deinem gegenwärtigen Leben geliebt. Erst allmählich verstehst du die karmische Rolle, die ihr im Laufe der Zeit in euer beider Leben gespielt habt und noch spielen werdet. Ihr werdet euch wieder sehen – mehr als einmal. Jetzt begreifst du wohl. Es ist schmerzlich, aber die Wahrheit ist notwendig und weniger schmerzlich als der Mangel an Wahrheit.«

Ich spürte, wie mein Verstand allmählich die Bedeutung dessen, was John gesagt hatte, begriff.

»War er damals schon mein Seelengefährte?«, fragte ich und fühlte mich wie ein Teenager.

»Nein«, sagte John. »Eine Zwillingsseele. Ihr habt zusammen viele Zeitepochen und Orte durchlaufen.«

Dann dämmerte mir die eigentlich wichtige Frage. »Warum habe ich diesen Mann später kennen gelernt?«, wollte ich wissen.

John sah mir tief in die Augen. »Das wirst du als Nächstes lernen«, sagte er.

»Sind Zwillingsseelen oder Seelengefährten immer gegengeschlechtlich inkarniert?«

»O nein«, meinte John, »oft inkarnieren Zwillingsseelen und Seelengefährten gleichgeschlechtlich. Darum gibt es so viele homosexuelle Beziehungen und tiefe Freundschaften zwischen heterosexuellen Menschen gleichen Geschlechts, die so tief und so positiv sind. Siehst du, wie irrelevant die sexuelle Identität wird, wenn man in spirituellen Begriffen denkt? Der Körper ist für die Liebe ebenso bedeutungslos wie der Tod. Nur auf den spirituellen Kontext kommt es an.«

»Dann sind wir alle im Grunde zweigeschlechtlich?«

»Das ist korrekt. Wir haben vergessen, dass jeder Körper die Seele widerspiegeln sollte, die ein vollkommenes Gleichgewicht an Yin und Yang, an positiv und negativ, an maskulin und feminin besitzt. Wir haben das Getrenntsein zum Stereotyp gemacht. Die Gründe dafür wirst du bald sehen.«

»Und wo liegt der Unterschied zwischen einem Seelengefährten und einer Zwillingsseele?«, fragte ich.

»Der Seelengefährte spiegelt die identischen Frequenzoszillationen wie sein Gefährte wider. Die Seelengefährtenpaare wurden zu Beginn der Zeit erschaffen. Sie sollten immer zusammen sein und ständig nach der Wiedervereinigung streben.«

Ich war mir nicht sicher, ob ich die Antwort auf meine nächste Frage hören wollte. »Ist mein Seelengefährte in dieser Welt wieder geboren?«

»Nein«, sagte John. »Und das ist der Grund für deine beständige Suche. In Wirklichkeit suchst du nach der anderen Hälfte deines Geistes.«

Ich hörte zu. John wartete.

»Und Zwillingsseelen?«, fragte ich.

»Das sind Seelen, die oft zusammen waren und einander auf der Reise zurück zum Göttlichen geholfen haben. Zwillingsseelen schieben die Wiedervereinigung oft auf, damit einer von beiden anderen Seelen dienen kann.«

Ich erhob mich von meinen Knien und sah in das Becken. Dann legte ich den Kopf in den Nacken und seufzte tief. Lange Zeit hielt ich die Augen geschlossen. Anschließend zog ich mich zusammen mit John wieder an.

»Hatte ich in diesem Lemuria ein Kind?«, fragte ich.

»Du hast eine Schwangerschaft manifestiert, ja«, erwiderte er.

»Und habe ich diesen Vorgang selbst in Gang gesetzt? Habe ich einfach willentlich beschlossen, schwanger zu werden? Funktioniert es auf diese Weise?«

»Ja«, antwortete John, »durch meditative Vereinigung hast du herausgefunden, ob eine andere Seele den Eintritt in die Welt wünscht. Du hast dich entschieden, das Portal für diese Seele zu werden, und hast dich durch dein androgynes Verlangen einfach selbst befruchtet.

Deine Polaritäten aus Yin und Yang befanden sich im vollkommenen Gleichgewicht. Die neue Seele trat in deinen Körper nach ungefähr dreieinhalb Monaten ein, beziehungsweise mit der ersten Bewegung des Kindes. So wurdest du zum Portal für eine weitere Seele. Das war eine große Verantwortung.«

Ich fuhr mir mit den Fingern durch die Haare und seufzte erneut. »Einer anderen Seele die Möglichkeit zu geben, in die physische Welt einzutreten, muss der Inbegriff der lemurianischen Erfahrungen gewesen sein«, sagte ich.

»Ja«, bestätigte John, »es galt als ultimative Erfahrung. Und der Nachwuchs wurde von zwei androgynen Wesen aufgezogen, die beschlossen, ein gemeinsames Leben zu führen.«

»Waren diese Wesen monogam?«, wollte ich wissen.

»Nun, so etwas wie eine sexuelle Bewusstheit gab es zu jener Zeit nicht, aber ja, durch Zweierbeziehungen ließ sich eine höhere Spiritualität erreichen. Die Spiritualität verkümmerte, wenn man die Intensität der Hingabe zu einem einzigen Wesen auflöste. Für gewöhnlich war das bei jenen, die sich einen Partner ausgesucht hatten, durch den sie einen Weg zu höheren Sphären erfahren konnten, nicht der Fall. Verstehst du das?«

Ja, ich verstehe, dachte ich. Allerdings konnte ich nicht verstehen, warum so viele fundamentale Dinge bezüglich des menschlichen Lebens sich seit damals geändert hatten. John hörte meine Verwirrung. »Das wirst du bald erkennen«, sagte er. »Aus diesem Grund bist du hier. Die menschliche Rasse muss begreifen, dass sie dazu bestimmt ist, das Gleichgewicht der Seele widerzuspiegeln. Auch du wirst das verstehen müssen.«

John führte mich zu einer Meditationskammer aus Kristall. Wir setzten uns. Eine Weile, die sich zeitlich nicht näher bestimmen ließ, hatte ich das Gefühl, mich in einer »Tiefschlaf«-Meditation zu befinden, einem Zustand der Bewusstheit, in dem man besonders gut lernte, wie John betonte. Tage und Wochen und Monate schienen zu vergehen. Die Zeit war keine Dimension, die ich noch kannte. Meine Meditation war zeitlos.

Ich saß im Lotus-Sitz neben John und meditierte, bis ich spürte, dass all meine sieben Chakras in einem Spiel der Farben vibrierten. John leitete meine Meditation an. Ich spürte die Vibration meines eigenen Geistes, bis ich das Licht meiner ursprünglichen Aura wahrnehmen konnte. Ich fühlte mich meinem göttlichen, engelsgleichen Zustand nahe. Dann sah ich, umhüllt in eine Art Nebel, die Gestalt einer anderen Seele, deren Schatten auf mein Gesicht fiel. Obwohl ich nicht erkennen konnte, um wen es sich handelte, spürte ich, wie ich die Entscheidung traf, dieser Seele als Portal ihrer Rückkehr zu dienen. Durch tiefere Meditation materialisierte ich bald schon meine eigene Schwangerschaft. Und als ich aus diesem Zustand des Nirwana heraustrat, wusste ich, dass die Befruchtung eines physischen Körpers vollzogen worden war. John sagte, dass die Seele im vierten Monat in ihren neuen Körper in mir schlüpfen und sich das Kind in mir bewegen würde.

Daraufhin erklärte John, ich sei bereit, an einem großen neuen Experiment in Atlantis teilzunehmen, das die Zivilisation dort »verbessern« würde. Er meinte, der Ältestenrat in Lemuria habe sich mit der beratenden Hilfe der Außerirdischen demokratisch dazu entschlossen, das neue Experiment durchzuführen, und alle hatten das Gefühl, dass es in den Augen des Göttlichen notwendig war. Die Atlanter hatten eine Vorliebe für die Technologie, ihnen waren der Materialismus und das »Selbst« enorm wichtig. Das wiederum trieb sie dazu, Gefühle von Egoismus und Überlegenheit zu hegen. Und diese Einstellung musste geändert werden. Eine grundlegende Neuordnung der spirituellen Prioritäten war dringend vonnöten. John sagte, ich hätte zu jenen gehört, die sich freiwillig meldeten, um das Programm zu starten, dem sich letztendlich jeder auf Erden unterziehen würde. Ich sollte darüber noch nicht sprechen, weil es für jene, die es verstehen wollten, zu verstörend sein würde. Ich sollte mich einfach vorbereiten und, wenn die Zeit käme, nach Atlantis aufbrechen.

Plötzlich veränderte sich die Szenerie. Ich war nicht länger in Lemuria oder im Tempel des Lernens. Stattdessen stand ich mitten auf einer Hauptverkehrsstraße und war mir der lauten Geräusche um mich herum bewusst. Überall wurden Waren gekauft und verkauft. Die Menschen sprachen mit voller Lautstärke. In Lemuria hatte es keine Stimmen gegeben, nur das machtvolle Übermitteln von Gedanken. Der Geruch nach köchelndem Essen – eine Art Bratenduft – hing in der Luft. Der aromatische Blumenduft aus Lemuria war verschwunden. Als ich genauer um mich sah, fielen mir ein paar Leute auf, die entweder eine männliche oder eine weibliche Form hatten. Die Frauen waren mit Edelsteinen und Metallen an den Ohren, um den Hals und an Armen und Fingern geschmückt. Sie hatten sich das Gesicht, die Lippen und die Wangen angemalt. Ihre Stimmen waren hoch, und sie redeten schnell. Die Männer schienen dagegen zurückhaltender, ihre Stimmen waren tiefer und extrem laut, und ich beobachtete, dass sie häufig den Frauen vorangingen. Sie trugen keinen Schmuck außer dem Haar in ihrem Gesicht, was mich überraschte, denn in Lemuria hatte ich niemals Körper- oder Gesichtsbehaarung gesehen.

Ich spürte, dass ähnlich einem überschäumenden Kessel hin und wieder aus verschiedenen Winkeln des Straßenlebens Störungen hochkochten. Ein Hund, der hungrig aussah, lief in einen Kreis plappernder Händler. Jemand trat nach dem Hund, der sich winselnd mit eingezogenem Schwanz trollte.

Kinder spielten in Gruppen, lachten laut. Ihre Körperbewegungen wurden verstohlen, sobald sie einen Erwachsenen in ihrer Mitte bemerkten.

Es gab Bäume, Sträucher und Blumen entlang der Straße, aber die Rottöne waren nicht so vibrierend, und das Grün der Blätter war eher mattoliv als schimmernd.

Gräben und Brunnen und Bewässerungsterrassen zogen sich über die Hügel. Raumschiffe mit Außerirdischen am Steuer schwebten in der Nähe einiger Raumhäfen. Im Umgang zwischen Außerirdischen und Erdenwesen schien es nun eine deutliche Distanz zu geben. Während ich das Leben um mich herum beobachtete, hielt ich Ausschau nach John.

Er war nicht da. Dann hörte ich jemand in der Ferne summen, und es klang für mich einfach herrlich.

Ein Mann kam auf mich zu und begrüßte mich. Ich sah ihm in die Augen und erkannte in ihm meinen Vater! Er hatte dunkle Haare, die ihm bis auf den Rücken fielen. Wir begrüßten uns, indem sich unsere Handflächen umfassten und sich unsere Gesichter Wange an Wange berührten, dann liefen wir gemächlich zusammen weiter.

Ich rieb mir die Stirn und presste meine Hand dagegen. Natürlich wusste er nicht, dass er im 20. Jahrhundert mein Vater sein würde. In diesem Leben war ich offenbar ein guter Freund.

Er schien erregt, während wir uns über die neuen Werte in Atlantis unterhielten. Aber während wir Seite an Seite flanierten, war ich mir bewusst, dass seine Körperbewegungen nicht so fließend und anmutig waren wie die der Wesen in Lemuria. Er schwebte nicht beim Gehen. Seine Gesten schienen abrupt und ein wenig unharmonisch.

»Hier laufen die Dinge anders«, erklärte Dad, »einiges ist verwirrend, aber die meisten von uns sind total begeistert.«

Beim Gehen hörten wir Lärm. Mir wurde klar, dass ich gesprochene Sprache hörte.

»Wie ich sehe, bereitest du dich auf die Geburt vor«, sagte Dad.

Ich lächelte und berührte meinen Bauch. Dann sah ich zum Himmel auf.

»Ja, ich bin das Portal für ein neues Leben«, erwiderte ich.

Ich spürte einen merkwürdigen Anfall von Angst, sagte aber nichts. Außerirdische Schiffe in allen Größen hoben vom Boden ab und rauschten durch den Himmel. Außerirdische Wesen transportierten Kristalle überall hin. John hatte erzählt, die Außerirdischen würden mit Hilfe von Kristallen Energien verstärken und hochintensive spirituelle Konzentration für das neue Projekt generieren.

Während Dad und ich gemeinsam bummelten, spürte ich, dass ich leicht verwirrt war, so als ob er und ich getrennte Gedanken hätten anstatt harmonischer Gedanken. Es fiel mir schwer, mit ihm zu kommunizieren.

»Tja«, sagte ich, »ich sehe, dass Atlantis anders ist. Warum werden so viele Kristalle benützt?« Ich fragte mich, ob er wusste, was John mir erzählt hatte.

»Es werden fremdartig neue und wunderbare Experimente durchgeführt«, erklärte er, »und dazu verwenden sie Kristalle. Ich bin nicht sicher, was damit alles verbunden ist. Nur jene auf der höchsten Ebene nehmen daran teil. Aber ich verstehe, dass alle Beteiligten darin übereingekommen sind, es sei ein Weg zu höherer spiritueller Aktivität.«

Ich sah Dad an, sagte aber nichts. Wir spazierten durch die geschäftigen, umtriebigen Straßen. Ich war auf das schnellere Tempo und die Unterschiede im äußerlichen Erscheinungsbild nicht vorbereitet gewesen. Es gab so viel Lärm, und alle schienen sich zügig mit scheinbar ungelenken Körperbewegungen fortzubewegen. Die Menschen waren gekleidet, als ob sie zu einem Fest gingen. Die verschiedenen Farben ihrer Turbane, erklärte mein Vater, zeigten ihre gesellschaftliche Stellung an.

»Ihr habt hier Standesunterschiede?«, fragte ich ihn.

»Ja«, erwiderte er, »das gehört zu unserer neuen Lebensweise. Es ist lustig, die angesehenste Farbe zu bekommen.«

»Die angesehenste Farbe?« Ich sah nach unten. »Was ist das hier nur für ein System? Es ist wirklich anders.«

»Nun«, meinte Dad, »zu Hause in Lemuria funktioniert alles gemeinschaftlich, weil alles spirituell motiviert ist, um die kollektive Seele zu nähren, aber hier ist es viel bunter – weitaus vielschichtiger und individualistischer.«

»Wie das?«, fragte ich.

»Also, wir haben Regierungsbeamte, Literaten und Intellektuelle, Künstler, ein paar Militärs, die als Polizei und medizinische Versorgungsteams dienen, und –«

»Moment mal«, unterbrach ich, »ihr habt Militär und Polizei?«

»Ja«, bestätigte Dad mit funkelnden Augen.

»Warum?«, fragte ich.

»Tja, weil wir so viel Kunst und Wissen zu beschützen haben«, erwiderte Dad. »Wir wollen nicht, dass unser Fortschritt von Verbrechen behindert wird.«

»Verbrechen?«

»Ja, Verbrechen.«

»Was ist Verbrechen?«

Dad war ein wenig erstaunt, dass ich so naiv schien. »Nun, Verbrechen ist, wenn eine Person gegen das Gesetz verstößt.«

»Was für ein Gesetz?«

»Nun, ein Gesetz, das die Regierung erlässt, um die Gesellschaft zu schützen.«

»Aber vor wem müsst ihr die Gesellschaft beschützen?«

»Nun, voreinander«, antwortete er.

Ich erinnerte mich voller Trauer an Johns Worte. »Wenn eine Gesellschaft anfängt, nicht mehr in einer Einheit zu denken, ist das der Anfang vom Ende der Zivilisation«, hatte er gesagt.

Jetzt sah ich, dass die Gebäude hier in Atlantis von Mauern umgeben waren, und um die größeren, palastartigeren Gebäude hatte man Gräben gezogen. Über den Gräben, in der Nähe der Häuser, befanden sich Erd- und Lehmterrassen, auf denen alle möglichen Pflanzenarten wuchsen.

Der Eingang zu den Gebäuden war hinter Steinplatten verborgen, als ob man das, was innen lag, verstecken wollte. Weinreben und andere Pflanzen rankten sich um die Platten.

»Komm doch zuerst zu mir nach Hause«, schlug Dad vor. »Ruhe dich aus und meditiere, und anschließend kannst du dich in der Geburtshalle melden. Ist das akzeptabel?«

Ich nickte und merkte, wie schwer es mir fiel, mich in der gesprochenen Sprache auszudrücken.

»Ich wohne dort drüben«, sagte Dad, »im mittleren Stockwerk.«

Ich sah eine Reihe von Balkonen mit angrenzenden Wohnungen. Riesige Vasen enthielten Erde und Pflanzen unterschiedlichster Arten, die die Luft um die Eingänge mit ihrem Duft schwängerten. Wasserfontänen von unten kühlten die Luft. Über dem ersten Stockwerk mit den Balkonen voller Blumen erhob sich ein weiteres Stockwerk mit Wohnungen und umlaufenden Galerien über den Dächern der darunter liegenden Wohnungen. Singvögel und anderes freilebendes Federvieh begrüßten uns.

»Komm bitte herein«, sagte Dad und winkte mich in seine Wohnung.

Ich gehorchte und bückte mich leicht, um nicht an den Türrahmen zu stoßen. In der Wohnung verbreitete eine Lampe mit zylindrischem Schirm weiches Licht. Der Raum war karg und spartanisch und nicht möbliert. Auf den Marmorböden lagen Meditationsmatten.

»Mach es dir friedvoll«, sagte Dad. »Ich gehe noch kurz aus.«

Ich lächelte und verabschiedete mich, dann dachte ich an meine Pläne hinsichtlich der Geburt und wozu ich mich verpflichtet hatte.

Ich setzte mich im Lotus-Sitz auf eine der dünnen Matten, und innerhalb von Minuten war ich mir der

Menschen bewusst, die auf mich in der Geburtskammer warteten.

Rasch verließ ich Dads Wohnung in der Hoffnung, er würde nicht enttäuscht sein, wenn ich bei seiner Rückkehr nicht mehr da war.

Mir fielen viele schwangere Wesen auf, als ich durch die Straßen ging. Ich fragte mich, wie viele von ihnen wohl so wie ich die Entscheidung gefällt hatten, die Gesellschaft zu verbessern.

Große und geschmeidige Außerirdische kamen und gingen in ihren Schiffen, die eine Vielzahl an Kristallen aber auch Personen transportierten. Mir fiel auf, dass die Kristalle in Atlantis in einer Vielzahl von Formen vorkamen.

Irgendwie wusste ich, wohin ich gehen musste. Ich blieb vor der kuppelförmigen Geburtshalle stehen, begriff jedoch sofort, dass ich stattdessen die große Kristallpyramide seitlich davon betreten sollte. Es gab keine Hinweisschilder.

In der kristallenen Eingangskammer wurde ich von drei Außerirdischen mit durchscheinender Haut begrüßt sowie von zwei Lemurianern, die sich selbst als Experten für den genetischen Code vorstellten. Wir pressten unsere Handflächen aneinander. Ich nickte grüßend und folgte ihnen in eine Kammer mit blauem Dunst. Sorgfältig auf einer Marmortischplatte arrangiert standen zwei lebensgroße Kristallgestalten, jede in der Form eines menschlichen Körpers. Ich sah mir die Kristallformen genau an. Sie waren überaus detailliert gestaltet, von den Schädeln über die Gehirne bis hin zu den Genitalien. Mir fiel auf, dass eine männlich und die andere weiblich war. Ich erinnerte mich, dass ich noch nie zuvor menschliche

Genitalien in zwei Geschlechter aufgetrennt gesehen hatte. Das vermittelte mir ein merkwürdiges Gefühl der Einsamkeit.

Ich nickte mit dem Kopf, während ich die Kristallformen abtastete. Zwei Helfer führten mich dann zu einem Kristallbecken, das mit derselben goldenen Flüssigkeit gefüllt war, die ich schon bei der Geburt in Lemuria gesehen hatte. Ich schaute auf meinen Bauch hinab und versuchte, mit der neuen Seele zu kommunizieren, die nun dort weilte.

Ein Ältestenrat aus Außerirdischen, Lemurianern und Atlantern saß in einem Halbkreis neben dem Kristallbecken. Sie begrüßten mich herzlich und dankten mir aufrichtig für meinen Mut. Ich erwiderte ihren Dank, indem ich den Göttlichen Geist pries. Ich sagte, dass ich meine Aufgabe verstünde und hoffte, von spirituellem Dienst sein zu können.

Der Rat dankte mir erneut gemeinschaftlich und stand auf. Dann legten die Ratsmitglieder langsam und rituell ihre Kleidungsstücke ab, was auch ich tat. Als der Rat in zeremonieller Nacktheit um mich stand, sah ich, dass die Hälfte der Gruppe Zwitter waren, die andere Hälfte nicht. Ich stieg in das Kristallbecken. Die Ältesten setzten sich wieder.

Ich stand friedlich in der goldenen Flüssigkeit, die meinen Körper bedeckte. Mein Atem ging gleichmäßig und kontrolliert. Bald fiel ich in tiefe Meditation.

»Lasst uns beginnen«, sagte der Älteste des Rates.

Sie saßen im Lotus-Sitz um die Kristallgestalten. Eine Weile verging, bis ihre Frequenzen zu vibrieren begannen. Kurz darauf begannen sie alle zu schweben, ihre Chakras völlig erhellt und ihre Aura ein leuchtendes

Strahlen. Ihre Lichtenergie nahm zu. Ein blendend heller Ring weißer Energie ging von der Gruppe aus. Dann übertrugen die Mitglieder des Rates ihre eigene Energie auf die Kristalle. Aus dem dritten Auge mitten in der Stirn jedes einzelnen Ratsmitgliedes fuhr ein Lichtblitz in die Kristallgestalten auf dem Tisch.

Mit einer beschleunigten elektromagnetischen Frequenz näherten sich die Lichtblitze einander an und formten Lichtbögen, die von den Kristallgestalten auf dem Tisch zu mir im Becken übersprangen. Ich spürte, wie mich die kollektive Energie erreichte, und wusste, der Augenblick meiner »Kooperation« war gekommen. Ich war beklommen, aber auch voller Vertrauen. Jetzt gab es keine Umkehr mehr. Ich bog meinen Körper zu den Lichtbögen durch, als ob ich mich dem Willen einer höheren Weisheit unterwarf. Die erzeugte Energie ließ die goldene Flüssigkeit im Becken aufleuchten.

Langsam spürte ich, wie mein Körper im Bereich der Schultern breiter wurde, was mir kurz das Gefühl vermittelte, meine Arme seien ausgekugelt. Es gab keinen Schmerz, nur dieses Gefühl ausgekugelter Arme. Ich krümmte meinen Körper nach vorn und spürte, wie sich ein großer Buckel auf meinen Schultern bildete. Die Ratsmitglieder beschleunigten ihre Energie aus dem dritten Auge. Ich spürte ihre Macht. Ich entspannte mich und krümmte meinen Körper noch weiter vor, bis mir langsam klar wurde, dass sich auf meinem Rücken eine weitere Wirbelsäule bildete. Ich atmete tiefer, um meine körperliche Angst zu kontrollieren. Innerlich fühlte ich mich relativ ruhig. Die Aufspaltung meiner eigenen Wirbelsäule war im Gange, und mir schien, als ob ich dabei zusehen könnte. Gleichzeitig wurde mein

Herzschlag unwillkürlich schneller. Ich wusste, ich sollte nicht versuchen, meinen Stoffwechsel zu verlangsamen, und bald schon beruhigte sich sein Tempo von allein, und mir wurde klar, dass ich zwei Pulsschläge besaß und zwei Herzen ausgebildet hatte.

Dann merkte ich, dass meine inneren Organe eindeutig dupliziert wurden. Bald schon würde ich aus zwei getrennten Menschen bestehen. Auf der Brust auf der linken Seite formte sich ein weiblicher Busen. Auf der anderen Seite blieb die Brust männlich. Meine Schenkel wurden breiter, bis aus jedem Schenkel zwei neue entstanden. Die beiden Schenkel auf der männlichen Seite waren muskulös und fest, auf der weiblichen Seite waren sie geschmeidig und schlank. Die konzentrierte Energie bewegte sich jetzt zu meinem Bauch - meinem vollen und schwangeren Unterleib. Mit sanfter wellenförmiger Bewegung wölbte sich der vorstehende Bauch langsam nach innen. Gleichzeitig teilte sich der nunmehr flache Bauch und wurde zu zwei Bäuchen, einer rund und weiblich, der andere muskulös und fest. Ich spürte, wie ich in eine noch tiefere Meditation fiel. Das war auch notwendig, denn es gab keine andere Möglichkeit, wie ich das hätte verarbeiten können, was mit mir geschah. Dennoch empfand ich keinen Schmerz und war immer noch voller Vertrauen.

Vor meinem inneren Auge sah ich, wie sich mein Genitalbereich aufspaltete. Die männlichen Genitalien wechselten zur männlichen Seite des neuen Körpers und die weiblichen zur weiblichen Seite. Selbst in meinem gedankenverlorenen Dämmerzustand verspürte ich eine schmerzliche Entfremdung, ein Gefühl der Angst und des Verlustes. Der Ältestenrat meditierte jetzt über den beiden Kristallschädeln der menschlichen Gestalten. Ihre Lichtfrequenzen beschleunigten sich noch mehr. Die Lichtbögen funkelten vor Energie. Ich beugte mich demütig vor, bis mein Kopf die strahlenden Lichtbögen berührte. Und als die Lichtbögen mit meinem Kopf in Berührung kamen, formten sich zwei Köpfe. Ich spürte, wie mein Gehirn ins Schwimmen geriet. Ich fühlte, dass ich mich selbst und meine Identität verlor. Ich fühlte, wie sich meine Gesichtszüge völlig veränderten, während mein Kopf sich allmählich aufspaltete. Meine ursprüngliche Erscheinung gab es nun nicht mehr, stattdessen verschmolz mein Aussehen zu der männlichen Seite des neuen Kopfes, wogegen sich auf der weiblichen Seite des Kopfes völlig neue Züge entwickelten. Ich verstand, dass sich die Seele des Kindes in meinem Bauch in die weibliche Form inkarniert hatte; meine eigene Seele kam in der männlichen Form zur Ruhe. Dann erkannte ich, dass durch das Portal, das ich geboten hatte, meine Zwillingsseele aus Lemuria zurückgekehrt war, doch sie hatte den Körper der Frau angenommen. Meine eigene androgyne Seele würde nun als Mann weiterleben.

Die Aufteilung der Geschlechter war beinahe abgeschlossen, nur an den Rippen waren die beiden getrennten Körper noch verbunden. Langsam lösten sich die Rippen voneinander, und es gab nun zwei vollständige Körper – einen männlichen (mich) und einen weiblichen (meine Zwillingsseele).

Eva, aus Adams Rippe geboren, war vollendet.

Sobald die Aufteilung vollendet war, ließ der Ältestenrat seine Energie abklingen, und nur seine kreisförmige Aura glühte nach. Alle waren erschöpft und in Schweiß gebadet, aber dank kollektiver Anstrengung, dank Einsatz, Wissen und Erfahrung jedes Einzelnen sowie der außerirdischen Brüder hatten sie eine neue Ära für die menschliche Rasse eingeläutet – das Zeitalter von Mann und Frau. Ich verlor das Bewusstsein. Es gab keine weiteren Bilder.

Ich spürte, wie mir die Sonne in die Augen schien. Das Gefühl war warm und beruhigend. Ich öffnete die Augen und sah mich auf einem Feld in Spanien, umgeben von einer Herde Kühe. Ich schüttelte mich wach, kletterte aus meinem Schlafsack und tastete meine Arme, Beine und meinen Rumpf ab. Nichts an mir fehlte.

Ich strich über meinen Taille, meine Hüften und Brüste. Ja, ich war immer noch eine Frau.

Daraufhin zog ich meine Shorts herunter und urinierte. Ja, es war alles noch real. Ich stand auf und blinzelte in die Sonne. Was hatte diese nächtliche Vision zu bedeuten? War ich zweigeteilt worden? Und dann zum Mann geworden? Ich erinnerte mich an Johns Worte, dass nämlich der Mythos von Eva, die aus der Rippe von Adam geboren wurde, schon deshalb in vielen menschlichen Kulturen zu finden ist, weil das tatsächlich unser Erbe war. Das bedeutete, unser natürlicher Zustand war zweigeschlechtlich, weil unsere Seelen Ying und Yang, das Positive und das Negative, das Männliche und das Weibliche in vollkommenem Gleichgewicht beinhalteten und der Körper ein Spiegel der Seele sein sollte. Ich konnte das logisch nicht ganz nachvollziehen, aber trotzdem fühlte es sich irgendwie richtig an. Wie lange war es schon her, dass diese Trennung der Geschlechter stattgefunden hatte? John hatte gesagt, dieses Experiment der Gentechnik habe vor Hunderttausenden von Jahren stattgefunden.

Offensichtlich ist in der heutigen Welt so gut wie jeder auf der Suche nach einem Gefährten oder einer Gefährtin, in denen sich die fehlenden Teile des eigenen Wesens wieder finden. Für die meisten Menschen in unserer Gesellschaft scheint das die ständige Sorge zu sein. Lieder, Bücher, Romane, Witze, die Religion und die spirituelle Suche, alles scheint von dem Verlangen motiviert, die fehlende Hälfte von uns selbst zu finden und sich mit ihr zu vereinen. Könnte diese Aufteilung und Trennung meines ursprünglichen Selbst das sein, wonach ich suchte? Suchte ich nicht so sehr nach einem Gefährten, sondern strebte vielmehr die Wiedervereinigung mit einem ergänzenden Geist an, der die göttliche Energie der Gottheit reflektierte? Ich schaute mit geschlossenen Augen zur Sonne auf. Etwas befahl mir, die Augen zu öffnen, und da sah ich einen Mann, der sich mir näherte. Ich versuchte, ganz mit mir selbst beschäftigt auszusehen, aber er kam weiter auf mich zu.

»Guten Morgen«, sagte er. »Könnte ich wohl ein Autogramm von Ihnen bekommen?«

Er sagte, sein Name sei Juan, und er wolle mit mir reden. Ich gab ihm ein Autogramm und ließ durchblicken, dass ich mich nicht unterhalten wollte. Dann rollte ich meinen Schlafsack auf.

Er plapperte allerdings unablässig weiter, obwohl ich mein Bestes tat, ihn zu ignorieren. Er erzählte, sein Bruder sei von Außerirdischen entführt und in einem UFO mitgenommen worden. Die Botschaft der Außerirdischen an seinen Bruder habe gelautet, dass das Leiden eine konditionierte Reaktion sei, an die wir Menschen hingebungsvoll und zutiefst glaubten und von der wir dachten, sie sei für das menschliche Leben notwendig - aber da irrten wir. »Das Leiden ist eine Methode, um Kontrolle zu institutionalisieren. Es ist im Grunde eine genetische Erinnerung, mit der wir seit Urzeiten leben, aber in unserem genetischen Plan war es ursprünglich nicht vorgesehen.« Er fuhr fort: »Wenn diese Überzeugung ausradiert werden könnte, würde es keine Kriege mehr geben, keine Konflikte, keine Morde und keinen Hunger.«

Ich hörte mit müden Ohren zu. Dann sah ich ihm ins Gesicht. »Natürlich, Sie Dummerchen, aber wie sollen wir dem Einhalt gebieten? Ich möchte mich mit Ihnen nicht über Karma, UFOs oder das Leid dieser Welt unterhalten. Ich wüsste gar nicht, wie.«

»Aber Sie wissen doch alles über diese Dinge«, meinte er. »Das habe ich in Ihren Büchern gelesen.«

»Ich weiß gar nichts«, fuhr ich ihn an und hoffte, ihm damit den Wind aus den Segeln zu nehmen. »Ich bin nicht einmal sicher, ob ich im Moment noch auf Cebreiro zugehe. Tue ich das?«

»Ja«, erwiderte er.

»Aber erfinde ich es nicht nur, dass ich gehe?«

»Wie meinen Sie das?«, fragte er, zu Recht verwirrt.

»Ich weiß nicht, was ich meine. Ich weiß nicht, was überhaupt irgendetwas bedeutet. Ich bin nicht einmal sicher, ob ich am Leben bin.«

Dieser Mann namens Juan wanderte mit mir weiter. Ich hatte nicht die Energie, ihn abzuschütteln, also war ich dazu verurteilt, mit ihm zu reden und zu versuchen, seine Fragen zu beantworten. Nicht lange, und ich erkannte dankbar, dass er abgesehen von der Entführung seines Bruders, dem Sündenfall der Menschheit und all den Gesetzen des Leidens und des Karma auf der Erd-Ebene eigentlich nur über Hollywood reden wollte. Er hatte große Vorurteile und hielt Hollywood-Filme den europäischen Filmen für unterlegen. Beide Gesprächsthemen fand ich wenig ansprechend. Ich kletterte auf einen Berg, bis ich Juan aus den Augen verlor und plötzlich feststellte, dass ich auf ein Meer von Wolken herabsah. Ich erinnerte mich an den Rat meines Vaters: »Der reist am schnellsten, der alleine reist.«

Aber wohin reiste ich? Und von wo kam ich gereist? Was würde mein Dad von all dem halten?

In einem der *Refugios* erhielt ich eine Nachricht von Anna. Sie wartete in Santiago auf mich. Baby Consuelo, die brasilianische Sängerin, war zwei Tage hinter mir.

Ich traf in dem *Refugio* auf eine weitere Brasilianerin, der ich einige Wochen zuvor schon begegnet war. Sie war durch verunreinigtes Wasser krank geworden und lag neben einem Mann, der ebenfalls krank war. Sie waren beide verheiratet, aber nicht miteinander.

»Der Jakobsweg hat seine Magie walten lassen«, sagte sie zu mir. »Ich liebe meinen Ehemann, aber ich hatte nie das Gefühl, ihn zu brauchen. Jetzt wird mir klar, dass ich einen Mann brauche. Diese Affäre wird den Jakobsweg nicht überdauern, aber wenn ich zu meinem Ehemann zurückkehre, dann weiß ich, dass ich ihn brauche.« (Mir kam der Gedanke, dass sie wohl eine der Ersten war, die in Atlantis eine Geschlechteraufteilung durchlaufen hatten.)

Wie konnte nur irgendjemand, der nicht ganz gesund war, die Energie finden, sich auf dem Jakobsweg fünf oder sechs Mal am Tag zu lieben? Mir blieb das ein Rätsel. Man musste wohl krank sein, was sie freilich war.

Ich legte bei einem Fluss eine Pause ein und las in dem einzigen Buch, das ich hatte – das Neue Testament. Willkürlich schlug ich Matthäus 24 auf. Und dort stand es. »Ihr werdet hören von Kriegen und Kriegsgeschrei... denn es wird sich ein Volk gegen das andere erheben und ein Königreich gegen das andere, und es werden Hungersnöte sein und Erdbeben hier und dort...« Manövrierten wir auf eine furchtbare Katastrophe zu?

Ich sah auf. Ein Hubschrauber kreiste über mir. O Gott, ich wusste warum. Aber ein Hinterhalt aus der Luft ging wirklich etwas zu weit.

Ich floh in ein nahe gelegenes Kloster, konnte aber nicht hinein. Ich saß draußen in der Falle. Der Hubschrauber landete. Ich schlug mein Neues Testament zu und stand da, bereit für meine nächste Offenbarung. Die Presse drängte sich aus dem Helikopter und bestürmte mich mit

Fragen, während ihre Kameras alles aufzeichneten. Ich blieb still stehen und sagte absolut nichts. Ich versetzte mich in eine andere Zeit, an einen anderen Ort (was mir nicht schwer fiel). Die Presse war peinlich berührt (einzigartig). Schließlich kam der Priester des Klosters heraus und ließ mich ein, woraufhin ich zwei Stunden lang auf die Presse hinausstarrte (eine nette Ruhepause).

Dann brachte mich der Priester zur Hintertür und führte mich zu einem kleinen Restaurant.

Die Pressevertreter folgten mir dorthin. Sie provozierten mich am Esstisch, brüllten mich an und kippten Dinge um (spontane Fotos?), doch ich sagte nichts und tat auch nichts, saß einfach ruhig da und aß etwas Brot. Schönes frisches Brot. Es gab keine Geschichte, es gab nichts zu zitieren, keine Tonaufnahmen, nur langweilige Fotos, auf denen *sie* ziemlich bösartig wirkten (kehrte ihr Karma zu seiner Quelle zurück?).

Mir wurde jetzt allerdings klar, dass die Presse wusste, wie kurz ich vor der Vollendung des Jakobswegs stand. Sie würden überall sein. Was sollte ich tun? Ich war fest entschlossen, ihnen gar nichts zu liefern. Mochten sie drucken, dass ich zu einem Kurzbesuch aus der Hölle gekommen war, es war mir egal.

In diesem Augenblick betraten Carlos und Ali das kleine Restaurant, in Begleitung von *Juan*. O Gott, dachte ich, wer ist dieser Juan? Carlos gab vor, mit seinem Wanderstab auf die Presseleute loszuprügeln, und Ali brüllte sie an. Es war schön, erzürnte Freunde zu haben. Ich selbst konnte keine Wut mehr aufbringen, aber ich erkannte, dass, wenn ich der Presse auswich, das nun zu einem Versteckspiel für mich werden würde. Doch nach dem, was mir John der Schotte von meiner früheren Zeit auf dem Jakobsweg berichtete, hatte ich einige Tricks gelernt, weil ich es hasste, gejagt zu werden. Bis zu diesem Zeitpunkt war mir die Presse in Kirchenkeller gefolgt, wo ich auf dem Boden schlief, sie hatte mich in den *Refugios* unter der Dusche überfallen und auf den Straßen und in Restaurants verhöhnt. War ich völlig hilflos? Nein, von nun an würde ich den Spieß umdrehen.

Würde jetzt das, was als spirituelle Erkenntnissache und die Vollendung einer langen und anstrengenden Pilgerreise zurück in die Zeit gedacht war, zu einer abenteuerlichen Flucht ausarten? Eine Flucht vor jenen, deren Frustration über mich eskalierte, weil ich mit keinem Einzigen von ihnen geredet hatte? Die Dorfbewohner hatten mir erzählt, dass die Radio- und Fernsehreporter Wetten abgeschlossen hatten – am Ende würden ihre Stummfilmberichte über mich von einem umfangreichen Interview gekrönt werden, weil niemand, der den Jakobsweg überlebte, es sich versagen könne, darüber zu prahlen. Ich fragte mich, ob einer von ihnen jemals über seine eigenen inneren Reisen geredet hatte. Und spiegelten diese Reisen meine wider?

Ich war entschlossen, ohne Interview und ohne zitiert zu werden nach Santiago de Compostela zu kommen. Und ich würde mich von den Presseleuten nicht davon abhalten lassen, meine Lektionen aus der Vergangenheit zu lernen.

Juan meinte, er kenne einen Freund des Bürgermeisters, der bestimmt helfen würde. Sein Name sei José. Wir rekrutierten José, uns vor den Toren jeder der nächsten vier Städte zu treffen und mich mit dem Auto durch die jeweilige Stadt zu fahren. Das bedeutete, dass die

Reporter über Land marschieren mussten, um mich zu finden. Der Presse aus dem Weg zu gehen würde also zu einer Herausforderung werden und zu einem Spiel für uns alle.

Es lagen noch 115 Kilometer (ungefähr 71 Meilen) vor mir, bevor ich Compostela erreichte.

Juan rief José an, der mit dem Wagen zum Restaurant kam. Ich ging auf die Damentoilette, floh durch die Hintertür und zu Josés Auto. Ich stellte mich vor und dankte ihm. Carlos, Ali und Juan blieben als Köder im Restaurant, während José mich durch Sarria fuhr. Ich vereinbarte mit ihm, kurz vor Portomarín wieder auf mich zu warten.

José ließ mich aussteigen, und prompt verirrte ich mich. Die gelben Pfeile sahen in diesem Teil von Spanien völlig anders aus. Ich konnte keinen Hinweis auf sie finden. Vor meinem inneren Auge sah ich nur die Gesichter der Journalisten. Also ging ich einige Meilen zurück und fragte eine Frau in ihrem Haus nach der Richtung. Sie schrie mich an. Ich rannte davon. Anstatt in Tränen auszubrechen, wuchs meine Entschlossenheit.

Ich hielt mehrere Autos an und fragte nach den Pfeilen des Jakobswegs. Niemand wusste, wovon ich sprach. Es war, als ob ich mich auf einem anderen Planeten befände und der Jakobsweg nicht existierte. Ich hielt einen Mann an, der eine Landkarte herauszog. Er wies auf eine Kirche auf der Karte, aber in Wirklichkeit gab es dort keine Kirche. Da trat eine ältere Dame auf mich zu. Sie sagte, ich solle nach einer Baumgruppe Ausschau halten, dort würde ich auf einem nahe gelegenen Stein einen gelben Pfeil finden. Ich dankte ihr und zog los. Ich fand die Bäume, aber es lagen zwei riesige Hunde darunter. Sie knurrten mich warnend an. Ich konnte den Pfeil nicht finden. Die ältere Dame verscheuchte die Hunde, die ihr gehorchten. Ich fand den Pfeil und folgte ihm. Unterwegs entdeckte ich ein allein stehendes Telefonhäuschen und rief wieder bei Kathleen an. Wir sprachen über ihren Zustand, und ich sagte, ich hätte eine verstörende Erinnerung an ein früheres Leben gehabt. Sie hatte meiner suchenden Neugier gegenüber stets Respekt gezeigt, glaubte aber im Grunde nicht daran. Nun sagte sie etwas, was ich von ihr unbedingt hatte hören wollen.

»Du warst immer gewöhnt, alles sofort zu verstehen«, erläuterte sie mir, »aber weil du einen wachen Verstand hast, sind diese Dinge schwierig für dich. Aber du kannst nicht alles verstehen, oder? Ist das nicht die Lektion? Schau mich an. Ich verstehe nicht, warum ich sterbe – außer dass mein toter Ehemann mich zu sich holen will.«

Wie konnte ich ihr sagen, was ich »lernte«?

Ich ging weiter, bis ich ein *Refugio* fand. Vor der Tür standen zwei Männer, die ziemlich wütend waren, weil sie nicht hinein konnten. Sie wollten Wasser, sie wollten sich hinlegen, sie waren sauer. Ich beschloss, weiter zu wandern.

Ich spürte, wie ich schneller wurde. Wann würde John wieder zu mir kommen? Ich wollte mehr lernen und sehen, aber ich wollte auch den Jakobsweg beenden, von hier wegkommen und Spanien verlassen.

Ich hatte meinen Rucksack im Wagen von José gelassen. Jetzt musste ich an all die Dinge denken, die mir auf der Erd-Ebene Vergnügen bereiteten. Ich wollte mich hinsetzen und literweise süßen Sprudel trinken. Ich wollte mich mit einem französischen Sieben-Gänge-Menü voll stopfen. Ich hatte blitzartig den Drang, ungeheure Summen an Geld zu verdienen, damit ich – falls ich richtig alt werden sollte – niemals die Armut erleben musste, die ich in den Dörfern sah, durch die ich wanderte. Ja, ich würde haufenweise Geld verdienen und das meiste davon den Armen geben. Gleichzeitig versprach ich mir wild entschlossen, niemals wieder zu viel zu essen; ich würde mich immer gut um meinen Körper kümmern, denn das war mein Weg zurück zu Gott. Nach allem, was ich durchgemacht hatte, würde ich ihn niemals wieder schlecht behandeln, und ich würde an meiner Ungeduld über Dinge, die ich nicht verstehen konnte, arbeiten.

Ich wanderte so hastig, dass meine Knöchel sich entzündeten. Vor mir lagen plötzlich blühende Büsche, die von Bienen umschwärmt wurden. Ich hatte keine andere Wahl, als durch sie hindurchzuwandern. Ich zog mir mein Insektennetz über den Kopf, und während Bienen mein Gesicht umschwärmten, wanderte ich durch die schreckliche Schönheit der Natur. Als ich das vereinbarte Restaurant vor den Toren von Portomarín erreichte, warteten Ali, Juan und Carlos dort bereits auf mich. Ali und Carlos hatten sich von Juan chauffieren lassen. José war allerdings nicht da, und er hatte meinen Rucksack.

Juan war ein Mann, der allem überaus negativ gegenüberstand. Sein Bruder hatte ihn offenbar nicht mit seinem außerirdischen Optimismus angesteckt. Juan nörgelte gern über die Sonne, das Essen und unsere Pläne. Behutsam sprach ich das Thema seiner Negativität an, denn es war nicht gerade angenehm, ihn um sich zu haben. Juan stimmte zu und dankte mir, dass ich ihn darauf hingewiesen hatte. Er erzählte, dass es nirgends in der Welt so viele Kneipen mit so vielen Menschen gab, die über Nichtigkeiten stritten, wie in Spanien. Juan schob dies auf den Frust, den die Unterdrückung durch das faschistische Franco-Regime in den Leuten aufgebaut habe. Ein Frust, der sich nun Luft verschaffte. Richtig. Dabei ignorierte er völlig, dass Franco schon seit zwanzig Jahren nicht mehr an der Macht war. Juan rief daraufhin José an, der kurze Zeit später eintraf. Ich fragte mich, woher Juan wusste, wo sich José aufhielt.

José fuhr mich nach Portomarín, wo ich die Presse und Fernsehkameras auf mich warten sah. Sie ahnten nicht, dass ich in einem Wagen an ihnen vorbeifuhr. José chauffierte mich durch die Stadt. Ich sprang aus dem Wagen und wanderte weiter, während die Presse hinter mir immer noch wartete.

Der Jakobsweg schien nun eine Meditation im Wandern darüber zu sein, was ich innerlich gelernt hatte. Ich wusste, er markierte das Ende eines großen Teils meines Lebens und den Anfang eines neuen. Wenn es tatsächlich vor Millionen von Jahren eine Phase in der Menschheitsgeschichte gegeben hat, in der wir Menschen stärker im Gleichgewicht waren und ein Gespür für das Göttliche hatten, dann würde ich mich bemühen, das jetzt aus meiner Erinnerung in mein Alltagsleben zu übertragen und es umzusetzen.

Wenn der Garten Eden tatsächlich verloren war, würde ich mich bemühen, ihn wiederzufinden. Wenn sogar außerirdische Spezies danach gestrebt hatten, dieses Gleichgewicht zu erlangen, dann würde ich UFO-Sichtungen und der Frage, warum Außerirdische zu uns kamen, mehr Aufmerksamkeit schenken. Wenn die Außerirdischen hier waren, um uns zu helfen, aber zuerst von uns anerkannt werden mussten, dann würde ich das tun.

Wenn wir einst Zwitter waren, dann würde ich nicht länger die sexuelle Orientierung oder Vorlieben eines Menschen in eine stereotype Schublade pressen. Wenn die Energie des Jakobsweges all diese Erinnerungen für mich verstärkt hatte, dann würde ich dem vertrauen.

Ich wanderte dem Ende der bekannten Welt entgegen, aber ich besaß Erinnerungen an eine unbekannte Welt. Vielleicht wurden alle Heiligen und Sünder, alle Könige, Königinnen und Soldaten, die hier gewandert waren, von denselben Erinnerungen an eine Zeit gequält, die sie in sich selbst neu einfangen wollten. Und vielleicht wollte keiner von uns, dass unsere großartige moderne Zivilisation das Schicksal jener erlitt, die uns vorausgegangen waren.

Mittlerweile war sich die Presse niemals wirklich sicher, wo ich mich gerade aufhielt. Das lag an dem Arrangement, das ich mit José getroffen hatte, mich durch die noch verbliebenen Städte zu fahren. Ich hatte meine leicht erkennbaren Kleidungsstücke gegen neue Sachen ausgetauscht, und ich wanderte ohne den vertrauten Rucksack, den José bei sich hatte. Ich trug einen neuen Hut, wanderte mit meinem aufgerollten Schlafsack unter dem Arm und hoffte, nicht erkannt zu werden. José hatte in Erfahrung gebracht, dass die Presse die restlichen *Refugios* überwachte. Die Pilger, die es bis hierher geschafft hatten, gaben den Reportern falsche Informationen über meinen Aufenthaltsort. Zu unserem Katz-und-Maus-Spiel gehörten nun viele weitere Spieler. Wenn ich schlief, dann entweder im Freien oder im Keller einer verlassenen Kirche und nie mehr als fünf Stunden.

In der Zwischenzeit meldete ein Bericht im Radio und im Fernsehen, dass jemand, der mit mir wanderte, jedes Wort, das wir wechselten, auf Band aufnahm, und die Zuschauer und Zuhörer wurden aufgefordert, weiter einzuschalten.

Ali und Carlos tauchten manchmal mit José auf, wenn er mich vor den Toren einer Stadt abholte. Sie sagten, sie würden Juan nicht vertrauen, und wollten mich vor ihm beschützen, aber ich war mir da nicht so sicher. Ich wollte erst einmal abwarten.

Es hatte mich schon immer fasziniert, wie ein Star die wohlmeinende Paranoia der Menschen stimulierte, die sich selbst als Freunde und Beschützer der Berühmten sehen. Die Leute schienen es zu bewundern, dass es eine Berühmtheit gab, die sich zur Abwechslung aufrichtig *keine* Publicity wünschte. In jedem Dorf hingen die Bewohner aus den Fenstern und riefen »*Ultreya*«. Die Buschtrommeln ließen mir große emotionale Unterstützung zukommen.

Als José und ich einmal allein im Wagen saßen und durch eine Stadt fuhren, sprachen wir über das Leben. Er fragte mich, warum ich mich auf den Pilgerweg gemacht hatte. Ich sagte: »Um ihn zu Ende zu bringen.« Er erkundigte sich, ob ich Katholikin sei, und ich verneinte das. Ich hatte meine eigene Methode spiritueller Verehrung. Er erkundigte sich danach, und da ich keine logische Erklärung hatte, lachte ich einfach. Ich fragte ihn, ob er Katholik sei.

»O ja«, antwortete er. »Ein strenger.«

»Verheiratet?«

»Ja.«

»Haben Sie Affären?«

»Natürlich.«

»Und was ist mit den Regeln der Kirche?«

»Die haben nichts mit diesem Bereich meines Lebens zu tun. Wenn man mir eine herrliche Mahlzeit vor die Nase stellt, dann esse ich sie. Und wenn da eine wunderschöne Frau ist... Ich lüge nie über das, was ich tue. Ich sage immer die Wahrheit.«

»Erzählen Sie Ihrer Frau davon?«

»Natürlich nicht. Ich habe zwei Geliebte.«

»Aha«, meinte ich. »Und wie sind sie so?«

»Verheiratet«, erwiderte er. »Alle beide.«

»Würde es Ihnen etwas ausmachen, wenn Ihre Frau einen Geliebten hätte?«

»Nein«, sagte er. »Ich liebe sie.«

Kein Wunder, dass die Kneipen voller Leute waren, die sich wegen Nichtigkeiten stritten.

Er setzte mich vor den Toren von Arzúa ab. Ich musste nicht mehr weit gehen – weniger als 25 Meilen, um den Jakobsweg nach Santiago zu vollenden. Wir schrieben den 2. Juli, und seit der Nacht auf dem Feld hatte ich keinen Kontakt mehr zu John dem Schotten. Ich konnte mich nicht erinnern, wie viele Tage das schon zurücklag. Ich war in einer anderen Zeitzone und wusste kaum, wo ich mich befand.

Am Ende des Tages fand ich ein verlassenes *Refugio*. Es roch nach verstaubten Erinnerungen... ja, auch Erinnerungen hatten jetzt für mich ihren eigenen Geruch. Ich hatte mittlerweile sogar das Gefühl, Farben zu hören und Geräusche zu sehen.

Ich öffnete eine knarzende Tür. Zerbrochene Feldbetten standen leer und einsam herum. Das obere Bett eines Stockbetts besaß noch Sprungfedern. Ich überquerte den schmutzigen Boden, über den viele Füße mit Blasen gegangen sein mussten. Meine Blasen waren für mich jetzt unwichtig geworden. Zwei Mäuse tollten vor mir herum.

Ich kletterte auf das Bett und entrollte meinen Schlafsack, dann band ich meine Stiefel auf, zog sie aus und hängte sie sicher an den Schnürsenkeln auf.

Nachdem ich in meinen Schlafsack gekrabbelt war, voll angezogen und so schmutzig wie das *Refugio*, schlief ich sofort ein. Ich wusste, dass John wiederkommen würde, denn ich ließ mir Zeit und sorgte mich nicht um die Presse. Hier würden sie nie nach mir suchen.

Als ich in mein Schlafbewusstsein glitt, ließ ich mich selbst los.

Durch den vertrauten Tunnel aus Licht eilte ich voran, bis ich mich selbst in der Kristallpyramide in Atlantis wieder fand.

Die dunstige Kristallkammer schob sich erneut vor mein inneres Auge. Ich war mir der warmen, goldenen Flüssigkeit, die mich in dem Kristallbecken umgab, zutiefst bewusst. Mir fiel ein, dass ich eben die sexuelle Aufteilung vollendet hatte und nun auf die von mir getrennte Hälfte blickte. Und ich erinnerte mich, dass ich jetzt nur noch ein Mann war. Meine Augen fühlten sich merkwürdig für mich an. Vorsichtig bewegte ich meinen Rumpf und spürte ein dumpfes Pochen, aber mehr nicht. Ich versuchte zu lächeln, aber es fühlte sich für meinen Körper zu unvertraut an. Ich schwebte – das wusste ich. Ich schwebte, und als ich zu dem neuen Körper neben mir blickte, wusste ich, dass die Frau mich erkannte. Ich unterdrückte ein schweres Aufkeuchen. Ich sah zu ihren Genitalien hinunter und dann zu meinen eigenen. Meine weibliche Hälfte fehlte jetzt.

Da mir die Hälfte meiner selbst fehlte, fühlte ich mich körperlich unvollständig, aber ich könnte wirklich nicht behaupten, dass es ein mentales Gefühl war. Eigentlich fühlte ich mich mental und spirituell wohl, denn meine Seele und meine spirituellen Gefühle waren ohnehin androgyn. Das war etwas Fundamentales: grundlegend, innewohnend, angeboren, urtümlich, primitiv – wahr und natürlich. Aber plötzlich war ich mir meines physischen Körpers stärker bewusst, als das in Lemuria der Fall gewesen war, und nun fühlte ich mich unfähig, mich an meine Unvollständigkeit zu gewöhnen. Ich spürte, wie ich mir verzweifelt wünschte, zusammen mit meiner Partnerin in dem Becken zu bleiben. Sie war meine andere Hälfte, sie war meine Zwillingsseele. Ich wollte wissen, was meine Zwillingsseele fühlte, was sie dachte, was sie von mir hielt. Ich wollte auf eine Weise *zu ihr* werden, die erahnen ließ, dass ich wieder ganz ich selbst sein wollte. Ich wollte sie besitzen, als ob ich mich dadurch wieder selbst besitzen könnte. Ich wollte sie auf dieselbe Weise kontrollieren, wie ich die völlige Beherrschung über mich selbst anstrebte. Ich fühlte mich verwirrt. Ich kommunizierte diese Gefühle dem Ältestenrat, der meinte, er würde es verstehen und das sei nicht ungewöhnlich. Ich fragte, wie ich weiter vorgehen sollte. Die Mitglieder des Ältestenrates antworteten, ich solle Geduld haben.

Meine Zwillingsseelenpartnerin neben mir war nicht nur erschöpft, ich spürte auch, dass ihre Seele offen war und erstaunt über ihre neue Umgebung und ihren Körper. Sie war, rief ich mir ins Gedächtnis, eine Seele, die eben in einen erwachsenen Menschen inkarniert, zur Frau materialisiert worden war. Sie musste sich an ihre neue dreidimensionale Körperlichkeit erst noch gewöhnen und auch an ihre Beschränkungen, da sie jetzt nur eine Frau war, so wie ich nur ein Mann war.

Sie lächelte mich schwach an, während mehrere Helfer uns sanft aus dem Becken halfen. Sie schien noch keine Ahnung zu haben, was es heißt, einen Körper zu besitzen. Ihre Haut schimmerte in einem goldenen Honigton, ihre Augen waren groß und braun und ihre Gesichtsknochen fein ziseliert, umrahmt von Haaren in einem dunklen Schokoladenbraun. Ihr Mund lag eingebettet in ein starkes Kinn. Sie war die Zwillingsseele, die bereitwillig in dem Geburtsbecken in Lemuria »gestorben« war, die mir im Jahr 790 n. Chr. auf dem Jakobsweg als Karl der Große begegnen würde und die noch später, im 20. Jahrhundert, zu Olof Palme würde.

Die Helfer legten uns vorsichtig auf Kristalltragen. Die Tragen wurden Seite an Seite weggerollt, damit jeder von uns in der Gesellschaft des anderen war, jeden Augenblick. Ich streckte meinen neuen und mir unvertrauten Arm nach ihr aus. Sie nahm meine Hand. Ihre Hand fühlte sich warm und tröstlich und weich an. Ich fühlte mich von ihrer Wärme und Weichheit beschützt. Ich spürte, dass ich bei ihr gefahrlos verwundbar sein durfte. Ich spürte, dass sie mir all die Eigenschaften geben würde, die ich jetzt in mir vermisste. Ich fühlte, ich wäre für sie ebenfalls ein sehr guter Gefährte.

Wir beide wurden vorsichtig in eine Kristallkammer gerollt, in der Helfer unsere Körper mit Kristallen auf Defekte untersuchten. Es gab keine. Die Teilung war offenbar erfolgreich verlaufen. Jetzt würden wir ein Programm für geschlechtliche Anpassung durchlaufen.

Nach einer unbestimmbaren Zeit der friedlichen Ruhe, heilender Musik, tiefer Meditation, beruhigenden Ölmassagen und kollektiver Energiezufuhr vom Ältestenrat begannen sie und ich unser Programm, das später unter dem Begriff »tantrische Übungen« bekannt werden würde. Vom Augenblick unserer Teilung an waren wir nie getrennt gewesen. Wir waren uns bewusst, dass wir Zwillingsseelen waren und daher absolut kompatibel. Der Ältestenrat teilte uns mit, dass das Zwillingsseelensystem die Grundlage für die Paarbildung bei der Geschlechtertrennung der lemurianischen Kultur bildete. Auf diese Weise war die Anpassung an die Geschlechtertrennung eigentlich nur eine körperliche Anpassung, und die sexuelle Ekstase, die zwischen uns auftreten könnte, sei bis zu diesem Zeitpunkt von Menschen noch nie erlebt worden. Mit Hilfe der geschlechtlichen Paarbildung konnten die Seelenkinder sich multiplizieren und dem Göttlichen mehr Wesenheiten bieten, die Zeugnis für sie ablegen und sich damit selbst und ihren eigenen Kampf um Göttlichkeit erfüllen konnten.

Sie und ich wurden in eine neue Kammer gebracht, wo man uns völlig uns selbst überließ. Nachdem man uns eine einfache Einweisung in die Funktionsweisen des Körpers gegeben hatte, sollten wir uns gegenseitig entdecken.

Zwar waren wir nach der Trennung bereits erwachsen und reif, sexuell gesehen waren wir allerdings noch Jungfrauen. Beide hatten wir die Erfahrung gemacht, schwanger zu sein, aber natürlich ohne jemals zuvor sexuelle Erfahrungen gesammelt zu haben. Als Zwitterwesen verfügten wir über keinerlei sexuelles Instrumentarium, um mit diesen Komplexitäten umzugehen. Tantra wurde für jene ursprünglich erwachsenen Wesen ohne sexuelles Bewusstsein geschaffen.

Man sagte uns, der Sinn der Sexualität liege darin, Intimität zu einem anderen menschlichen Wesen aufzubauen, damit alle verstehen konnten, dass niemand eine Insel ist. Die Sexualität sollte vor allem ein Dialog sein – telepathisch, hormonell, spirituell –, ein Dialog zweier Wesen mittels der sieben Chakras (den Energiezentren der Organe der Seele) sowie aller körperlichen und mentalen Sinne mit dem Zweck, zu Intimität zu führen.

Die Sexualität sollte die Sprache sein, die die Seelen wieder vereinte. Und die körperliche Anziehungskraft war der Motivationsfaktor für jedes Wesen, das sich selbst prüfte.

Man sagte uns, die Sexualität solle uns in engeren Kontakt mit dem Göttlichen bringen, denn wer mit einem anderen menschlichen Wesen intimen Kontakt pflegt, ist auch dem Göttlichen näher, da der andere Mensch ebenfalls ein Teil des Göttlichen ist.

Meine Zwillingsseele und ich fanden uns in einem Raum wieder, der in ein dunstiges lila Glühen getaucht war. In der Mitte des Raumes befand sich eine im Boden eingelassene Wanne, die warmes, öliges Wasser enthielt. Man sagte uns, die glitschige ölige Flüssigkeit sei eine natürliche Variante der Flüssigkeiten des menschlichen Körpers, wie sie während der aktiven Sexualität zwischen Mann und Frau entstehen.

Die Wanne selbst bestand aus einer nach dem menschlichen Körper geformten Papyrussubstanz, die das Öl warm hielt.

Wir tauchten lautlos in das glitschige, zärtliche Wasser ab und erkannten schnell, dass es sehr tief war.

Dank unseres früheren lemurianischen Trainings und der völligen Beherrschung unserer früheren Körper verstanden wir, dass wir in der Lage wären, einander friedlich mit röntgenartiger Hellsicht auch unter Wasser zu betrachten, indem wir viel Sauerstoff aufnahmen und willentlich unseren Herzschlag und unseren Stoffwechsel verlangsamten. Unser beider physische Aura wäre unter dem öligen Wasser sichtbarer, denn die Flüssigkeit agierte als Energieleiter.

Wir holten tief Luft, füllten unsere Lungen mit jeder Menge Sauerstoff, berührten uns gegenseitig an den Handflächen und hielten uns sanft fest. Dann sanken wir zum Grund der tiefen Wanne. Die Phase der tantrischen Übungen, die nun folgte, erstreckte sich über einen Zeitraum von mehreren Monaten, in denen wir jeden Tag übten.

Wir nahmen die Lotusposition ein und sahen uns zärtlich an. Es war uns bewusst, dass wir uns auf unsere äußere physische Form konzentrieren sollten, also absorbierten wir langsam und visuell unsere beiden neuen Körper. Wir begannen beim Kopf des anderen, betrachteten seine Haare, die Augenfarbe, die Form der Nase, die Kurven des Mundes und die Länge des Halses. Und während wir jeden Gesichtszug gleichzeitig isoliert betrachteten, leuchteten die Chakras des anderen auf.

Ich konzentrierte mich auf ihren Herzbereich. Ich konnte die grüne Aura ihres Herzchakras in dem energetischen Wasser schimmern sehen. Ihr Herz schien eine ganz eigene Farbe und Frequenz zu besitzen. Mir war bewusst, dass meine eigene Frequenz der ihren ähnelte. Ich fand die Entsprechung der Schwingungen sehr attraktiv und wollte mein Wohlgefallen zum Ausdruck bringen, indem ich sie berührte, aber meine Anweisung lautete zu warten – so lange zu warten, bis ich mich mit jedem isolierten körperlichen Detail von ihr vertraut gemacht hatte und das auch bei ihr der Fall war.

Als ich ihren Körper weiter betrachtete, wurde mir bewusst, dass in jedem inneren Organ, das ich für sich genommen inspizierte, das Blut schneller zirkulierte, fast so, als ob das Organ selbst auf die Aufmerksamkeit reagierte. Wir entdeckten im anderen beide dasselbe.

Wir beide saßen da und betrachteten uns friedlich im öligen Wasser. Der Ältestenrat erklärte uns, dass unsere Lungen dank der historischen Übungen in

Prana-Atemtechniken außerordentlich viel Sauerstoff aufnehmen und große Mengen Hämoglobin speichern konnten. Sie sagten, groß gewachsene Menschen wie wir besäßen mehr Blut, das unsere großen Körper ausfüllte, und somit sei es uns möglich, mehr Sauerstoff zu speichern. Unsere seelische Friedlichkeit ließ unser Herz nur einmal pro Minute schlagen, und unser verlangsamter Stoffwechsel sei der Grund, warum wir nicht alterten. Die Lehrer erinnerten uns, dass wir gelernt hatten, unsere Körper vollkommen zu beherrschen – Herz, Lunge, Leber, Bauchspeicheldrüse, Zirbeldrüse, Hirnanhangdrüse und so weiter – und dass in dieser Welt alle Kinder solche Techniken von Geburt an erlernt hatten, so wie wir in der heutigen Welt unseren Kindern beibringen, Blasen- und Darmaktivität zu kontrollieren. Die Lemurianer gaben ihren Kindern Kristallspielzeug in Form der menschlichen Anatomie, damit sie ihren Körper spielerisch kennen lernten. Sie glaubten nicht an sinnloses Spielzeug, sagten sie. Alles, was sie taten, hatte einen Bezug zur Selbsterkenntnis und zur Erkenntnis des Göttlichen, und die Kinder hatten ihren Spaß beim Lernen.

Meine Zwillingsseele und ich sahen die sinnliche Klarheit in dem öligen Wasser, als unsere weit offenen Augen langsam hellsichtigen Kontakt herstellten. Wir konzentrierten uns darauf, unsere Schwingungsenergien in den Chakras zu erhöhen. Wir spiritualisierten unsere Körper durch unsere Seelenorgane.

Langsam wurde ich mir bewusst, dass Blut in ihre weiblichen Genitalien strömte. Und während sie auf das, was sie sah, reagierte, spürte ich, wie sich meine eigene Blutzirkulation erhöhte. Es fiel mir schwer festzustellen, ob die Blutzirkulation daher rührte, dass ich Anziehung verspürte, oder ob ich Anziehung verspürte, weil sich die Blutzirkulation erhöhte. Jedenfalls war es angenehm und tröstlich. Ich spürte das Verlangen, sie zu berühren, sie zu streicheln, sie zu ermutigen und sie zu öffnen, damit ich in sie eindringen konnte. Ich spürte eine derart reine Intimität, dass ich mir jedes einzelnen Aspekts von ihr bewusst wurde. Ich war mir nicht nur einfühlsam ihrer körperlichen Erscheinung bewusst - etwa ihrer Augen, ihres Gesichts und ihrer Haut -, sondern auch ihrer inneren physischen Aspekte - ihrer Chakras und ihrer Energiezentren. Alle sieben glühten hell, das Chakra bei den Genitalien pulsierte in Einklang mit den höheren Chakras. Der Rat hatte uns erklärt, dass alle Energie vom Herzchakra ausstrahlte, was zu einem stabilisierenden Gleichgewicht führte, in dem die sexuelle Anziehung spirituell reguliert wurde. Ich blickte abwechselnd auf ihr Herzchakra und ihr Genitalchakra. Beide bereiteten mir gleichermaßen Vergnügen, und die Kombination der beiden war für mich die reine Ekstase.

Der Rat hatte gesagt, der gesamte Körper sei eine erogene Zone, denn die Definition von *erogenen Zonen* lautete »jene isolierten Bereiche der Sinnlichkeit, die jenen Bereichen des Körpers entsprechen, an denen die betreffende Person spirituelle Verbesserung benötigt«. Mit anderen Worten, wenn ein Bereich meines Körpers auf sexuelle Stimulierung reagierte, dann deshalb, weil dieser Bereich spirituelle Aufmerksamkeit benötigte und die entsprechende Blutzirkulation zu einer Verbesserung führte; darum ist der sexuelle Prozess für mein spirituelles Wohl ebenso wichtig wie für meine körperliche Gesundheit. Sex hilft nicht nur, Spannungen zu mindern und freizusetzen, sondern behandelt mich als Ganzes, sofern spirituell angewendet. Der Rat sagte, Sex würde aufgrund der Schwingungsenergie meine biologische Persönlichkeit spiritualisieren.

Im Laufe der Wochen und Monate wurde ich mir meiner Partnerin immer intensiver bewusst. Ich merkte, wie ich mich ihr langsam unterwarf. Mein Gefühl für meine eigene Identität verschmolz mit der ihren, bis es mir schien, als formte sich eine neue Identität des »Einsseins« zwischen uns beiden. Ich streckte meine Hand aus und berührte ihre Handfläche. Wir zwei öffneten unsere Handflächen und ließen sie langsam an unseren Körpern entlanggleiten. Die Elektrizität, die ich spürte, überstieg alles spontan Körperliche, das ich je gekannt hatte. Ich fühlte, wie ich mich zusammen mit ihr aus mir selbst erhob, bis wir beide gleichzeitig von unseren gemeinsamen Energien hochgehoben schienen. Wieder hatte ich das Gefühl, zu ihr *werden* zu wollen, weil ich diese andere Hälfte von mir selbst, zu der sie geworden war, erfahren wollte.

Ich spürte, wie wir beiden unseren Willen dem Willen dieses Vorgangs unterwarfen, den wir erlebten. Keiner von uns hatte zuvor Spontaneität gekannt, denn als androgyne Wesen waren wir uns unserer vorhersehbaren Reaktionen ständig bewusst gewesen. Sex war daher unser erstes Abenteuer in Sachen Spontanität. Es erforderte Vertrauen und Hingabe und die absolut spontane Bereitschaft, sich selbst für den anderen aufzugeben. Wir erfuhren eine Ahnung von Zeitlosigkeit. Unserem Bedürfnis, einander zu besitzen, war eine Art schwebende friedliche Zwanglosigkeit zu eigen. Wir vertrauten darauf, dass wir für unsere gegenseitige Anziehung keinen »Grund«

brauchten, dass sie vielmehr ihre ureigenste Begründung hatte. Und diese beiderseitige Anbetung ließ uns das Göttliche fühlen.

Nach einigen Monaten umarmten wir einander, legten unsere Arme um den anderen. Ich spürte, wie ich vor tiefer Erleichterung aufseufzte. Es war, als umarmte ich jenen Teil von mir, den ich geliebt und verloren hatte. Langsam schob sie mir ihren Unterleib entgegen. Ich hob sie auf meinen Schoß, und sie umfasste mich mit ihren Beinen. Ich reagierte, indem ich sie noch näher an mich zog. Dann streichelten wir langsam unsere Augen, die Ohren, die Lippen, die Haare, den Hals, den Rumpf und die Hüften des anderen – bis sie fast ohne Anstrengung oder Absicht ihre Beine öffnete und ich in sie drang. Keiner von uns bewegte sich. Es gab kein Stoßen und Empfangen, nur das sanfte Pulsieren und Sichöffnen und Zurückziehen. Wir waren ineinander verloren: Sie umschlang mich, und ich war erfüllt. Unsere Körperlichkeit schien jetzt einem eigenen Ablauf zu folgen, ohne unsere mentale Motivation. Wir erlebten zum ersten Mal die Hingabe der Persönlichkeit. Eine größere, mächtigere Kraft trug uns davon, und wir ergaben uns ihrem kosmischen Mysterium.

Dann erlebten wir ohne Absicht, Zweck oder Mühe unseren ersten sexuellen Höhepunkt – einen Höhepunkt körperlicher Spannung, herbeigeführt durch das Verbrennen völlig offener und gemeinsam geteilter Gefühle. Wir konnten die Funken der Energie, die unser beiderseitiger Orgasmus schuf, förmlich sehen. Wir spürten, wie unsere Funken das Göttliche berührten, und fühlten uns spirituell und körperlich vereint. Wir flößten uns gegenseitig Leben ein und erreichten eine Art Göttlichkeit.

Ich erinnerte mich an die Worte von John. Mir fiel wieder ein, wie er gesagt hatte, dass der androgyne Lemurianer zwar hochentwickelt sei, aber im Grunde nur über sich selbst nachdachte, egozentrisch und selbst-spiritualisiert. Obwohl sich das Yin und das Yang innerhalb dieses Wesens in vollkommenem Gleichgewicht befanden, dienten die Lemurianer im Grunde nur ihren *eigenen* Bedürfnissen. Er hatte gesagt, dass die Teilung in die verschiedenen Geschlechter daher ein letzter Test sei, um die *selbst*süchtige Identität dieser reinen Beschäftigung mit sich selbst zu überwinden. Die Geschlechtertrennung war eine Gelegenheit, die Rasse mit Hilfe des freien Willens zu verbessern, denn so wurde die Möglichkeit geschaffen, einem anderen Individuum als sich selbst zu dienen. Durch die geschlechtliche Trennung erhielt man die Gelegenheit, einem anderen zu dienen, der deutlich andere Bedürfnisse hatte – und die Bedürfnisse einer Frau waren deutlich anders als die Bedürfnisse eines Mannes. Anstatt sich im androgynen Zustand selbst zu dienen, eröffneten wir uns die Chance, einander auf einer körperlichen Ebene und auf einer Persönlichkeitsebene zu dienen. Trotzdem behielten wir auf der spirituellen Ebene weiterhin unseren androgynen Geisteszustand bei.

Wenn der Mensch das Dienen lernte, würde er auch dem Göttlichen dienen, und mit der Aufspaltung der Geschlechter in zwei Wesen erhielt die Schöpferkraft mehr Wesen, die Zeugnis für sie ablegen konnten. Das Männliche und das Weibliche sollten sich vermehren und auf diese Weise noch mehr Seelen helfen, sich auf der körperlichen Ebene zu inkarnieren und damit eine Chance zu erhalten, ihr Karma abzuarbeiten – der Weg zurück zum göttlichen Seinszustand.

Ich und meine Zwillingsseele verstanden langsam unsere Aufgaben als getrenntgeschlechtliche Wesenheiten. Wir liebten einander in der Vergangenheit und waren in der Gegenwart spirituell so weit entwickelt, um uns zu erinnern. Als Folge der Aufspaltung war unsere Sehnsucht nach einander grenzenlos.

Unsere sexuelle Erfahrung erwies sich als Segen. Unsere sinnliche Erfahrung war die reine Freude. Unsere gegenseitige Anziehungskraft war neu, frisch und aufregend. Das Leben auf der rein körperlichen Ebene wurde für uns attraktiv.

Und so wurden wir beide, die wir ursprünglich Lemurianer waren, nun Teil der neuen Zivilisation von Atlantis.

Unser Leben als Mann und Frau begann in einem spartanischen Heim mit einer beruhigenden Umgebung. Wir lauschten regelmäßig den Klängen heilender Musik, meditierten viele Stunden gemeinsam und bauten unser tantrisches Wissen um die Sexualität weiter aus.

Wir liebten einander, lebten füreinander und schwelgten in unseren neuen Entdeckungen der sexuellen Befriedigung. Keiner von uns hatte die Neigung, mit einer anderen Person des anderen Geschlechts zu experimentieren. Der Ältestenrat hatte erklärt, dass eine monogame Ehe notwendig sei für unser spirituelles Wachstum und für den Dienst an der Schöpferkraft. Unsere Ehe verkörperte in der Tat einen spirituellen Vertrag, bei dem die Monogamie ein Grundversprechen war. Ihr Zweck war es, das müßige Lärmen und Plappern der Gesellschaft auszublenden, das uns zu vereinnahmen drohte. Unsere Aufgabe bestand in dem völligen Teilen und in dem Wissen voneinander, damit wir Zeugnis des Göttlichen ablegen konnten. Zwei Seelen, die denselben Hintergrund und dieselben Erlebnisse teilten, sollten aus dem Ehestand eine besondere Erfahrung machen. Der Rat hatte erklärt, dass sich jeder Mensch nach der Aufspaltung im Grunde nach einer einzigen anderen Seele sehnt, mit der er sein Leben völlig teilen kann, denn in Wirklichkeit suchen wir ja nach der anderen Hälfte von uns selbst. Darüber hinaus, sagte der Ältestenrat, liege die Aufgabe jedes Menschen darin, den echten Seelengefährten zu finden. Man kann seinen Seelengefährten nur dann erkennen, wenn man sich selbst kennt. Ein Seelengefährte war also schlicht die Widerspiegelung des eigenen Selbst.

So gab es jetzt zwei grundlegende Motivationen, die die menschliche Rasse vorantrieben: Zum einen das Bedürfnis jedes Menschen, *das Gegenstück des eigenen ursprünglichen androgynen Selbst in einem anderen zu finden,* zum anderen die Suche nach dem eigenen ursprünglichen Seelengefährten im Geiste. Dann und nur dann wären wir in der Lage, zur Schöpferkraft zurückzukehren, das *Einssein* zu erlangen und somit unsere ursprüngliche Göttlichkeit wiederzuerlangen. Der Ältestenrat erklärte, die menschliche Rasse würde die Auswirkungen der Geschlechtertrennung in alle Ewigkeit spüren, aber sie sei nötig, um sich zum Göttlichen zurückzukämpfen.

Wir folgten glücklich den Anweisungen des Ältestenrates und der Außerirdischen, und wir verstanden beide, dass sich unsere ursprünglichen Seelengefährten an einem anderen Ort befanden. Bald wurde meine Zwillingsseele schwanger und gebar einen kleinen Jungen, womit sie die fortgesetzte Geschlechtertrennung bekräftigte und ihren Stammbaum gründete, der sich durch die Zeiten ziehen würde. Wir waren einander perfekte Gefährten und wurden immer reicher an Kenntnissen. Bald schon waren wir von Wissen regelrecht besessen... das Wissen um Technologie, das Wissen um die Kunst, das Wissen um die Literatur (wir bedienten uns mittlerweile ausschließlich der gesprochenen Sprache).

Doch meine Partnerin und ich stellten fest, je mehr wir und der Rest der atlantischen Zivilisation uns mit Informationen und Wissen beschäftigten (was für uns überaus attraktiv war), desto mehr entfernten wir uns von unseren spirituellen Zielen.

Je mehr in Atlantis der Schwerpunkt auf die materiellen und körperlichen Ebenen gelegt wurde und je mehr das spirituelle Wissen und die spirituelle Verehrung abnahmen, desto stärker kam uns die spirituelle Identität abhanden. Wir gingen völlig in unserer männlichen und weiblichen Identität auf, entwickelten männliche und weibliche Persönlichkeitsstrukturen und verloren den Kontakt zu unseren wahren androgynen Seelen und unserem spirituellen Selbst. Als die Werte der Erd-Ebene – die materiellen und körperlichen Freuden des Fleisches und die intellektuellen statt der spirituellen Aspekte des Lebens – uns gänzlich verführten, entwickelten wir uns ebenso wie andere, die wir kannten und mit denen wir kommunizierten, immer weiter zurück. Wir, die Atlanter, die mit der Geschlechteraufspaltung einverstanden waren, hätten in unserer eigenen Evolution einen gewaltigen Schritt nach vorn in Richtung Vollkommenheit machen können, aber wieder einmal scheiterten wir. Wir hätten den endgültigen Test der Evolution unserer Göttlichkeit bestehen können, aber stattdessen begingen wir denselben Fehler, den wir schon in unserer ursprünglichen Seelenform gemacht hatten – wir wurden sinnlich von allem

Körperlichen verführt und vernachlässigten darüber unseren göttlichen Ursprung. Die Außerirdischen hatten sich ihrer psychischen und genetischen Technologien bedient, um die Evolution der niederen Primaten zur adamitischen Rasse zu beschleunigen, und jetzt hatten sie versucht, den Prozess voranzutreiben, die Göttlichkeit mit Hilfe der Geschlechterauftrennung zu erkennen. Vielleicht würden sie erfolgreicher sein, sobald die Menschheit selbst dazu bereit wäre.

Doch nun wurde die adamitische Rasse aus dem Garten Eden verbannt, nachdem sie die verlockende Frucht vom Baum der Erkenntnis gegessen hatte.

Als ich mich von der Spiritualität abwandte, wurde ich zum ersten Mal zu einem emotionalen Wesen. Bis dahin war ich als androgyner Mensch ein fühlendes Wesen gewesen, jedoch kein emotionales.

Ich hatte beispielsweise nie geweint, denn es gab nichts zu beweinen. Ich hatte so etwas wie die Angst vor dem Tod nicht gekannt, denn den Tod gab es nicht, nur das physische Ende des Körpers. Ich hatte Beziehungen gekannt, aber keine emotionalen Bindungen, weil ich nur an das Göttliche gebunden war. Ich hatte keine sexuellen Affären gehabt, denn es gab kein Bedürfnis nach Sex – schließlich fand ich in mir selbst alles.

Ich hatte keinen Partner gehabt, keinen Gefährten, keinen Ehemann, keine Ehefrau. Ich hatte keine Identitätskrise gekannt, denn das Yin und das Yang in meiner Persönlichkeit hatten sich im Gleichgewicht befunden. Genau das war der Grund, warum ich ein so hohes Maß an Spiritualität erlangt hatte. Ich hatte nicht auf einer Ebene der Logik funktioniert, sondern vielmehr auf einer Ebene der Einfühlsamkeit. Ich hatte keine emotionalen

Kümmernisse gekannt, sondern nur sensible Gefühle. Ich hatte Verwirrung, aber keine Angst gekannt.

Ich war im Grunde ein verspieltes Wesen gewesen, mit einem hohen Maß an fröhlichem Humor. Durch Humor ließ sich die Spannung, die beim Wachstum auftrat, freisetzen. Mein Humor hatte nie auf dem Missgeschick eines anderen beruht; diese Vorstellung war mir fremd.

Allgemein gesagt: Ich hatte Gefühle gekannt, aber keine Emotionalität. Doch nun wurde ich mir langsam tief schürfender und grundlegender psychologischer Verlagerungen in mir selbst, in der Gesellschaft und in den Verhaltensweisen meiner Mitmenschen bewusst. Wir alle fühlten uns der Gemeinschaft und einander extrem entfremdet. Wir fühlten uns auch uns selbst entfremdet. Zum ersten Mal spürten wir den Schmerz menschlicher Emotionalität.

Das Trauma, unsere Spiritualität verloren zu haben, schien schmerzliche menschliche Emotionalität zu schaffen. Wir verloren den Kontakt zu Gott und zu dem Göttlichen in uns selbst.

Aus unserer Verwirrung schien sich Gewalt zu entwickeln. Wir fühlten uns frustriert und ängstlich... und dann wütend. Wir waren nicht einmal sicher, worüber wir wütend waren – aber irgendwie waren wir wütend auf uns selbst. Nachdem wir den Kontakt zur Schöpferkraft, zu unserer eigenen Göttlichkeit und zur Aktivität der Spiritualisierung verloren hatten, verspürten wir tiefe emotionale Konflikte. Konflikte, die nicht nur nachhaltig und verstörend waren, sondern auch nie hätten existieren müssen. Denn wer in Einklang mit dem Göttlichen lebte, befand sich in einem friedlichen und gelassenen Seinszustand. Ohne die göttliche Kraft Tag für Tag zu erkennen, waren wir Erben der neuen und modernen Zivilisation hilflos im Umgang mit den unnötigen menschlichen Konflikten, die wir geschaffen hatten, als wir unseren ursprünglichen Lebenssinn vergaßen. Wir wurden zutiefst verwirrt.

Unser Familienleben gestaltete sich immer schwieriger, weil jeder unserer individuellen Konflikte auf die Konflikte des anderen traf. Die Polarisierung unserer beiden Geschlechter wurde immer offensichtlicher. Sexuelle Ängste und Feindseligkeiten entwickelten sich... eine Art von Furcht und Feindseligkeit, mit der keiner von uns je zuvor Bekanntschaft gemacht hatte. Und anstatt der Göttlichkeit im anderen und der tatsächlichen Göttlichkeit in uns selbst Anerkennung und Respekt zu zollen, konzentrierten wir uns stattdessen auf unsere Konflikte und Unterschiede. Unsere kleine Familie wurde zum Brennpunkt und zur Quelle weiterer emotionaler Negativität, Intensität und Verwirrung. Unser Sohn wurde ebenso verwirrt und ängstlich, wie wir es waren. Ich begann zu spekulieren, fragte mich, ob die emotionale Intensität und Verwirrung von einer Generation an die nächste weitergereicht würde. Wenn unsere Sünden als Eltern auch unsere Nachkommen heimsuchten, dann bekämen unsere Kinder größte Probleme bei der Suche nach eigenen Gefährten. Mir fiel auf, dass mit dem Verlust der Spiritualisierung eine grenzenlose Angst vor dem Tod und die eisige Erkenntnis der Sterblichkeit einherging. Da es mir an spirituellem Wissen mangelte, konzentrierte ich mich auf jene Hälfte von mir selbst, die fehlte. Ich hatte die Schöpferkraft verdrängt, deshalb fühlte ich mich halb-tot, halb-bewusst, halb-komplett, halb-erfüllt, halb-lebendig. Meine frühere Erfahrung völliger Selbstidentität war halbiert.

Ich suchte nun unablässig nach einer Art Erfüllung durch meine andere Hälfte. All diese halbierten Gefühle trugen zu meiner Angst vor der Sterblichkeit bei.

Ich erinnerte mich an Johns Worte, dass aus dem Verlust der Spiritualität, der Angst vor dem Tod, dem Trauma der Geschlechtertrennung und dem Aufkeimen menschlicher Konflikte der Mensch gewalttätig, konkurrierend, korrupt und mörderisch würde. Ich konnte fühlen, wie diese emotionalen Konflikte in mir entstanden. Ich spürte, wie ich ängstlich, entfremdet und menschlich primitiv wurde.

Ich vergaß, dass der Sinn meines Lebens darin lag, die Göttlichkeit in mir zu entwickeln.

Obwohl ich mich Atlantis und dem Test der neuen Welt verpflichtet hatte, spürte ich nach der Geschlechteraufspaltung, wie ich im großen menschlichen Test versagte. Obwohl ich wusste, dass meine Verantwortung in der Hingabe an die göttliche Gottheit und an meine Familie lag, die ich gelobt hatte, redete ich mir ein, dass mein Leben in Atlantis seinen Zweck erfüllt und keine weitere Bedeutung hatte.

Voll Angst, Furcht, Konflikten und in völliger Entfremdung von meiner eigenen Spiritualität beschloss ich, in meine alte Welt zurückzukehren, in mein Mutterland, zu meinem Lehrer John... nach Lemuria. Darum verließ ich meine Partnerin. Ich sagte mich von ihr, meiner Familie, meinem Versprechen und sogar dem Sinn meines Lebens los.

Als ich in mein Mutterland zurückkehrte, musste ich feststellen, dass es sich in demselben Entwicklungszustand befand wie Atlantis. Die Werte der neuen Welt waren in das lemurianische Mutterland eingedrungen, wie

John es vorhergesagt hatte. Die kollektive Spiritualität war verschwunden. Es herrschte die absolute Trennung von Sinn und Gedanken. Debatten tobten. Selbstsucht infizierte jede Schicht einer Gesellschaft, die zuvor gar keine Schichten gekannt hatte. Egoismus und Überlegenheitsgefühle vergingen sich an der Spiritualität.

Der Garten Eden existierte nicht länger. Der Mensch hatte seine Harmonie zerstört.

Mit der Zerstörung der spirituellen Harmonie löste sich auch die ökologische Harmonie auf, denn beides war untrennbar miteinander verbunden. Die kollektive Verzerrung der elektromagnetischen Frequenzen, verursacht durch unser Verhalten, beeinflusste jedes irdische Muster, denn die Erde war ein lebender Organismus, der auf die Gefühle, das Verhalten und die Behandlung durch die menschliche Familie reagierte. Es gab keine Unterstützung durch Meditation mehr wie zuvor. Der Mensch hatte sich der Erde, auf der er lebte, entfremdet. Die kollektive Verzerrung der elektromagnetischen emotionalen Frequenzen führte dazu, dass die Erde selbst reagierte – sie rebellierte. Sie protestierte. Und das heftig.

Nach 500 000 Jahren einer herausragenden Zivilisation rief das Alarmsystem der Erde: »Es reicht!« Astronomische und astrologische Schwerkraftstöße – und weil die psychischen Frequenzen der Erdbevölkerung nicht harmonisch und positiv genug waren, um dagegen anzugehen – ließen die Erde kollabieren. Das Göttliche (die Natur) reinigte so die Verzerrungen.

Die magnetischen Frequenzen von Land, Bergen und Vulkanen verzerrten sich. Das zerbrechliche Gleichgewicht zwischen Boden- und Mentalenergien wurde ernsthaft gestört. Die Harmonien der Erde kollabierten und wurden zu Erdbeben und Flutwellen. Die Erde brauchte die Hilfe derjenigen, die teilhatten an der Schöpferkraft, die menschliche Familie, aber wir hatten unsere Aufgabe und unsere Energie vergessen, gefangen in unseren eigenen Verzerrungen.

Bei der Rückkehr in mein Mutterland sah ich, wie Entsetzen und Auflösung meine geliebte Gesellschaft bedrohten. Es regierten Verwirrung und Korruption. Als die Erde selbst reagierte und die Erdbeben tobten, als die Flutwellen anrollten, als die großen Städte ins Wanken gerieten und fielen, beging ich eine große Sünde.

Der verletzliche Kontinent Lemuria versank im Pazifik wie ein alternder Dinosaurier, völlig verstört und unfähig, sich noch länger um sich selbst zu kümmern. Er hatte seine menschliche Energie vergessen, hungernd und dürstend nach seiner Lebensquelle und den spirituellen elektromagnetischen Frequenzen, die ihn in der Vergangenheit genährt hatten.

Ich sah zu, wie Lemuria starb; ich sah zu, wie mein Lehrer starb, und in einem letzten Akt der karmischen Selbstzerstörung brachte ich mich um.

Aber ich beging nicht einfach nur Selbstmord. Ich projizierte meine Seele auf die Astralebene und ließ meinen neuen Körper hinter mir, die silberne Nabelschnur noch intakt. Ich beobachtete die Katastrophe unter mir. Millionen von Menschen starben, und ich sah zu, wie ihre Seelen kollektiv die Erd-Ebene verließen. Ich fühlte mich hilflos, unfähig, jemand zu helfen. Andere Seelen kamen auf ihrer Reise zu den höheren Astralwelten an mir vorbei. Verzweifelt reckte ich mich ihnen entgegen.

»Wartet«, hörte ich mich rufen, »wartet. Ich will mit euch ziehen.«

Und als ich spürte, wie die Seele meines Lehrers John nach oben und an mir vorbei schwebte und sein Körper unten von den Säulen im Tempel des Wissens zerschmettert wurde, da geriet ich in Panik.

Mein Lehrer hatte seinen karmischen Zeitplan akzeptiert. Er hatte der Versuchung der Astralprojektion widerstanden. Die Erfahrung dieser Katastrophe war seine karmische Pflicht gewesen, und das hatte er gewusst. Er wusste, er musste ein Gefühl der Distanz wahren, damit er seine Lebenszeit objektiv betrachten konnte. Sein Karma bestand darin, seinen Lebenszyklus zu vollenden. Das war das Karma eines jeden Menschen. Ich jedoch weigerte mich standhaft, mich der Realität des Schreckens unter mir zu stellen. Es war allzu schmerzlich für mich. Mein Körper war noch nicht richtig gestorben; er lag intakt unter mir, von dem Zusammenbruch der Landmassen um mich herum noch nicht verletzt. Aber die Angst und die Einsamkeit dieses Schreckens waren mehr, als ich ertragen konnte. Ich empfand ein Gefühl der Schuld, das ich nie zuvor erlebt hatte. In einem verzweifelten Versuch, meinem Lehrer hinauf zu einer höheren und spirituelleren Ebene zu folgen, kappte ich meine silberne Nabelschnur und beging Astralselbstmord. Ich erwartete wirklich, nun nach oben zu schweben, dem Weg meines Lehrers zu folgen, aber das geschah nicht. Stattdessen taumelte ich durch den Raum. Alles wurde schwarz, als die spirituelle Amnesie einsetzte. Ich fiel in einen komatösen Zustand und wurde wieder zu einem androgynen Geist.

Ich taumelte durch Zeit und Raum... taumelte... und taumelte. Ich fühlte mich verloren und ohne Horizont.

Ich verspürte einen beängstigenden Schwebezustand. Ich fühlte, dass ich mich selbst verloren hatte. Ich fühlte mich ohne Sinn, ohne Bedeutung, ohne Definition. Nach einer Ewigkeit, wie mir schien, erwachte ich auf einer Astralebene. Ich lag auf einem großen Kristalltisch. Über mir standen der Erzengel Michael und sein Seelengefährte, Erzengel Ariel. Ihre Astralflügel erbebten mit ihren hohen elektromagnetischen Frequenzen. Sie zeigten sich gütig, aber äußerst streng und unzufrieden mit mir.

Erzengel Ariel ergriff das Wort. Dabei erkannte ich die Schwingung in seiner Stimme. Es war dasselbe Geräusch, das ich gehört hatte, als Ariel vor einigen Wochen auf dem Jakobsweg zu mir gekommen war. Nun wurde mir klar, dass Ariel und die anderen drei Erzengel androgyn waren und Ariel mich schon seit langer Zeit führte. Und nun sprach der Engel wieder zu mir.

»Lemuria, der Garten Eden war der Zustand, in dem sich das Bewusstsein im Gleichgewicht befand«, erklärte der Engel Ariel, »die individuellen Seelen lebten für die Harmonie, bis sie den Baum der Erkenntnis von Gut und Böse in Besitz nahmen und die göttliche Gottheit und ihr eigenes spirituelles Selbst zurückwiesen. Als sich das Ego ausbildete, wurden sie zerstreut in Einzelwesen. Du magst dich als getrenntes Wesen wahrnehmen, aber dem ist nicht so. Du stärkst das Gute in dir, wenn du nach Harmonie und Liebe strebst. Wenn du lernst, die göttliche Gottheit von ganzem Herzen und mit all deiner Kraft zu lieben, und wenn du deinen Nächsten liebst wie dich selbst, dann wirst du in dir selbst und in anderen die telepathische Energie entflammen, um euer kollektives Bewusstsein zu heilen und zu schützen. Die

Seele motiviert die natürliche Umgebung. Diese Seele *ist* alles. Du musst das anstreben, was du wirklich bist – eine göttliche Seele, die sich im Fleisch inkarniert hat. Denke an die Lektion von Lemuria, vielleicht kannst du dann dazu beitragen, dass eines Tages auf diesem Planeten ein künftiges Eden neu errichtet wird.«

Ariel schwieg und sah prüfend auf mich herab, während er über mir stand. Ich fühlte mich absolut unbedeutend.

»Die Unausweichlichkeit deiner Schuld ist wichtiger als die Bestrafung«, sagte Ariel. »Du hast dein Versprechen der Aufspaltung gehalten. Du hast eine neue Familie geschaffen. Deine Familienangehörigen hingen von dir ab. Dein karmischer Lebenssinn war in Atlantis noch nicht erfüllt, als du dich entschlossen hast aufzubrechen. Es ist ein karmisches Verbrechen, die körperliche Ebene vor deiner Zeit zu verlassen. Du bist nicht der Richter.«

Ich hörte das Urteil Ariels zutiefst beschämt an. Gleichzeitig merkte ich, dass ich ihn nicht ganz verstand.

»In deinem Fall ist dir die Reinkarnation bis zum Ende der atlantischen Zivilisation verboten«, fuhr der Engel fort und machte eine Handbewegung, um die einmütige Entscheidung der Erzengel anzudeuten. »Nach dieser Zeit wirst du neu geboren, um der künftigen Menschheit zu dienen. Du wirst bis ans Ende des adamischen Zeitalters zu Beginn des 21. Jahrhunderts an die Erde gebunden bleiben. Erst dann wirst du entscheiden können, wie viel länger du im Körper verbleiben willst.«

Ariel erklärte weiter: »Wir bestrafen nie. Jede einzelne Seele bestraft sich selbst.«

Ich sah, wie ein goldenes Licht Ariel umhüllte; es breitete sich aus und schloss auch mich ein. Während das Licht anschwoll, verstand ich die Worte besser.

Ariel schien zu einer goldenen Gebärmutter zu werden, die mich umhüllte, während ich mich verwandelte. Michaels Engelsflügel dehnten sich aus und bedeckten sowohl Ariel als auch mich. Ich spürte, wie ich spirituell eine embryonale Position einnahm, bis ich buchstäblich zu einem Baby geworden war.

Ich wurde im goldenen Schoß von Ariel schützend versiegelt.

»Wenn du nach Atlantis zurückkehrst, um dein Karma in der Zivilisation zu vollenden, die du verlassen hast, dann wirst du helfen, ein Gebäude zu errichten, in dem Aufzeichnungen und Wissen bewahrt werden. Du wirst zu einem Neuanfang der menschlichen Rasse beitragen. Mit deiner Hilfe wird eine Bibel in Stein geschlagen. Sie wird zu einem kosmischen Instrument. Anweisungen zu ihrem Gebrauch werden in Gold festgehalten und als Wandschmuck aufgehängt. Wir beten, dass der Wandschmuck intakt bleibt. Da sie kosmische Energien verlagert, wird sie als Kommunikationsmittel für Wesen dienen, die zu den Sternen reisen. Irdische Meister werden sich daran schulen. Sie wird im Epizentrum der irdischen Landmasse in Ägypten lokalisiert sein. An diesem Ort sollte sie sicher sein vor den katastrophalen Ereignissen, die alle 6666 Jahre auftreten. Innerhalb ihrer Pyramidenstruktur wird sich eine Aufzeichnung der vergangenen, gegenwärtigen und zukünftigen Ereignisse der Menschheit finden. Sie ist sogar eine kosmische Zeitmaschine. Sie wird der Erinnerung dienen, dass die Menschheit ohne spirituelles Verständnis dem Untergang geweiht ist. Du wirst der Zukunft der Menschheit als einer der Architekten dienen und auf diese Weise deine karmische Schuld zurückzahlen.«

Ariels umhüllender Schoß gab mir Wärme und das Gefühl emotionaler Unterstützung, während seine Worte in meinen Ohren hallten.

Dann spürte ich, wie ich taumelte – ein ätherisches Taumeln im Raum –, aus eigener Kraft, aber in dem Wissen, dass Ariel bei mir war.

Ich sah nach unten. Lemuria war verschwunden, lag nun unter den Wasserfluten, die heute als Pazifik bekannt sind. Millionen Seelen umgaben mich, schwebten nach oben, hatten ihr eigenes individuelles Karma angesammelt. Ich fragte mich, ob Ariel oder Michael mit jeder Seele sprachen. Ich konnte das unmöglich herausfinden. Jeder von uns besaß seine eigene Beziehung zum Göttlichen, und wenn ich über eine Seele urteilte, würde ich das ohne das vollständige Wissen darüber tun, wer diese Seele in Wirklichkeit war.

Ich verstand allmählich die wahre Bedeutung von »Richtet nicht, auf dass ihr nicht gerichtet werdet«.

Das Meer unter mir wogte auf und ab. Ich spürte, wie ich wieder in eine Art Schwebezustand geriet. Als ob ich durch einen schützenden Tunnel glitt, spürte ich schließlich, wie ich in die Gegenwart eilte, bis ich mir wieder bewusst war, dass ich oben auf einem Stockbett in einem verlassenen *Refugio* in einem nordspanischen Dorf lag.

Eine Welle der Einsamkeit durchwogte mich. Ich wusste, es lag daran, dass alles, was ich erfahren hatte, für jeden, dem ich es erzählte, unverständlich sein würde.

Ich zog meine Stiefel an, kletterte vom Stockbett, rollte meinen Schlafsack auf und ging nach draußen.

Ich musste die Kieselsteine und die Erde unter meinen Füßen spüren. Ich brauchte den Regen auf meinen Augenlidern und vielleicht sogar Moskitos, die mich mittels Schock zurück in die Wirklichkeit der Welt katapultierten.

Was sollte die Realität, die ich für mich geschaffen hatte, nur bedeuten? Warum war ich den Jakobsweg mit so viel Ausdauer und Entschlossenheit gewandert? Waren die Pilger der alten Zeit ebenso besessen gewesen wie ich? Waren wir nichts weiter als spirituelle Workaholics? War meine Neugier auf meine persönliche Identität so intensiv, dass ich mehr sah, als ich aufnehmen und verarbeiten konnte? Hatte meine Seele mit Einflüsterungen in meinen Verstand begonnen und bediente sich nun quasi eines kosmischen Schreis?

Ich wanderte schneller und zog unterwegs einige Nüsse und Trockenfrüchte aus meiner Bauchtasche. Mit den Fingern fuhr ich über das goldene Kreuz und atmete tief durch. Jetzt wollte ich den Jakobsweg nur noch beenden.

In den Vororten der nächsten Stadt (ich wusste nicht einmal, wo ich mich befand) sollte ich José treffen.

Plötzlich hielt ein Wagen neben mir. Beunruhigt sah ich hinüber. Anna saß am Steuer.

»Morgen Abend geht dein Flugzeug nach Madrid«, rief sie. »Es ist der vierte Juli. Und erwarte die Presse auf dem Berg der Freude, von dem aus du Compostela sehen kannst. Wenn du ihr nicht begegnen willst, weich ihnen aus.«

Sie lachte und trat aufs Gas.

Ich wanderte weiter, bis ich José in seinem Wagen entdeckte, der auf mich wartete. Schnell rannte ich zu ihm und stieg ein. »Wir sollen hier auf Juan, Carlos und Ali warten«, sagte er. Ich nickte. Ich erzählte ihm, dass ich müde sei, damit ich mich nicht mit ihm unterhalten musste, und schlief ein, das Gesicht zum Himmel gerichtet. Als ich aufwachte, teilte mir José mit, wir würden nun schon drei Stunden auf Juan, Ali und Carlos warten. Drei kostbare Stunden, in denen ich in Richtung Compostela hätte wandern können.

»Lassen Sie uns zum nächsten Treffpunkt fahren«, meinte ich schlussendlich. Wir fuhren schweigend. Ich sah einige Vertreter der Presse und duckte mich. Als wir im *Refugio* ankamen, wurde mir klar, dass es ein Missverständnis gegeben hatte. Carlos und die warteten *dort* auf uns.

Juan war wütend. »Also, hier habe ich Ihren Joghurt und Ihren Orangensaft. Warum haben Sie sich über unseren Treffpunkt so unklar ausgedrückt?«

Das brachte Ali in Rage. »Sie sind dermaßen arrogant«, brüllte sie ihn an. »Ich habe Ihnen doch gesagt, dass wir die falsche Entfernung zur Stadt haben.«

»Das habe ich nicht«, schrie Juan zurück, in einer irrigen Folgerung, die ich nicht verstand.

Sie stritten sich auf eine Weise, mit der ich nicht mithalten konnte. (Ich fragte mich, ob sie in Atlantis Mann und Frau gewesen waren.)

Schließlich mischte sich José ein. »Lasst uns wieder ruhig werden. Wir müssen das Beste aus jedem Tag herausholen, nicht das Schlimmste.«

Wir setzten uns und aßen Joghurt, Brot, Käse und Mandeln.

Juan konnte sich nicht mit der Schlussfolgerung zufrieden geben, dass alles nur ein Missverständnis war. Er plapperte weiter darüber, wer Recht hatte und wer falsch lag. Dann nahm er die Schuld vollkommen auf sich. Er entfernte sich ein paar Schritte, lehnte sich gegen einen Baum und sagte: »Das ist alles zu viel für mich. Zu viel für einen Tag. Sie sind eine Berühmtheit, und ich werde verdächtigt, ein Spion zu sein, und dann verdächtigt, zur Presse zu gehen, und dann verdächtigt, Ihre Unterhaltungen auf Band aufzunehmen. Es ist alles mein Fehler, dass wir Ihre kostbaren drei Stunden verschwendet haben. Aber wenn Sie nicht beschlossen hätten, der Presse aus dem Weg zu gehen, wäre all das nie geschehen.«

Niemand hatte ihn irgendeiner Sache beschuldigt. Wir starrten ihn alle an. Er hatte sich gerade aus Schuldgefühlen heraus selbst aufgeknüpft.

»Na gut«, sagte ich, »lasst uns nicht mehr darüber reden.«

Juan fuhr fort. »Sie denken, ich würde die ganze Zeit streiten, ja?«

»Ja«, erwiderte ich. »Also lassen Sie uns jetzt aufhören. Es ist vorbei.« Ich ging in das *Refugio*, wo ich meine Unterwäsche und meine Socken im Waschbecken des Badezimmers wusch.

Juan folgte mir hinein. »Ich bin ein Perfektionist«, sagte er.

Ali war dicht hinter ihm. »Nein, ein Perfektionist ist jemand, der davon besessen ist, alles perfekt zu machen.«

»Nein«, entgegnete Juan, »ein Perfektionist ist jemand, der perfekt *ist*.«

Ich ging nach draußen und hängte meine nassen Sachen über das Fenster von Josés Auto. Alle folgten mir. Sie begannen darüber zu debattieren, was »perfekt« bedeutete.

Schließlich sagte ich: »Hört mal, wir lernen hier gerade alle etwas über uns selbst. Die Welt besteht aus allen erdenklichen Persönlichkeiten. Glaubt ihr nicht, dass der Jakobsweg all die Dinge in uns verstärkt, die wir selbst uns noch nicht klargemacht haben?«

Sie hörten auf zu reden. Wenn sie nur verstehen würden, was ich meinte.

»Ja, so empfinde ich es auch«, sagte Ali.

»Daran bin ich gewöhnt«, erklärte Juan.

»Lasst uns weitergehen«, schlug Carlos vor.

»Lasst uns alle in mein Auto steigen«, sagte José. »Juan, du fährst mit deinem Wagen.«

»Ich werde allein wandern«, sagte ich. »Ich muss nachdenken.«

Sie stiegen alle in Josés Auto. Ich sah, wie sie losfuhren, sah meine Unterwäsche am Fenster im Wind flattern, als sie davonbrausten. Ihre Stimmen hallten in einen weiteren Streit durch die heiße spanische Luft.

Ich roch furchtbar. Der Sonnenbrand hatte mein Gesicht gesprenkelt und schälte sich, meine Nägel waren eingerissen, meine Arme, Hände, Beine und mein Gesicht waren mit Käfer- und Insektenbissen übersät, Käfer und Insekten, die mir selbst in der unbekannten Welt nicht bekannt waren. Meine Haare waren um fünf Zentimeter ausgewachsen. Meine Füße glichen Hufen, und mein linkes Auge war gerötet und entzündet. Ich war wieder allein, aber seltsam glücklich.

Ich wanderte einfach weiter – den ganzen Rest des Tages. Nachts ruhte ich einige Stunden neben einer breiten Straße unter Bäumen, und keine Presse weit und breit. Schlaf war ohnehin nicht länger nötig, weil eine Art von »glückliche Vollendung«-Endorphinen ausgeschüttet worden war. Wasser war das Einzige, was für mich noch notwendig war. Um der Presse, die noch ausharrte, zu entgehen, müsste ich nonstop wandern, bis ich nach Santiago kam. Ich beschloss, nicht am Berg der Freude Halt zu machen, wo es ein *Refugio* mit Blick über Santiago gab. Es war benannt nach der tiefen Freude der Pilger, die sie auf der Anhöhe empfanden, denn von dort konnte man einen ersten Blick auf Compostela werfen. Die Freude über das Ende ihrer Reise. Ich würde mir diese Freude versagen, denn offen gesagt, spürte ich sie nicht. Nicht die Art von Freude, von der die Leute erzählten. Ich fühlte etwas, das ich nicht näher bezeichnen konnte... eine Art »Wissen«. Ich wusste irgendwie, dass meine Reise am Ende dieses Weges erst *beginnen* würde. Dann erinnerte ich mich an Annas Worte: »Die wahre Reise beginnt, wenn du das verarbeitest, was dich der Jakobsweg gelehrt hat.«

Also wanderte ich weiter in einem Zustand der Entschlossenheit, von dem ich mich nicht abbringen ließ. Ich würde meinem eigenen Zeitplan folgen und am Tag der amerikanischen Befreiung ankommen. Vielleicht sogar noch früher. Ich war ganz sicher immer noch die Tochter meiner Mutter.

Je näher ich Compostela kam, desto schwieriger wurde es, die Pfeile zu finden. Es war auch schwer, den Grund dafür zu entdecken.

Die Presse glaubte, ich läge einen Tag zurück.

Der Jakobsweg führte unter einer Brücke hindurch, wo der Kot zehn Zentimeter hoch lag. Es heißt, dass der spirituelle Weg tiefer wird, wenn man durch Negativität watet, und schmaler, je näher man seiner Wahrheit kommt.

Wäre es nicht ein großer Spaß, wenn sich herausstellen würde, dass meine Traum-Visionen nicht auf meiner Einbildung beruhten, sondern tatsächlich die große Wahrheit waren? Ich lebte in einer Welt, die darüber lachen würde, aber waren in »Wirklichkeit« nicht die anderen zum Lachen? Waren nicht die Skeptiker die eigentlich Verrückten?

Waren die Wissenschaftler und die Intellektuellen, die Beweise von allem brauchten, was wichtig war, die eigentlich Zurückgebliebenen unter uns, weil sie sich von der Wahrheit in sich selbst bedroht fühlten, in der doch all die Antworten lagen, die sie suchten? Wissenschaft ist im Grunde die Suche nach Gott und dem Anfang. Die Kirche ist im Grunde der Mittler zwischen Mensch und Gott. Lagen die wahren Antworten in jeder dieser individuellen Seelen, die sich weigerten, in sich zu schauen, aus Angst, als Egozentriker zu gelten?

Während ich durch den knöcheltiefen Kot wanderte, wusste ich, dass nichts wichtiger war, als nach innen zu schauen, im Selbst zentriert zu sein. Bei meiner Innenschau hatte ich einige Wahrheiten offen gelegt, die ich mir zuvor nicht hätte vorstellen können. Ich fragte mich jetzt, ob ich mir erlauben würde, diese Wahrheiten zu glauben, oder ob ich sie nicht vielmehr verschleiern würde? Würde ich mich von nun an auf meiner Wanderschaft mit meinem multidimensionalen Selbst identifizieren? Würde ich zulassen, dieses »multidimensionale Selbst« zu sein, auch nachdem ich den Jakobsweg vollendet hatte?

Sobald ich die andere Seite der Brücke erreicht hatte, wischte ich mir den Kot von den Stiefeln. Da hörte ich die Stimme von Carlos. Er rannte winkend auf mich zu.

»Die Presse«, gellte er aufgeregt. »Sie sind da oben. Wir haben keine Ahnung, woher sie es wussten. War es Juan? Oder José?«

Er packte mich und führte mich in die entgegengesetzte Richtung, wo wir wieder auf die Straße kamen. José wartete bereits in seinem Wagen. Carlos schob mich in das Auto, und José fuhr mich an der Presse vorbei und ließ mich wieder aussteigen.

Ich rannte. Ich rannte, bis ich zu einer kleinen Bar kam. Ich ging hinein, um nachzudenken. Wie konnte ich die Presse am Berg der Freude umgehen und ungestört wandern, bis ich Compostela erreichte? Ich bat um eine Orangenlimonade. Dann drehte ich mich um. Plötzlich stand Juan vor mir. O Gott, er war also derjenige.

»Ich habe es der Presse gesagt«, gestand er. »Ich habe der Presse gesagt, dass Sie kein Foto von sich machen lassen wollen, weil Sie glauben, es würde Ihre Seele rauben.«

Herr im Himmel, dachte ich und konnte die Schlagzeilen schon vor mir sehen.

Juan drehte sich um, und ich schlich mich durch die Hintertür aus der Bar.

Ich floh weiter. José hatte immer noch meinen Rucksack, darum kam ich leichter voran. Vor mir sah ich eine vertraute Gestalt. Es war Consuelo, die brasilianische Sängerin. Ich holte sie ein. Sie sagte, ihre Füßen seien geheilt und sie komme schnell voran. Sie sagte, sie und ihr Ehemann hätten beschlossen, sich nicht scheiden zu lassen. (Ich wusste gar nicht, dass das ein Thema war.) Während wir in einen schnellen Trab fielen, tauschten wir Neuigkeiten über die anderen Pilger aus. Sie hatte Mitleid mit meinen Presseproblemen und erklärte, sie habe keine meiner Nachrichten in den Gästebüchern der *Refugios* erhalten.

»Ich will es heute Abend bis nach Santiago schaffen«, verkündete ich.

»Du meinst, du willst den ganzen Weg joggen und nicht schlafen?«, fragte sie.

»Ja.«

»Na gut, ich komme mit dir«, sagte sie und genoss die Herausforderung.

Wir rannten schneller. Wir joggten fünfzehn Kilometer (über neun Meilen) in gleichmäßigem Tempo, während wir uns darüber unterhielten, was sie und ihr Ehemann auf dem Jakobsweg über sich selbst gelernt hatten.

»Wir sind einen Monat getrennt gewandert und haben uns über Nachrichten in den *Refugios* verständigt. Wir haben beschlossen zusammenzubleiben.«

»Das ist so romantisch«, meinte ich.

»Nein«, erwiderte sie. »Wir sehen uns jetzt nur ganz real.«

»Hm«, meinte ich, »Realität ist eine gute Sache.«

Consuelo lachte. Ich fragte mich, wie *ihre* Traum-Visionen ausgesehen haben mochten.

Es fing an zu regnen. Wir nahmen eine falsche Abzweigung. Dann eine andere. Ich hatte meine Goretex-Jacke um die Hüfte gebunden und zog sie jetzt an. Consuelo blieb stehen, um zu pinkeln. Ich joggte weiter. Vor mir sah ich einen Wagen, der wartete. Consuelo holte mich wieder ein. Wir rannten auf den Wagen zu. Es war José. Auch Ali und Carlos saßen in dem Auto. Wir sprangen hinein und fuhren eine Weile, bis wir den nächsten Pfeil fanden. Dann stiegen wir alle aus und rannten auf der großen Hauptstraße entlang, bis Carlos sagte, seiner Meinung nach sollten wir den kleinen Jakobswegpfad nehmen. Wir stimmten zu. Doch bald schon liefen wir geradewegs in eine Mauer aus Fernsehkameras. Consuelo joggte vor mir und hielt ihre Hand hoch, um mein Gesicht vor den Kameralinsen zu schützen. Mit ihrem weit ausgebreiteten roten Poncho sah sie aus wie eine beschützende rote Fledermaus.

Wir begannen zu singen. »I want to hold your hand« im Wechsel mit »Ave Maria«. Ali konnte nicht länger mithalten, und Carlos blieb bei ihr. Ich wusste, dass ich um vieles schneller war als Ali und dass ich sie dieses Mal nicht wieder sehen würde. Also machte ich langsamer, griff in die Geldtasche um meine Hüfte und zog einige Pesetas heraus, die sie José geben sollte. »Das ist zu viel«, meinte sie, vorwärts stolpernd, um ja mitzuhalten. »Ich gebe ihm schließlich auch ein Trinkgeld.« Atemlos diskutierten wir darüber, welche Summe fair war, denn ich wollte, dass er meine kostbaren Bänder per Post an mich schickte, falls ich ihn nicht wieder sehen sollte. Mein Rucksack befand sich immer noch in seinem Besitz. Ali versicherte, sie würde persönlich dafür sorgen, dass ich ihn erhielt. Schließlich stopfte ich ein Geldbündel in ihre Hand, warf ihr eine Kusshand zu, rief »*Ultreya*« und joggte weiter. Die Fernsehreporter konnten nicht mithalten, ihre Kameras waren zu schwer.

Carlos blieb bei Ali. Ich sah zurück, um mir ihr Bild

einzuprägen. Wie sich herausstellte, sollte Carlos Recht behalten: Ich sah keinen von beiden jemals wieder.

Consuelo und ich joggten am Berg der Freude vorbei, bis wir zu einem Straßenschild kamen, auf dem *Santiago de Compostela* stand. Dort warteten Hunderte von Fernsehkameras. Ich hob meinen Wanderstab in die Luft und sang lauthals, während mir der Regen ins Gesicht klatschte: »Santiago here I come« zu der Melodie von »California here I come.« Consuelo stimmte harmonisch mit ein. Dieses Bild bekamen sie, zusammen mit der musikalischen Begleitung.

Wir rannten der Presse weitere zehn Kilometer davon (ungefähr sechseinhalb Meilen), bis wir an einige Steinstufen kamen. Wir liefen die Stufen hinunter und sahen, wie ein Wagen um die Ecke bog und direkt vor uns hielt. Im Innern saß Anna. Sie rief: »Steigt ein, Hunderte von Reportern lauern weiter vorn. Ihr habt zu Fuß die Stadtgrenze überschritten. Nur darauf kommt es an. Ihr habt es geschafft! Jetzt müsst ihr nur noch ohne Presse zur Kathedrale gelangen.«

Consuelo und ich quetschten uns und unsere Wanderstäbe in den Wagen und fuhren eiligst quer durch die Stadt zu der Kirche, wo wir dem heiligen Jakobus unseren Respekt zollen wollten: Santiago de Compostela, der Heilige ohne Kopf. Ich fühlte mich ebenfalls kopflos.

Zu diesem Zeitpunkt wusste die Presse nicht, wo ich mich befand oder mit wem ich unterwegs war: mit Ali, Juan, Carlos, den jungen Irinnen, den Deutschen, dem Mann im Rollstuhl oder einem Rudel Hunde? Nein, ich saß in einem Auto mit einer roten Fledermaus aus Brasilien.

Zu guter Letzt erreichten wir die herrliche Kathedrale von Compostela und stiegen die Steinstufen hoch. Im neunten Jahrhundert wurde mit dem Bau begonnen. Er ist ein architektonisches Wunder, ein Meisterwerk, in dem unter dem Hochaltar das Grab des heiligen Jakobus zu finden ist.

Wir wurden von einem Priester begrüßt, der uns zu der Statue des Heiligen führte, die den Altar krönt. Wie es Brauch war, stieg ich die Stufen hoch, die sich im Rücken der Statue befanden, und sah mir den Hinterkopf an. Anna schoss ein Foto, wie ich die Statue umarmte. Ich dankte dem heiligen Jakobus, dass er mich auf dieser Reise inspiriert hatte. Dann stieg ich die Stufen hinunter und wollte meinen *Carné* stempeln lassen - der letzte Stempel, der bewies, dass ich den Jakobsweg vollendet hatte. Der Priester sagte, der Mann, der die *Carnés* abstempele, komme erst am nächsten Tag wieder. Anna flehte ihn in ihrem wortreichsten Spanisch an. Ich sah ihn nur an. Er wusste nicht, wer ich war oder warum ich es so eilig hatte. Schließlich meinte er, *er* würde den *Carné* abstempeln, da er die *Carnés* auch selber ausstelle.

Ein paar Presseleute kamen in die Kathedrale, nahmen aber aus Respekt keine Fotos auf. Der Priester spürte etwas und sah aus dem Fenster. Dort schwärmten überall Kameras und Reporter herum. Er betrachtete mich neugierig, sagte aber nichts. Dann erzählte ihm Anna, wer ich war, und erzählte ihm von meinem Wunsch, Santiago unbehelligt zu verlassen. Er nickte, und dann, als er mir das erforderliche Traktat über die Symbolik der Pilgerschaft aushändigte und er meine Füße zur Feier der vollendeten Pilgerfahrt wusch, löcherte er mich mit Fragen über Hollywood.

Nachdem er mir die Füße gewaschen hatte, erkundigte ich mich bei ihm, ob es einen geheimen Ausgang aus der Kathedrale gab. Ich wusste, je länger ich blieb, desto mehr Pressevertreter würden die anderen Pilger dabei stören, die Wallfahrt spirituell abzuschließen.

Der Priester wusste nicht so recht, wie er mit mir umgehen sollte. Ich fragte, ob ich das Telefon benützen dürfe. Er sagte ja. Ich rief den Flughafen an und reservierte einen Flug nach Madrid um neun Uhr dreißig. Zu diesem Zeitpunkt war es acht Uhr. Ich wusste nicht, wo sich José befand. Er hatte meinen Rucksack mit all meinen Notizen und Tonbändern, aber meine Kreditkarten, mein Geld, der Pass und das goldene Kreuz waren in der Tasche um meinen Bauch. Ich würde einfach darauf vertrauen müssen, dass Ali sich um José kümmern würde.

Ich eilte zu jedem erreichbaren Fenster und sah hinaus. Vor allen Eingängen der Kirche lauerten Fotografen und Reporter.

Schließlich fand ich eine Tür im hinteren Teil der Kathedrale, an der nur eine einzige Kameracrew wartete. Dort stand auch Annas Wagen mit einem Fahrer bereit!

Eiligst bedankte ich mich bei dem Priester, packte meinen abgestempelten *Carné* und umarmte Consuelo und Anna. Anna sagte, sie würde sich mit mir in Madrid treffen. Ich winkte zum Abschied, hastete durch die Tür, sprang in Annas Auto und ließ sie alle hinter mir. Die Fernsehcrew bemerkte mich nicht einmal.

Ich empfand das als persönlichen Triumph.

Der Fahrer und ich rasten zum Flughafen. Ich sah in den Rückspiegel. Dort entdeckte ich José allein in seinem Auto. Er fuhr neben meinem Wagen, rollte seine Scheibe hinunter und reichte mir den Rucksack. Ich rief ihm ein Dankeschön zu und warf ihm meine Wasserflasche und meinen neuen blauen Hut als Erinnerung und als Dank zu. Er lächelte. Ich wusste, Ali würde ihm mein großzügiges Trinkgeld geben.

Ich und mein Wanderstab eilten zum Flughafen. Ich fühlte keine Sentimentalität über das, was ich durchgemacht oder geleistet hatte. Darüber wollte ich später nachdenken.

Ich war 780 Kilometer gewandert – annähernd 500 Meilen. Es war der 3. Juli. Ich hatte meine Unabhängigkeit einen Tag früher wieder als geplant. Aber ich fragte mich nur eines: War ich an »meiner Bank« vorbeigewandert?

Epilog

Die Reise geht weiter

Als ich das Flugzeug bestieg, sah ich wie ein Flüchtling aus und fühlte mich auch so - ein Flüchtling aus einer anderen Zeit.

Ich hielt meinen getreuen Wanderstab über den Kopf. Die Stewardess nahm ihn rasch an sich und verstaute ihn im hinteren Teil des Flugzeugs.

Die anderen Passagiere starrten auf mein verschwitztes, zweifarbiges Haar, mein sonnenverbranntes gesprenkeltes Gesicht, die schmutzigen Stiefel, die mitgenommenen Leggings und den abgenutzten Rucksack, der nun nur noch meine Bänder, meinen Reiseführer, meinen Schlafsack und ein Paar Riemchensandalen enthielt. Sie versuchten, diskret zu sein, aber der Passagier, über den ich kletterte, um zu meinem Sitz neben ihm zu kommen, wirkte wenig begeistert. Ich wünschte, ich hätte etwas Parfüm mitgenommen.

Ich lehnte mich im Sitz zurück und versuchte, unauffällig auszusehen.

Das Flugzeug hob ab, und ich seufzte zufrieden auf: Ich hatte es geschafft! Was würde ich jetzt damit anfangen?

Ich schaute nach unten durch das sommerliche Zwielicht.

Hinter Compostela sah ich Finisterre, das zum Atlantik hin abfiel. Vor meinen Augen stiegen erneut die Bilder jenes herrlichen Kontinents auf, der seine eigene Zerstörung herbeigeführt hatte. Ja, dachte ich, ich hatte den Jakobsweg beschritten, um zu verstehen, zu was wir als menschliche Wesen in der Lage waren – zu solch spiritueller Herrlichkeit und solch destruktiver Zerstückelung unserer eigenen Seelen. Wiederholten wir dieses Schauspiel auch heute noch, weil wir uns nicht daran erinnerten, woher wir kamen?

In einem Zustand der Nachdenklichkeit und Verträumtheit sah ich nach unten auf meinen geliebten Jakobsweg, der sich durch die kühlen spanischen Hügel und Täler schlängelte und durch die Mesetas mit ihrer sengenden, tot geborenen, flimmernden Hitze. Hatten sich auch andere Pilger auf innere Reisen begeben, die allem Herkömmlichen so sehr widersprachen, dass sie zu anderen nicht darüber sprechen konnten?

Waren die *Refugios* aufgrund dessen, was die Pilger dort mit sich selbst erlebten, Orte der Einkehr und sichere Häfen?

Ich lugte aus dem Fenster, in großer Höhe über den kläffenden Hunden, die die Angst auf die Probe stellten, über der zähnefletschenden Pressemeute, die Wahrheit und Wut auf die Probe stellte, über der freundlichen Landbevölkerung, die wahres *Ultreya* zu schätzen wusste, über den Kirchen zeitloser Opulenz und spirituellen Gehorsams und mehr als alles andere über den lebenserhaltenden Brunnen, die den Jakobsweg erst möglich machten.

Wo waren Ali und Carlos jetzt? Würden sie als Nächstes über die wahre Bedeutung des heiligen Jakobus streiten? Würde es bei den jungen Irinnen bis zum Schluss Elektrokocher und Würstchen geben? Würde Juan Ärger mit der Presse bekommen, weil er ihnen keine Story hatte besorgen können? War José stolz auf sich, weil er mir geholfen hatte, der Presse aus dem Weg zu gehen? Würde der Mann im Rollstuhl mit siebzig Meilen die Stunde in die herrliche Kathedrale von Compostela rollen, und würde göttliche Hilfe ihm die Steinstufen hinaufhelfen? Würde Baby Consuelo zu Füßen des Heiligen singen? Würden die deutschen Männer betrunken ankommen? Versuchte Javier immer noch, zu irgendjemand ins Stockbett zu steigen? Und verteilten die Priester immer noch stabile Wanderstäbe an die Pilger, in der Hoffnung, ihnen Spenden zu entlocken?

Während ich auf die Landschaft unter mir blickte, stellte ich mir vor, dass ich Karl den Großen und seine Armeen sehen könnte, die Mauren und ihre Konflikte, die individuellen Geschichten und Ereignisse unseres Lebens. Ich war das maurische Mädchen, dessen dunkle Haare im Wind wehten, wenn es auf seinem Pferd ritt, und das bei seiner Taufe im kalten Fluss Flüche von sich stieß. Und über allem thronte John der Schotte, der Geistliche und Lehrer, der irgendwie immer noch in meinem Kopf redete: »Denke daran, wer du bist und wer du warst.«

Dann drehte ich mich in meinem Sitz um und sah nach hinten, über das Gesicht des Landes, das ich eben durchquert hatte. Hatte es tatsächlich zu einem einst herrlichen Kontinent geführt, einer unbekannten Welt, die vor langer Zeit versunken war? Und war dieser Kontinent wirklich die Kolonie einer noch älteren spirituellen Zivilisation gewesen, die den eigentlichen Beginn der Menschheit darstellte?

Ja, ich war auf diese unbekannten Welten zugewandert – auf der Suche nach der Person, die ich heute bin und die ich damals war.

Ich stellte mir vor, wie ich diese folgenschweren Ereignisse beobachtete: die unbekannten Welten, die in den Fluten versanken. Ich dachte über unsere bekannte Welt von heute nach: Würde sich die Geschichte wiederholen? Würden wir untergehen, weil wir die Lektionen der Vergangenheit nicht gelernt hatten? Wir schienen unsere fundamentale Seelenverbindung zum Großen Gott-Göttin-Geist nicht zu verstehen, dem uranfänglichen Wort, dem Ursprung von *allem*.

Dann fragte ich mich: Beruhte das, was wir Einbildung nannten, in Wirklichkeit auf einer Erinnerung der Seele? Würden wir jemals die Wahrheit der Vergangenheit unserer Seele erfahren und somit eine noch herrlichere Zukunft erträumen? Würden wir lernen, vertrauensvoll zu glauben, dass einst, vor Milliarden von Jahren, der göttliche Geist einsam gewesen war und uns erschaffen hatte, um als Familie von Kindern zu leben, die das Göttliche von ganzer Seele und mit ganzer Kraft liebte und unseren Nächsten wie uns selbst?

Ich zog mein goldenes Kreuz heraus und hielt es fest in der Hand. Ja, ich konnte mir das vorstellen.

Anna kam einen Tag nach mir in Madrid an. Ich schlief zwei Tage am Stück und stellte fest, dass das Gehen ohne die Energie des Jakobswegs schmerzvoller war. Ich kaufte mir eine neue Lederhandtasche und aß jede Menge Nachspeisen. Ich konnte meine Erfahrungen nicht mit Anna teilen. Es war noch zu früh. Ich habe seit meiner Pilgerreise mit ihr gesprochen und ihr erklärt, dass ich aufschreiben musste, was mir geschehen war, statt darüber zu reden. Wir sind sehr gute Freundinnen, und als wir uns trennten und sie zurück nach Brasilien ging, wusste ich, dass meine Reise, wie sie es vorhergesagt hatte, »erst der Anfang« war.

Als ich Spanien verließ, reiste ich direkt zu Kathleen nach London. Ich teilte einige meiner Erfahrungen und Offenbarungen mit ihr, aber in ihrem Zustand gab es schon genug, mit dem sie fertig werden musste. »Ich bin jetzt selbst für eine Offenbarung der Seele bereit«, sagte sie traurig. Sie dankte mir, dass ich den Pilgerweg teilweise auch für sie gegangen war. Sie liebte es, von den Hügeln und den Mesetas zu hören, von den üppigen Wasserfällen, den diversen Pilgern und den Hunden, sogar von der Presse. Was Lemuria und Atlantis betraf, erklärte sie, ich hätte eine kreative und herrliche Einbildungskraft. Als ich sie bat, »Einbildungskraft« zu definieren, schlief sie ein. Ich konnte das wahrhaft verstehen.

Ich blieb eine Woche bei ihr. Sie sprach stundenlang über ihr Leben, über frühere Beziehungen und das Bedürfnis, sich selbst zu verstehen.

Während meiner Zeit in London fühlte ich den Drang, weiter durch die Parks und die Stadt zu wandern. Ich fühlte mich ohne meinen Rucksack nackt, daher trug ich ihn ungeachtet meiner Garderobe stets bei mir.

Dann verabschiedete ich mich von Kathleen in dem Wissen, dass ich sie wahrscheinlich nicht wieder sehen würde.

Und als sie einige Monate später starb, kennzeichnete der Verlust ihrer Freundschaft den Beginn meiner Betrachtungen darüber, wie ich die Geschichte unseres gemeinsamen Kampfes erzählen sollte, wer wir in Bezug auf andere, auf die Zeit, auf die Geschichte waren und warum wir uns so viele Fragen darüber stellten.

Ihre königliche Würde, ihre Großzügigkeit des Geistes,

ihre zerbrechliche Schönheit und ihr wahrhafter Glamour werden mir immer gegenwärtig sein. Sie war eine Frau, die von der wahren Bedeutung von Intelligenz und dem Verlust des Garten Eden fasziniert war, die loszog, um ihr eigenes Paradies zu finden.

Obwohl Ali und Carlos und ich unsere Adressen ausgetauscht hatten, habe ich seitdem keinen Kontakt mehr zu ihnen. Es ist, als ob unsere gemeinsamen Erfahrungen isoliert in der Zeit stehen, kostbar und doch unwiederbringlich.

Ich habe seitdem auch keinen Kontakt mehr zu der Person, die mir diese eindringlichen anonymen Briefe geschrieben hatte, die mich dazu veranlassten, den Jakobsweg zu beschreiten. Ich habe keine Idee, von wem oder woher diese Briefe kamen.

Ich bedaure sehr, dass ich keine Fotos machen konnte, aber bloße eindimensionale Bilder würden der Erfahrung ohnehin nicht gerecht werden. Die einzigen Fotos, die es gibt, wurden von der Presse geschossen.

Kann ich beweisen, dass es Lemuria und Atlantis wirklich gab? Natürlich nicht. Aber ich kann sie mir detailgenau »vorstellen« - und woher kommt das wohl? Aus den Nischen meiner uralten kreativen Erinnerungen? Einer Sache bin ich mir sicher: Ich habe eine Seele, und sie weiß mehr, als ich momentan mit meinem Verstand begreifen kann.

Ich zweifele nicht daran, dass ich schon einmal gelebt habe und wieder leben werde. Es gibt zu viele Synchronizitäten zwischen bestimmten Beziehungen zu Menschen, die das mir *und* vielen dieser Leute beweisen.

Ist ein Ereignis wie das der Geschlechteraufspaltung vor Äonen tatsächlich eingetreten? Mythen sind keine isolierte Vorstellung, besonders dann nicht, wenn wir sie in vielen Kulturen finden. Wenn wir uns heute durch unser Wissen um die DNA und das Klonen für die Ingenieure der Gentechnik halten, warum können wir dasselbe nicht einer fortschrittlichen Gesellschaft vor langer Zeit zugestehen? Das Fehlen von Beweisen bedeutet nicht den Beweis des Fehlens. Ich glaube, die Menschen haben es immer schon genossen, Gott zu spielen, da die kreative Energie in uns allen existiert.

Vielleicht liegt ein solches Ereignis der Sehnsucht so vieler Menschen zu Grunde, ihre »bessere« Hälfte in einem anderen Menschen zu finden. Vielleicht trägt das auch zu den heutigen Grabenkämpfen und den Missverständnissen zwischen Männern und Frauen bei.

Und spielt der außerirdische Einfluss eine Rolle bei der Einschätzung, wer wir als Menschen sind?

Ich halte die Ansicht, dass wir allein im kosmischen Schema des Lebens in diesem gewaltigen Universum sind, für unsinnig. Und es gibt viele Beweise, dass Außerirdische die Erde besucht haben *und* noch besuchen.

Darum ist es meiner Überzeugung nach an der Zeit, Licht auf die möglichen Verschleierungen zu werfen und uns neuen Horizonten zu öffnen, indem wir das volle Potential ihrer Existenz anerkennen.

In der Erd-Energie selbst finden wir die ungeklärten Geheimnisse unserer spirituellen Ursprünge. Als ich auf der geliebten Oberfläche unseres Planeten wanderte, wurde mir zutiefst klar, wie wichtig es ist, ihn zu beschützen. Die Erdmutter ist unsere Verbindung zu dem, wer wir als ihre spirituellen Kinder sind. Und als ihre Bewohner werden unser Gleichgewicht und unsere Harmonie die ihre sicherstellen. Wenn die Natur dem Bewusstsein folgt, dann ist es unsere Aufgabe, in Harmonie mit uns selbst zu leben, damit die Erde genau das widerspiegelt. Und was ist Zeit? Ist sie so flexibel, dass man alles gleichzeitig erfahren kann?

Es heißt, Buddha habe seine Augen immer nur für Sekunden geschlossen und 99000 Inkarnationen erlebt. Dieses Gespür für Gott war so stark, dass er die Zeit beherrschen konnte.

War meine Erfahrung nur ein erweitertes Bewusstsein, herbeigeführt durch die Energie des Jakobswegs?

Würde ich mein Wissen vergrößern, wenn ich einräumte, dass alle Erfahrungen meiner Seele in meinem Gedächtnis verankert sind?

Und die Einbildung? Wer sind wir in Bezug zu dem, was wir als real wahrnehmen? Jeder von uns ist seine eigene Schöpfung. Das ist das Wunder kunstfertiger Menschlichkeit. Möglicherweise haben wir alle »gut« und »böse« erlebt, und jedes neue Leben bietet uns die Lektionen des Lebens, während wir zurückkreisen zur göttlichen Gottheit. Die tiefsten Erkenntnisse eines Menschen werden oft als gesellschaftlich inakzeptabel und sogar wahnhaft betrachtet. Sollten wir ihrer »sicher« sein, weil weniger als das Gottes nicht wert wäre?

Vielleicht ist alles ganz einfach. Wir stammen von dem Göttlichen ab, und wir sind mit dieser kreativen Vorstellungsenergie schöpferisch tätig, bis wir zum Göttlichen zurückkehren. Ein Leben nach dem anderen.

Und John der Schotte?

Lieber Leser, liebe Leserin, er besucht mich hin und wieder. Er war bei mir, während ich diese Geschichte aufgeschrieben habe, ebenso wie die Energie des goldenen Kreuzes, das ich stets bei mir trage. Ich halte John für meinen guten Freund und Lehrer, weil er mir beibrachte, dass ich mein eigenes Talent der Kreativität leugne, wenn ich ihm oder etwas von dem, was ich »gelernt« hatte, nur mit Vorbehalt glaube.

Jeder von uns erschafft alles. Und auch hier gilt: Das Fehlen von Beweisen bedeutet nicht den Beweis des Fehlens.

Stellen Sie sich das einmal vor.

Carina Solöga Högman

Die Sprache der Pflanzen

ISBN 9783933119926
Taschenbuch, 168 S.
€ 11,95

Die Weisheit der Pflanzen weist uns den Weg in unser Herz und hilft uns, unsere Träume zu verwirklichen.
Solöga berichtet in diesem Buch von ihrer Vision »eine Welt - ein Geist«, die sie draußen in der schwedischen Wildnis bekam, und vom Medizinrad der Erde mit seinen vier Richtungen und dem Mittelpunkt, der Mitte der Welt.
»Die Sprache der Pflanzen« enthält über 500 Pflanzen mit ihrer Weisheit - zur Inspiration und Wegbegleitung.

Die Edition Lebensweg erscheint im GROA Verlag, Plön.
Informationen zu Neuerscheinungen erhalten Sie auf
www.groa.de.